清代皇宫图鉴

清朝十二帝

李寅 著

中国经济出版社
CHINA ECONOMIC PUBLISHING HOUSE
·北京·

图书在版编目（CIP）数据

清朝十二帝 / 李寅著 . — 北京：中国经济出版社，
2025.5. —（清代皇宫图鉴）. — ISBN 978-7-5136
-8015-8

Ⅰ. K827=49

中国国家版本馆 CIP 数据核字第 2025S56Z83 号

策划编辑	龚风光　张娟娟
责任编辑	张娟娟
责任印制	李　伟
封面设计	仙　境

出版发行	中国经济出版社
印 刷 者	三河市嘉科万达彩色印刷有限公司
经 销 者	各地新华书店
开　　本	710mm×1000mm　1/16
印　　张	19
字　　数	282 千字
版　　次	2025 年 5 月第 1 版
印　　次	2025 年 5 月第 1 次
定　　价	79.00 元

广告经营许可证　京西工商广字第 8179 号

中国经济出版社　网址 www.economyph.com　社址 北京市东城区安定门外大街 58 号　邮编 100011
本版图书如存在印装质量问题，请与本社销售中心联系调换（联系电话：010-57512564）

版权所有　盗版必究（举报电话：010-57512600）
国家版权局反盗版举报中心（举报电话：12390）　　服务热线：010-57512564

序　言

我一直认为，就兴趣而言，对清代宫廷史的研究是一个不错的选择。

首先，清朝是一个"渗入性"很强的王朝。这个王朝的人物、典故、制度、沿革等，都会在不经意间渗入到人们的意识里。

这个王朝离我们太近了，有种往事如昨的代入感。比如帝王与深宫，清朝为我们留下了最后的影像；比如盛世与衰败，清朝为我们留下了生动的素材；比如制度与沿革，清朝为我们提供了宝贵的资料。可以说，清朝所经历的一切，都是今日中国的文化脉络、传承基因，不可割断，具有深层次的借鉴意义。

其次，对清代宫廷史的研究，是研究清代历史的一块敲门砖。进入这个领域，可以找到一些研究的方向和线索。对此，我认为：

对清代宫廷史的研究是了解清代帝王最便捷的渠道。开国皇帝努尔哈赤、皇太极的智慧与谋略；入关第一帝顺治帝的任性与豪情；千年一帝康熙帝的修身、齐家、治国、平天下的胆识与胸怀；毁誉参半的雍正帝的改制与革新；"十全老人"乾隆帝的奢华与才情；傀儡天子同治帝和光绪帝的懦弱与无奈；等等。

对清代宫廷史的研究是揭秘清代后妃最可靠的史料。后宫是神秘的，后妃是后宫的核心，喜欢猎奇的人对此会产生不同的理解。影视剧的编剧们则直接将形形色色的后妃形象搬上银幕，或有部分依据，或根本没有依据，想当然地编造了人物形象和情节，来吸引普通的观众。

深入研究清代宫廷史，则可以知晓历史真相。

比如乾隆三十年（1765年），乌拉那拉皇后遭遇不公事件。影视剧说成是因乾隆帝风流所致。实际上，是复杂的储位之争导致的。从表面上看，是乌拉那拉皇后与令贵妃魏佳氏的争斗，实质是皇十二子永璂与皇十五子永琰的储位博弈。乾隆帝猎艳的说法就显得很肤浅和毫无依据了。

同样，影视剧的某些桥段，也会在后宫史中加以验证。比如"假孕事件"，一般认为不可能在后宫中发生。可是，乾隆帝的后宫"脉案"却提供了依据。乾隆四十三年（1778年），惇妃悍然打死一名宫女，坊间流传乾隆帝与这名宫女有染，引发惇妃醋意而致。经考证，真相被揭开。乾隆四十年（1775年），皇帝65岁，惇妃30岁的时候，一场惇妃孕事的风波悄然袭来。惇妃被御医陈世官、罗衡诊断为已经怀孕，几个月后，深谙医道的刑部尚书余文仪诊断道："今荣分既应时而至，脉亦不见娠象，其无喜已经显著。"将事件定性为"假孕"。就是这个事件，使尴尬的乾隆帝冷落了惇妃，进而导致惇妃情绪失控，妇科疾病缠身，直至在焦躁中杖殴宫女致死。

研究清代宫廷史，还有一个很重要的原因，是人们对宫廷养生知识的渴望。多年来，人们对深宫养生知识兴致盎然，甚至出现民间"造假"的现象。

比如在雍正初年的"曾静案"中，曾静的口供中有"圣祖皇帝在畅春园病重，皇上（雍正帝）就进一碗人参汤，不知何如，圣祖皇帝就崩了驾，皇上就登了位"之语，于是人们认为康熙帝很重视吃人参，故而年过花甲仍很健硕。实际上，康熙帝从不吃人参，他认为北方人不宜吃人参，还为此痛斥皇八子，告诫他不要吃人参。

相反，有"十全老人"之称的乾隆帝，年过耄耋，成为中国封建社会最长寿的帝王，仰仗的并非山珍海味，而是锻炼养生，即长期坚持"十常""四勿"来强筋健骨。还有一个很重要的因素，就是他适时进补，吃时令食物，而不在食物多珍贵，那些反季节的食物最好不吃。

所以，研究清代宫廷史，不仅能够让我们了解清宫人物的"隐私"，还能为我们打开一扇探究过去的窗。

或许，这就是《清代皇宫图鉴》这套书的出发点和落脚点了。笔者经过努力，撷取史料精华，做到：

一是依档案，从宏观入手，对清朝十二帝及其后妃的形象、性格进行客观描摹。从细微处着墨，寻找契合大众口味的话题，对清代历史及特色文化进行深入浅出的科普，力求在传递知识的同时，增添阅读的趣味性。

二是依官史，结合民间史料，互为佐证，对所谓正史中描述的事件，进行对照、分析，寻找真实的历史，再现清朝宫廷原貌。

从清太祖努尔哈赤到末代皇帝溥仪，《清朝十二帝》记录了清代诸帝或聪睿，或果敢，或多情，或诙谐的多面人生。

从努尔哈赤的大妃衮代到末代皇后婉容，《宫闱里的后妃》深入探究了清帝的后宫状况，揭开这些红颜女子或风花雪月，或钩心斗角，或母子情深，或帝妃反目的神秘面纱。

从衣食住行到礼制宫俗，《清宫与皇家生活》全面展示了"第一家庭"的生活画卷，于一饮一馔，一节一俗中，领略有滋有味的清代皇宫生活。

希望这套书可以帮助读者拓展认知范围，丰富想象空间；同时，还可以为传播历史知识做出贡献。

倘如此，我则倍感欣慰。

2024 年 11 月 18 日

目 录

壹 清太祖努尔哈赤

努尔哈赤神秘的脚掌	002
幽杀亲弟的隐情	006
努尔哈赤杀亲子	009
不喝酒、吃生肉之谜	013
努尔哈赤做梦都没有预料到的一场战争	017
努尔哈赤最想把汗位传给谁？	021

贰 清太宗皇太极

名字大有来头	026
阴谋得皇位	029
皇太极欲杀亲舅舅	034
皇太极不喜宽衣大袖	039
皇太极喜欢吃黏食	042
皇太极去世之谜	044

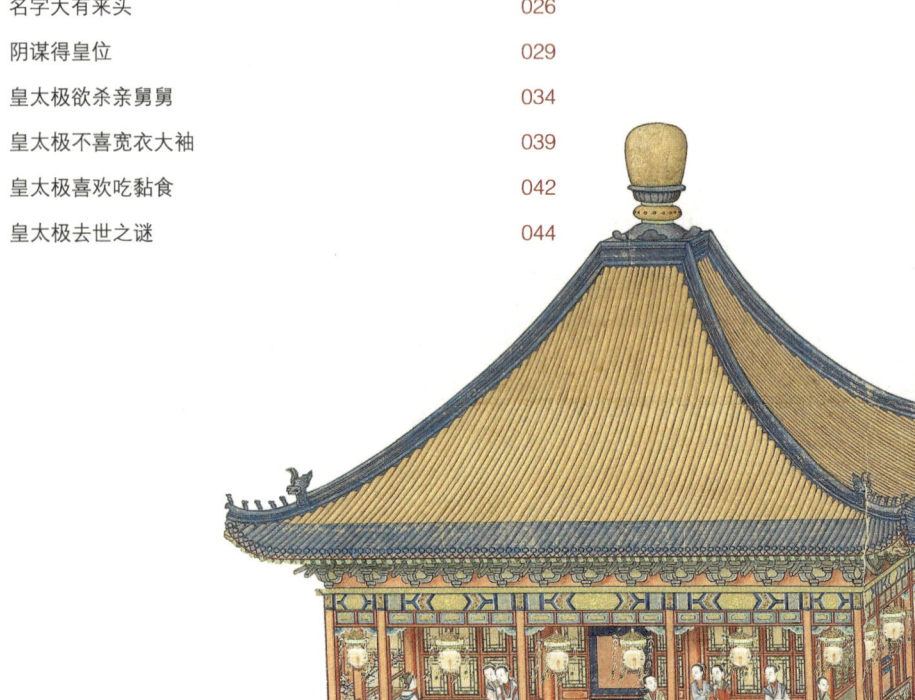

叁　顺治帝福临

顺治帝出生有异象	050
顺治帝看书累吐血	053
"世上妈妈最不好"	056
为何着急剃发出家？	058
短命皇帝死前三事	061
皇帝也会看风水	064
顺治帝孝陵地宫是空的吗	066

肆　康熙帝玄烨

麻脸皇帝	072
不幸的童年：缺少父母之爱	077
聪明的育儿经	079
最大的失误	084
康熙帝为何喜欢小儿子？	088
康熙帝公主多短命	092
康熙帝的养生之道	095

伍 雍正帝胤禛

- 逆袭，逆转了命运 　　　　　　100
- 雍正弑父与康熙暴亡传闻 　　　104
- 心狠手辣：屠兄戮弟 　　　　　106
- 儿子，别怪爹心狠 　　　　　　110
- 雍正帝喜怒无常之谜 　　　　　113
- 喜爱炼丹的原因 　　　　　　　115
- 雍正帝的生活爱好 　　　　　　118
- 金头之谜 　　　　　　　　　　124

陆 乾隆帝弘历

- 神秘的出生地 　　　　　　　　128
- 有"五福"之人 　　　　　　　133
- 最仁慈的皇帝 　　　　　　　　138
- 为何自诩为"书生" 　　　　　141
- 会五种语言的皇帝 　　　　　　144
- 宠信和珅之谜 　　　　　　　　147
- 创造了中国历史上两个"之最" 　150

柒 嘉庆帝颙琰

最蠢笨的大赢家	158
不喜欢送礼的皇帝	164
嘉庆帝不信祥瑞	167
惊险逃生	169
凄凉过万寿	171
暴亡后的尴尬	174

捌 道光帝旻宁

文武双全被立为储君	180
好惊险的开端	184
虚晃一枪	188
四惩亲弟弟	192
两悼父皇成泡影	195
折磨人的临终决定	197
两次迁陵玄机	201

玖 咸丰帝奕詝

麻子加瘸子	206
咸丰帝的兄弟	211
咸丰帝的子女	214
居然和"狗"抢骨头吃	217
最聪明的滑铁卢	220

拾 同治帝载淳

以救命稻草的形式出现	226
同治帝的几位老师	229
发难亲叔叔	232
密谋处死安德海	235
为何没遗传慈禧太后的韧劲	237
难以启齿的死因	242

拾壹　光绪帝载湉

慈禧太后的失误	248
光绪帝的母亲	251
光绪帝的父亲	256
一生中四个重要的男人	259
大意失荆州	263
光绪帝的性格	266
三次做被告	270
缘何死于慈禧太后去世前一天	272

拾贰　宣统帝溥仪

慈禧太后最后的错误	276
溥仪的亲生父亲	279
三位爸爸	282
溥仪的亲生母亲	284
溥仪的母亲们	286
溥仪的外祖父	288
没有葬于皇陵的皇帝	290

壹

清太祖努尔哈赤

努尔哈赤神秘的脚掌

关于清太祖努尔哈赤的长相，我们只看过他的一张朝服像：头戴皇帝冠，身穿黄衣朝服，脸色阴沉地端坐在宝座之上。再细看，他是窄长脸、鹰钩鼻、细长眼、高颧骨。他的面部，还呈现出两个"八"字：八字眉和八字胡。据说，他皮肤偏黄，眼球为灰色或浅棕色。

努尔哈赤的父亲爱新觉罗·塔克世，史称"清显祖"，顺治五年（1648年）被加谥为"显祖宣皇帝"。明神宗万历十一年（1583年），明总兵李成梁出兵破寨，塔克世不幸被误杀身亡。

努尔哈赤的生母喜塔腊氏，名额穆齐，是都督阿古之女，塔克世的大老婆。额穆齐很得夫宠，生育了三个儿子——努尔哈赤、舒尔哈齐、雅尔哈齐，一个女儿。

明嘉靖三十八年（1559年），额穆齐生努尔哈赤。一个很有意思的记载说，努尔哈赤是她怀胎13个月才生下来的。当时就有人断言，这个孩子不一般。

努尔哈赤降生后，由于是长子，父母对他寄予厚望，视他为"掌上明珠"。可是，天有不测风云，人有旦夕祸福。1569年，母亲额穆齐不幸病逝。这一年，努尔哈赤10岁。

额穆齐去世后，塔克世很快就娶了后妻。继母为人刻薄寡恩，这给幼小的努尔哈赤的心灵打击很大。再过了9年，19岁的努尔哈赤终于不得不分家单过了。《满洲实录》这样记载：

[清] 佚名 《努尔哈赤朝服像》

努尔哈赤,清朝奠基者,后金创立者。他统一女真各部,建立后金,为清朝建立奠定了基础。他勇敢善战,智谋过人,是杰出的军事家、政治家。其功绩卓著,被追尊为清太祖。

[清] 乾隆帝 《缂丝御制全韵诗册》（局部）

这件诗册采用优质的缂丝材料制作而成，色彩鲜艳且富有光泽。《全韵诗》是乾隆帝以四声切韵的形式，详细阐述了清朝创业的艰辛历程。从满族起源的神话溯流追源，记述了努尔哈赤以13副铠甲起兵、艰难创业、建立后金政权的辉煌历史。

  汗十岁时丧母。继母妒之，父惑于继母言，遂分居，年已十九矣，家产所予独薄。

  这段记录，使人们清晰地看到努尔哈赤由于早年丧母，而不得不过早担负起成年人应负的生活重担。

  这个时候，努尔哈赤已经是一个高大健壮的小伙子了。据资料记载："太祖既长，身长八尺，智力过人。"这说明他身材伟岸，很聪明，又富有智慧。

  万历七年（1579年），努尔哈赤投奔明辽东总兵李成梁。李成梁看到努尔哈赤一表人才，十分喜欢，对他另眼相看，并准备提拔重用。可是，一个偶然的事件，居然把李成梁吓得面如土色，并当即决定：诛杀努尔哈赤。

  原来，这天晚上，李成梁的小妾伺候他洗脚，李成梁向她炫耀，说自己的福气全靠他那只特殊的脚，因为他的一只脚心上面长了五颗黑痣。小妾听后不以为然，说："你这算什么，努尔哈赤的脚心上长了七颗红痣，不比你的五颗黑痣更有福吗？"

  李成梁一听大吃一惊，心里暗道：这分明是天子之命啊！难怪朝廷下密旨，说辽东一代有帝星现世，命他密访抓捕。李成梁立刻叮嘱爱妾不要声张，计划在次日凌晨将努尔哈赤逮捕并诛杀。小妾闻言十分后悔，因为她与努尔哈赤素来交好。于是小妾趁着李成梁熟睡之机，冒险向努尔哈赤传递了消息，并帮助他成功逃离了险境。努尔哈赤得以平安回到部落。

  后来，努尔哈赤凭借着自己的智慧和勇气，统一了女真，建立后金政权，开始了他波澜壮阔的人生。那么，努尔哈赤的命运将如何呢？

幽杀亲弟的隐情

努尔哈赤这个人是什么样的性格呢？据《栅中日录》记载："奴酋为人猜厉威暴，虽其妻子及素亲爱者，少有所忤，即加杀害，是以人莫不畏惧。"就是说，努尔哈赤很暴戾，动不动就要杀人。这当然有夸张的成分，但是不管怎样，努尔哈赤还是有很残暴的一面，这从他幽禁并杀死同胞兄弟舒尔哈齐就可见一斑。

舒尔哈齐是努尔哈赤的同母弟弟，哥俩相差5岁。小哥俩命运很不好，努尔哈赤10岁、舒尔哈齐5岁时母亲就病逝了。继母薄情，哥俩相依为命，共同度过了艰难的岁月，他们一起上山，一起骑马，一起劳作，有艰辛，也有快乐。两个人都有坚毅、勇敢、顽强的性格特征。可以说，他们俩的手足之情更甚于常人。

努尔哈赤起事后，弟弟舒尔哈齐作战勇敢，成了他最得力的将领和助手。可是，舒尔哈齐做梦也没有想到，有朝一日，自己会惨死在哥哥的手里。这件事情的发生，我们今天分析，有其内在原因：

一是舒尔哈齐的长相帮了倒忙。《建州纪程图记》记载："体胖壮大，面白而方，耳穿银环，服色与其兄一样。"通过这个记载，我们能非常明白地看出，舒尔哈齐具有帝王之相。而他的哥哥努尔哈赤则"面铁而长"，不如弟弟的面相。

二是舒尔哈齐野心膨胀，不知收敛。舒尔哈齐并不知道功高盖主的道理，他事事与哥哥相比。一样豪华的府第，一样华丽的室内装饰，更有甚者，他居然穿着和努尔哈赤一样的衣服，身着貂皮装饰的五彩龙纹衣服，腰系金丝

［清］ 褐漆描金勾莲纹多穆壶

该壶呈圆筒状，整体以褐色漆地为主，古朴、典雅。壶身用金漆精心描绘出缠枝莲花纹，图案繁复而富有层次感。"多穆"源自藏语，原意是盛放酥油的桶。经过演变，口沿增加了僧帽状的边饰，并增设了壶把和壶嘴，从而成为壶。明清时期，许多具有西藏民族特色的器物开始进入宫廷，多穆壶就是其中之一。

［后金］ 铁铸大金天命云板

这是努尔哈赤时代的珍贵文物，用于军事报警。该云板为生铁一次浇铸而成，形状独特，铸有文字和花卉图案，是研究后金历史的重要物证，具有重要的历史和文化价值。

007

带。这就极大地刺激了努尔哈赤。

三是舒尔哈齐居然想自立为王。舒尔哈齐鼓动三个儿子阿敏、阿尔通阿、扎萨克图，企图实施一个铤而走险的计划，那就是另立单干。他们选中了黑扯木这个地方为根据地，并进行了一系列的准备活动。

而且，舒尔哈齐本人确实存在问题。首先，他与努尔哈赤的仇人李成梁结成儿女亲家。李成梁之子李如柏娶了舒尔哈齐之女为妻，这就触碰了努尔哈赤的心理底线。其次，舒尔哈齐作战胆怯，使得努尔哈赤十分恼怒。一次是万历二十七年（1599年）攻打哈达城，舒尔哈齐畏缩不前；一次是万历三十五年（1607年）与乌拉兵交锋的时候，舒尔哈齐观望不前。这些表现，使得努尔哈赤对自己的胞弟大失所望。

努尔哈赤何等精明，他得到密报，便着手打击舒尔哈齐。他首先处分舒尔哈齐的部将常书和纳齐布，杀鸡给猴看，使得舒尔哈齐初次感到了努尔哈赤的威严。但是，舒尔哈齐没有吸取教训，反而和努尔哈赤叫嚣，于是努尔哈赤决定除掉这个敢于和自己作对的亲弟弟。

努尔哈赤采取调虎离山之计，派舒尔哈齐前往北京办事。其间，努尔哈赤以谋反罪逮捕并诛杀了舒尔哈齐的两个儿子：阿尔通阿和扎萨克图。舒尔哈齐的二儿子阿敏虽在皇太极等人的保护下，免于被处死，但也被给予了严厉的处分。舒尔哈齐的部将武尔坤被吊在树上，活活烧死。

舒尔哈齐从北京回到建州，立即被逮捕入狱。这个囚禁舒尔哈齐的地方，只有两个出口，一个递饭，一个运出粪便。与此同时，努尔哈赤把舒尔哈齐的两个勇敢侍卫诱至跟前，命武士将他们拦腰斩断。舒尔哈齐虎困牢笼，被铁锁锁住，英雄气短，无计可施，不久死于狱中，年48岁。有人说，舒尔哈齐是被努尔哈赤毒死的，也未可知。

努尔哈赤杀亲子

亲爹杀子，这种事极为罕见，所谓"虎毒不食子"嘛。清朝奠基者努尔哈赤却做了一件反常的事，那就是他亲手杀了自己的亲生儿子。

努尔哈赤杀掉的儿子，就是他的长子褚英。

褚英，万历八年（1580年）生，比代善大3岁，母亲为努尔哈赤的元妃佟佳氏。努尔哈赤25岁起兵时，褚英只有4岁。所以，幼年的褚英一直生活在动荡不安的环境里。每当敌兵袭来，努尔哈赤就把他藏到柜子里、炕洞里，就这样一次次躲过敌兵的袭击。这种经历，让褚英得到了历练，养成了超乎常人的胆量。

褚英从19岁开始带兵打仗，他攻城略地，所向披靡，屡立战功，多次得到赏赐。万历二十六年（1598年），他攻打安楚拉库，大获全胜，被赐"洪巴图鲁"。巴图鲁，就是"勇士"的意思。万历三十五年（1607年），他与乌拉部激战，取得乌碣岩大捷，"上嘉其勇，赐号曰阿尔哈图土门"。这个封号的汉译是"万计"，即"足智多谋"，所以褚英又被称为"广略贝勒"，足见他很有谋略。

可以想见，褚英不仅有胆略，还有谋略，深得努尔哈赤喜爱。万历四十年（1612年）六月，努尔哈赤大肆赏赐褚英：赐给他国人500户、牲畜800头、银10000两、敕书80道，并宣布授予其执政大权。很显然，褚英被努尔哈赤确定为事业接班人，他的事业达到了巅峰。

然而，褚英虽被定为储君，却存在许多致命弱点。比如，他心胸狭隘、野心勃勃、猜忌多疑等。尤其在以后的发展过程中，他与多方势力发生了严

[清] 佚名 《褚英像》

清太祖努尔哈赤嫡长子。因其英勇，被努尔哈赤封为『阿尔哈图土门』。辽阳大战时，他因贪杯贻误军机被解除兵权，被废除太子之位并且被软禁。万历四十三年（1615年），褚英被努尔哈赤下令处死，年仅36岁。

重冲突。

第一股势力是"军功大臣"。这股势力的主要人物有额亦都、费英东、扈尔汉、何和礼、安费扬古等五位大臣，他们都是努尔哈赤的生死之交，为努尔哈赤夺得天下立下了汗马功劳。对这五位功臣，努尔哈赤见了也要礼让三分，褚英却对他们有凌辱之举。褚英还说下狠话："如果你们谁敢同我作对，一旦我继汗位，定杀无赦。"这使得他们十分惶恐。

第二股势力是"四大贝勒"。这四大贝勒是努尔哈赤次子代善、侄子阿敏（舒尔哈齐次子）、五子莽古尔泰、八子皇太极。这四大贝勒势力很大，也很得努尔哈赤的信赖，各有靠山。但是褚英依仗自己的地位，多次威胁各位贝勒。一天夜里，他把兄弟们集合到一起，威胁说："凡是与我不和的贝勒，我继位后，就要诛杀他！凡是父汗赐给你们的财产马匹，等父汗去世后，统统收回。"并强迫他们对天发誓，不准把这些话告诉努尔哈赤，否则就要受到惩罚。

褚英这样做，自然会遭到上述两股势力的嫉恨，他们开始联合起来共同对付褚英，否则将来可就麻烦了。他们采取了措施："诸弟及群臣愬于上。""愬"，就是恐惧的样子。

努尔哈赤开始虽然很信任长子褚英，但当军功大臣和四大贝勒一起状告褚英时，他也意识到褚英威胁到了自己，于是"上浸疏之"，并处罚了褚英：将褚英名下的人口、牲畜、田产分给四大贝勒，不再让他干预政事，不再让他领兵出征。

按理，这个时候，褚英应该静下心来，思考对策，最起码应该韬光养晦，不再引起公愤，重新讨得努尔哈赤的喜爱。褚英是怎样做的呢？他居然铤而走险，做了一件糊涂事，"焚表告天自诉，乃坐诅咒，幽禁"。这句话的大意是，褚英趁着努尔哈赤带兵出征之际，向上天祷告，诅咒父亲、兄弟、五大臣，并说，如果他们战败，不让他们进城。褚英的性格缺陷在这件事上暴露无遗。努尔哈赤听到消息后大怒，决定除掉这个逆子。

万历四十一年（1613年）三月二十六日，努尔哈赤将褚英幽禁在高墙之中。努尔哈赤就要不要除掉褚英思考了两年，最后终于下定了决心，除掉褚英，以绝后患。据资料记载，万历四十三年（1615年）八月二十二日，刚刚过完中秋节,"始下决断,处死长子"。褚英死去,年仅 36 岁。

关于褚英之死,有多种说法,其中最为普遍的是被绞杀致死。这就是努尔哈赤的杀子事件。

努尔哈赤为什么要杀死褚英?褚英真的罪不可恕吗?我们看看《满文老档》是怎样说的。

第一,心术不善。《满文老档》记载,努尔哈赤处死褚英的原因是其"心术不善"。这是很关键的。褚英也确实威胁过五大臣、众兄弟。

第二,不知认错。一个人犯错不可怕,可怕的是不改正错误。即使是圈禁期间,褚英依然我行我素,不断做出越格离谱之事,比如使用巫术诅咒父汗。这样"不认己错",怎么可能继承汗位呢?

第三,败坏国家。褚英在对天焚表祷告的时候,竟然诅咒父汗打败仗,这就等于是让国家衰败。所以努尔哈赤"经过二年多之深思,虑及长子若生存,必会败坏国家",而痛下决心"处死长子"。

努尔哈赤之所以这样做,有不得已的苦衷。

一是积怨难平。五大臣和四大贝勒纷纷控诉褚英,这些人是后金的支柱,努尔哈赤必须考虑他们的感受。

二是建国在即。努尔哈赤经过多年努力,一切已经准备就绪,将于万历四十四年(1616 年),建立后金,这是他奋斗终身的梦想,而褚英的存在是一个巨大的障碍。

不喝酒、吃生肉之谜

努尔哈赤这个名字很有意思，据考证是野猪皮的意思。这就很奇怪了，堂堂大清国开国皇帝，为什么把自己的名字和野猪联系在一起呢？据《咸宾录》记载："女真之俗，好养豕，食肉衣皮。"就是说，把自家养的猪的肉吃掉，猪皮则做皮衣穿。看来，这是处在部落时代的女真人的生活需求。不仅如此，努尔哈赤家族中兄弟、子孙的名字，也都与动物有关。努尔哈赤的第十四子多尔衮，意为獾；其侄阿敏之子固尔玛浑，意为野兔；其嫡长孙杜度，意为斑雀；其外孙库尔缠，意为灰鹤；等等。

努尔哈赤在亲生母亲去世之后，生活艰难，常常食不果腹。长期的野外生存，使他适应能力极强，尤其善于野炊。

努尔哈赤所吃的食物，以野味居多，比如：虎、熊、狍、獐、鹿、山羊、野猪、山鸡、野雉、野鸭等。凡是在打猎中能捕捉到的动物，都是他喜欢吃的食物。

令人匪夷所思的是，努尔哈赤喜欢吃生野猪肉。可以想见，努尔哈赤在打猎过程中，饥肠辘辘，所以将猎到的野猪生吞活剥，那是果腹充饥的需要。努尔哈赤却将这种饮食习惯，一直保持到他去世。

努尔哈赤不仅在平时喜食生肉，在祭祀时，甚至供品中也有生肉，他自己则在供案前吃生肉。直到他黄衣称"朕"之后，这种喜食生肉的习惯仍不时地表现出来。我们在档案中发现了天命十一年（1626年）努尔哈赤的午餐菜谱：生野猪肉、烤熊掌、蒸羊羔、土豆、芝麻卷、烤鱼、黄油山鸡、手抓米饭、咸豉玉米羹、宫保野兔、蒜醋白血汤、五味烤野鸡、元汁土豆泥、辣椒黄

[清] 佚名 《清太祖肖像》

努尔哈赤即清太祖，生于赫图阿拉（今辽宁省新宾县）建州左卫一个小部酋长的家里，后金开国之君，清朝的主要奠基者，八旗制度的创建者。

[清] 木黑牛角金桃皮弓

弓身为木质，坚韧而富有弹性；牛角贴片于面，既增加硬度又显华丽；金桃皮饰背，彰显主人的尊贵身份。弓弦选用上等牛筋，缠以丝线，美观又实用。在清代，骑射被看作满族的长技，骑射技能在军事和狩猎中都有着重要的意义。

[清] 佚名 《出猎图》

图绘一位猎手独自骑在一匹骏马之上，身姿挺拔。猎手腰别长弓，背着猎具，牵着一头小羊，似是心满意足地回去。整幅画面构图简洁而不失细腻，色彩沉稳而富有层次。清代以狩猎起家，狩猎与满族的文化和历史紧密相连。它不仅是满族人生存的方式，也是他们文化传统的重要组成部分。

瓜汤、麻辣烤驴肉、牛肉土豆汤、奶汁鱼片、腊肉、三鲜玉米粥、玉米薄饼、高粱米饭、油塌肉片、古柯茶、芭蕉。

但是,努尔哈赤的这种习惯很难被大臣们接受。每当大臣们陪伴努尔哈赤祭祀的时候,看到他吃生肉的场景,都会不寒而栗,尤其是不能陪着他一起吃生肉。

当然,努尔哈赤有很多美食发明,直到今天,还在各地广为流传。

一是"黄金肉"。相传,努尔哈赤少时流落辽宁抚顺,在女真部落一个首领家当伙夫。这位部落首领很讲究吃喝,每餐需八菜一汤。一次宴请宾客,他选定部落中一位善烹调的女仆做菜,努尔哈赤做帮手。女仆做完第七道菜,突然晕倒。此时,外厅正等着上最后一道菜,努尔哈赤见状,急中生智,忙将切好的里脊肉裹上蛋黄液,入油锅速炸后装盘送上。首领尝后,觉得味道与以往不同,特别爱吃。首领很高兴,随即传来努尔哈赤问此菜名字,努尔哈赤为讨吉利,说叫"黄金肉"。努尔哈赤也因此得到首领的赏识。这道美食,后来进入宫廷,成为满族八大碗之一。

二是菜包。努尔哈赤行军十分辛苦。据说有一天,由于无炊具,他只好令士兵以树叶裹饭吃,称为"包饭"或"菜包"。这种吃法,当时是迫不得已,却为后人效仿。不过,现在的菜包是用大白菜叶裹米饭,吃法已经很讲究了。

努尔哈赤不喝白酒,他认为"愚者因之丧身,贤者因之败德"。所以,努尔哈赤自己不喝酒,也严禁大臣酗酒。天命十年(1625年)八月,努尔哈赤下了一道长长的上谕,历数饮酒之害,并以身作则,朝野为之信服,饮酒之风一度被刹住。

努尔哈赤做梦都没有预料到的一场战争

努尔哈赤一生征战无数，几乎没打过败仗。可是，时间到了天命十一年（1626年），志得意满的努尔哈赤万万没想到发生了一件意外的事情。这件事情不但别人不会相信，就连努尔哈赤自己好像也在梦中一般。

什么事情呢？那就是努尔哈赤在这一年打了一个大败仗，他居然败给了一个"书呆子"。这真让人难以理解。久经沙场的明朝老将都会败在努尔哈赤的手下，他怎么会被一个"书呆子"打败呢？

这个"书呆子"就是袁崇焕。袁崇焕（1584—1630年），字元素，祖籍广东东莞，明朝末年督师蓟辽。

大家一定很感兴趣，"书呆子"袁崇焕，怎么打败了常胜将军努尔哈赤呢？其实，袁崇焕有一个过人之处，那就是不服气，他不服努尔哈赤。于是，他向朝廷毛遂自荐。袁崇焕还有一个与众不同的地方，那就是不畏权势。话说袁崇焕被朝廷任命修建并镇守宁远的时候，以兵部尚书经略蓟辽的高第下令尽撤锦州、右屯、大凌河诸城守军，将器械、枪炮、弹药、粮料移到关内。袁崇焕力争：兵不可撤，城不可弃，民不可移，田不可荒。他坚决与高第做斗争。

于是，这个"书呆子"就成了常胜将军努尔哈赤的克星。

我们来看看努尔哈赤和袁崇焕的宁远之战。

宁远之战发生在明天启六年（1626年）正月，也就是后金天命十一年。战争开始前，双方兵力悬殊，袁崇焕仅有1.7万人，而努尔哈赤有13万人。努尔哈赤雄心勃勃，从沈阳出发，以必胜的决心，征伐孤城宁远。

那么，袁崇焕有把握吗？他做了哪些准备呢？

一是战前动员。袁崇焕首先要求大家要有必胜的决心，要做好背水一战的准备，他"刺血为书，激以忠义，为之下拜，将士咸请效死"。袁崇焕这种做法很灵，守城官兵纷纷表态，愿意与其同生共死。

二是严防奸细。奸细太可怕了，辽东诸城——抚顺、清河、开原、铁岭、沈阳、辽阳、广宁，都是由于"内应外合"才失陷的。所以，袁崇焕要清除宁远城内的奸细。袁崇焕令尽焚城外房舍、积刍，转移城厢商民入城，转运粮料藏觉华岛；又让同知程维楧率人稽查奸细，"纵街民搜奸细，片时而尽"。在宁远城中，奸细被彻底清除了，解除了后顾之忧。

三是守城不出。宁远之战，强弱悬殊。袁崇焕前临强敌，后无援兵，宁远孤城，只有扬长避短，凭坚固城池以固守。他吸取抚顺、清河、开原、铁岭、沈阳、辽阳、西平、广宁失守的惨痛教训，不出城迎战，拼死固守。敌

[清] 佚名 《袁崇焕像》

袁崇焕在明朝末年督师蓟辽，是抗清名将。崇祯三年（1630年）八月，袁崇焕被凌迟处死。

[清] 清太祖高皇帝谥宝

旧称玉宝,是清朝为努尔哈赤制用之物,以表示对其尊崇。该谥宝在清顺治年间首次镌制,后于乾隆元年(1736年)加谥重新镌制。它由白玉制成,上部为单体蹲龙钮,龙身粗壮,龙尾向上翘起,四爪撑地,昂首前视,须眉鳞目雕刻很深,凹处戗金,并系有明黄丝绳。

诱不出城,敌激不出战。袁崇焕守卫宁远的要略是孤守、死守、固守。

四是兵民联防。与城内百姓同呼吸,共命运。袁崇焕令通判金启倧编派民夫,供给守城将士饮食;又派卫官裴国珍带领城内商民,运矢石,送弹药。在宁远城的防卫过程中,袁崇焕能使军民一体,相互合作,同命运,共生死,整个宁远军民同心同力,共同御敌。

五是整肃军纪。规定三条:第一,统一指挥,不得擅自行动,否则,杀无赦;第二,不得逃跑,谁做逃兵,谁就被处死;第三,重赏,在战况紧急之时,命取库银11100余两,放在城上,袁崇焕宣布:官兵有能中敌与不避艰险者,即时赏银一锭,奖励勇敢退敌者。

六是使用新式武器。袁崇焕在宁远城设置红夷大炮(即红衣大炮)。红夷大炮为葡萄牙制造的早期加农炮,具有炮身长、管壁厚、射程远、威力大的特点,是击杀密集骑兵的强力火炮。明政府从澳门先后购进红夷大炮30门,其中留都城18门,炸毁1门,解往山海关11门。待敌兵逼近,袁崇焕采纳茅元仪、王喇嘛等人的建议,将11门红夷大炮送入城中,制作炮车,架设城上，备足弹药，训练炮手。由在京营中受过葡萄牙人训练的孙元化、彭簪古等官员，培训炮手，加以使用。这11门红夷大炮架设在宁远城上，成为袁崇焕凭城退敌的最新式的强大武器。

一切准备就绪，只待来敌了。开始，努尔哈赤非常轻敌，他命令弓箭手飞箭给袁崇焕，要他投降受封。袁崇焕坚决拒绝了这一要求。接下来双方开始了战斗，战事打得异常激烈。结果怎么样呢？

明蓟辽经略高第奏报："奴贼攻宁远，炮毙一大头目，用红布包裹，众贼抬去。"

张岱在《石匮书后集》中记载："炮过处，打死北骑无算，并及黄龙幕，伤一裨王。北骑谓出兵不利，以皮革裹尸，号哭奔去。"

这个"大头目"就是努尔哈赤。他非常不幸，被这个他非常陌生的红夷大炮击中了背部，狼狈撤出。

努尔哈赤这次出师宁远，就是想拿下宁远之后，夺取山海关，为清军入关做好准备，不料竟然败在袁崇焕手下，而且，自己身负重伤，性命堪忧。当时，袁崇焕43岁，初历战阵，这着实让努尔哈赤大吃一惊。

努尔哈赤最想把汗位传给谁？

一代枭雄努尔哈赤临终前，有一件心事，那就是他死后，把汗位传给谁？不过，直到他去世，也没有说出让谁来接班，可见他当时非常犹豫。根据历史资料，我们看看，在努尔哈赤心中，谁最有分量。

起初，努尔哈赤最中意的当然是长子褚英。可褚英心胸狭隘，诅咒父汗，被努尔哈赤处死。那么，余下四个贝勒，谁的分量最重呢？

天命元年（1616年），努尔哈赤在赫图阿拉登基为汗时，就设了四个贝勒，即大贝勒代善、二贝勒阿敏、三贝勒莽古尔泰、四贝勒皇太极。他们称和硕贝勒，"共议国政，各置官属"。

努尔哈赤最中意谁，用排除法比较好。这四人里面，有一个人肯定不是努尔哈赤的接班人，那就是二贝勒阿敏。阿敏（1586—1640年），太祖努尔哈赤之弟舒尔哈齐次子。他曾跟随努尔哈赤参与萨尔浒战役，之后参加灭叶赫、克沈阳、攻辽阳等战役，战功煊赫，在朝中有着很高的威望。可是，由于他不是努尔哈赤亲生，很明显，他不会是接班人选。

接下来，我们看三贝勒莽古尔泰。莽古尔泰（1587—1633年），清太祖努尔哈赤第五子，努尔哈赤第二位福晋富察氏所生，领正蓝旗。他少时跟随努尔哈赤征伐乌拉部，英勇善战，连克六城。天命元年（1616年）四月，他受封为和硕贝勒。天命四年（1619年），莽古尔泰参加了萨尔浒大战，先随努尔哈赤在萨尔浒全歼明总兵杜松所率的6万大军，又南下歼灭刘綎部4万余众。天命五年（1620年），莽古尔泰受命追袭明军，直至浑河。天命十一年（1626年），莽古尔泰奉命攻击喀尔喀巴林部，他独自率兵渡河，斩俘甚众。清太宗即位后，莽古尔泰数次进攻明军，屡立战功。

这样看来，莽古尔泰很有希望了。可是莽古尔泰有个不要脸面的母亲，她居然偷东西，把汗王宫里面的绸缎、珠宝偷出来，使得努尔哈赤大怒，下令废了她。很显然，莽古尔泰会受到牵连。就此，莽古尔泰就不具备继承汗位的条件了。

还有两位，一位是大贝勒代善，另一位就是四贝勒皇太极。

看看代善。

代善（1583—1648年），清太祖努尔哈赤次子。他曾因作战英勇被赐号"古英巴图鲁"："古英"乃满文音译，意为"刀把顶上镶钉的帽子铁"；"巴图鲁"为满语中"勇士"之意。天命元年（1616年），代善被封为和硕贝勒，参与国政，为四大贝勒之首，以序称大贝勒。代善领两红旗（正红旗、镶红

［清］ 佚名 《代善像》

代善被赐号"古英巴图鲁"，屡立战功，先后拥戴皇太极、福临继承汗位。

旗），在征伐女真各部、蒙古与明朝的过程中屡立战功。

褚英被废后，代善在诸子中年岁居长，骁勇善战，军功卓著，又因拥有正红旗、镶红旗，努尔哈赤非常重视他，曾说："等我百年之后，我的诸幼子和大福晋交给大阿哥（指代善）收养。"很明显，这是一种暗示，努尔哈赤准备把汗位传给大贝勒代善。

可是，后来发生了一个意外，让代善与汗位擦肩而过。

天命五年（1620年）九月，代善次子硕托失踪，坊间议论纷纷。有的说硕托叛逃了，逃到敌国明朝了。努尔哈赤非常重视。后来，硕托回来了，他根本不是叛逃，原因是代善和硕托的继母虐待他，他不堪忍受而逃走。但是，代善向努尔哈赤告发，坚持说硕托是叛逃，要杀掉硕托。这让努尔哈赤非常惊讶："哪有这样的父亲呀，你代善也是我前妻的儿子，我怎么对待你的，你为了自己的利益，竟然不顾亲情！"于是，愤怒的努尔哈赤决定废掉代善的太子之位，并要求代善与硕托分家单过，以免再发生类似事件。

代善被废后，"四大贝勒"中，只剩下皇太极了。皇太极是怎样一个人呢？他能否顺利继位呢？后文我会讲到。

此外，还有四小贝勒，清朝时实权仅次于四大贝勒的另外四位皇亲。大贝勒阿济格、二贝勒多尔衮、三贝勒多铎、四贝勒济尔哈朗。这四个人中，前三个人均为大妃阿巴亥所生，虽然出身尊贵，但年龄太小，军功不足以和四大贝勒相比，因而不能争汗位。至于济尔哈朗，他是努尔哈赤弟弟舒尔哈齐第六子，并非努尔哈赤亲生，很显然不具备竞争的条件。所以，四小贝勒不在努尔哈赤考虑的范围内。

[清] 清太祖努尔哈赤盔甲

努尔哈赤的盔甲由头盔、身甲和臂甲组成。头盔为钵形，高顶有缨管，前额装有铁质帽檐以保护额头。身甲为长袍式样，内外皆为布面，甲片钉在两层布中间，防护严密又不失灵活性。整体而言，这副盔甲既体现了明朝后期的工艺特色，又融入了游牧民族的铠甲优点，展现了努尔哈赤作为一代英主的威武形象。

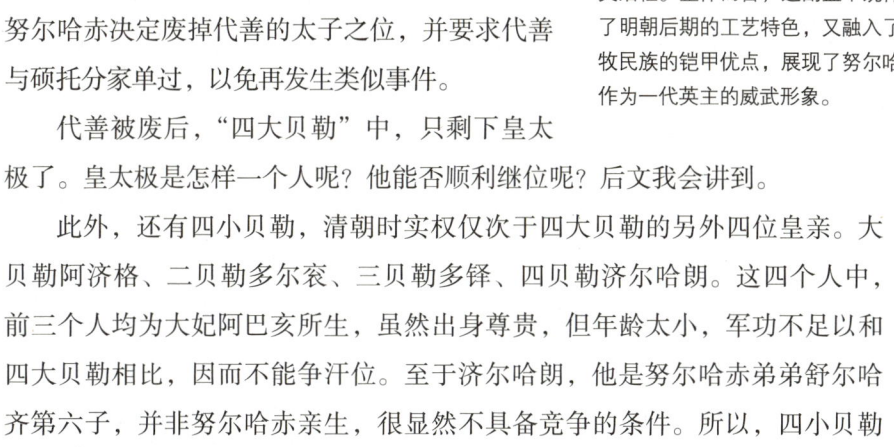

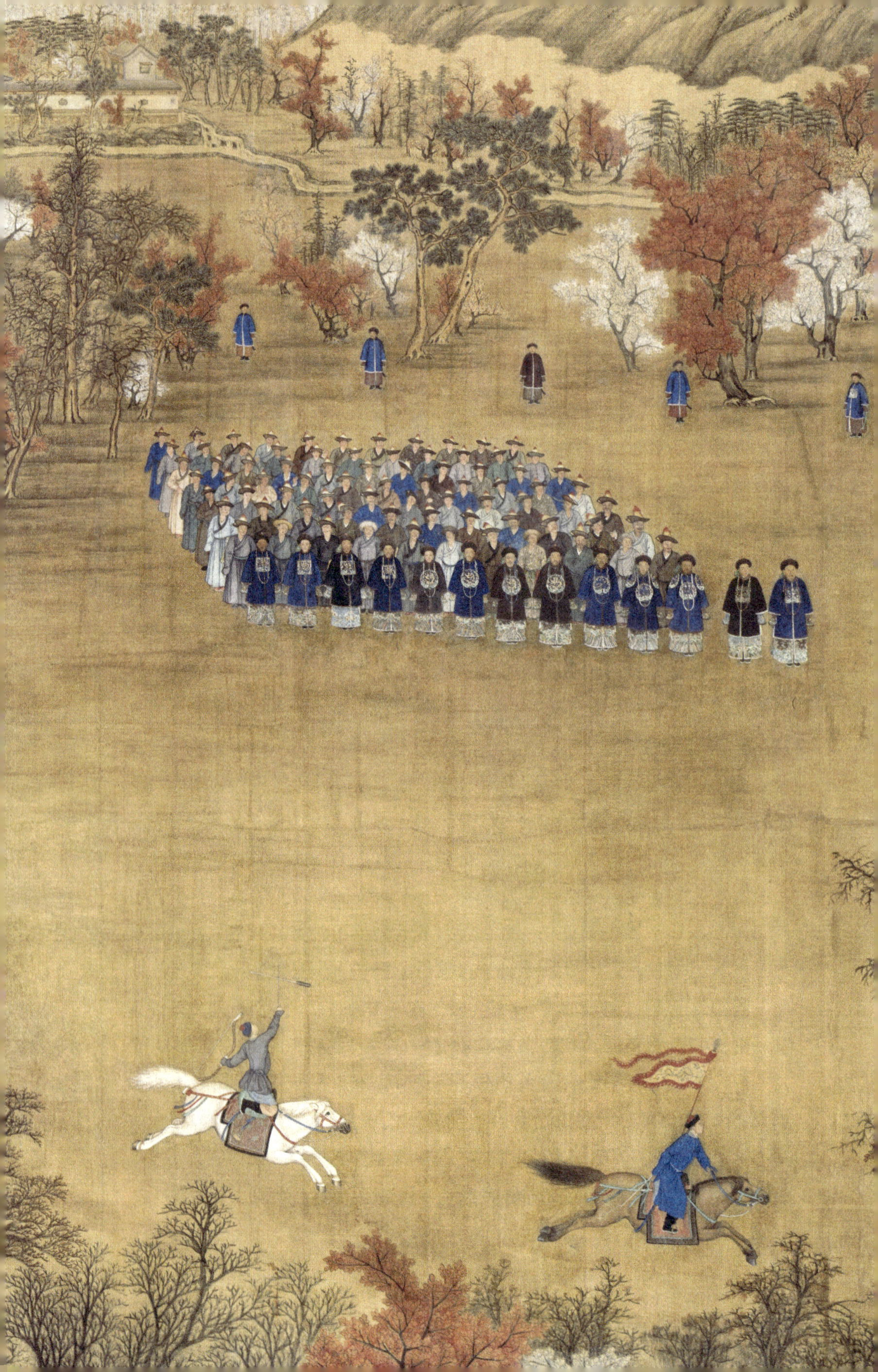

贰 清太宗皇太极

名字大有来头

万历二十年（1592年）十月二十五日，努尔哈赤又添了一个小男孩。这个小男孩生下来面色红赤，举止异常，眉目还算清秀，他就是努尔哈赤第八子皇太极，后来的清太宗。

皇太极这个名字来得很是蹊跷。有多种说法，莫衷一是。

一种说法是由同音转化而来。"皇太极"其实是满语音译，也有写作"黄台吉"的。"台吉"是个称呼，在满族贵族中很普遍。其实，"台吉"这个词在蒙古语中也很常见，有用"台吉"来称呼蒙古贵族的，其含义和"贝勒、贝子"差不多。

一种说法是同音异写。其实，努尔哈赤根本没给皇太极起这么好听的名字，是后人误写了。早期的文献记载，清太宗名字为"黄太吉""洪太时""洪

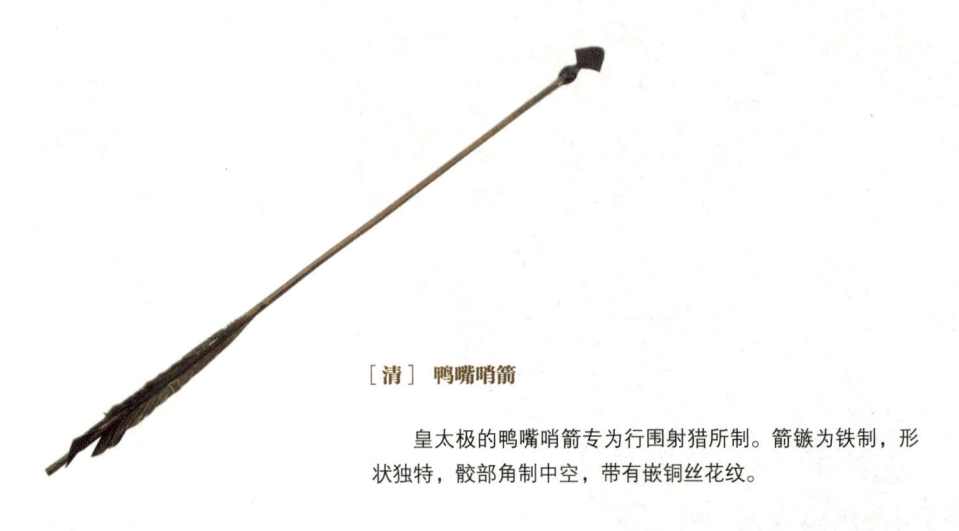

[清] 鸭嘴哨箭

皇太极的鸭嘴哨箭专为行围射猎所制。箭镞为铁制，形状独特，骸部角制中空，带有嵌铜丝花纹。

[清] 佚名 《皇太极朝服像》

爱新觉罗·皇太极是努尔哈赤第八子，清初杰出的军事家、政治家，清朝开国皇帝，葬于沈阳昭陵。

太主""红歹是"等，均为同音异写，是满语音译，根本就没有特殊的含义。有的文献说清太宗最初的名字为"阿巴海"，那样的话，就更与皇太极沾不上边了。

一种说法是他叫"黑还勃烈"。这种说法不是来自我们自己的原始资料，而是来自朝鲜国的《李朝实录》。据考证，"勃烈"应该是"贝勒"之意。"贝勒"，满语，是"大官"或"高官"之意。在努尔哈赤时代，宗室封爵并不完善，"贝勒"是对皇子的最高称呼。

一种说法是"皇太极"和"皇太子"谐音。后来，皇太极登上汗位，就有人献媚说，皇太极继承汗位是天意，因为这个名字的发音听起来就是汉文中的"皇太子"，证明努尔哈赤一开始就有意让这个具有高贵血统的儿子做继承人。

总之，关于清太宗名字的说法很多。但是我们知道，历史是胜利者的历史。清朝遗留下来的所有资料，当然会有利于清太宗皇太极。所以，这些记载并不可靠。

但是，不管怎样，皇太极确实很得父汗努尔哈赤的赏识，而皇太极本人也极为聪明伶俐。《清太宗实录》记载他"一听不忘，一见即识"，确实具有与众不同的潜质。

阴谋得皇位

皇太极是一位极有智谋的帝王，各种清代史料都说他是凭借自己的智谋夺得了汗位。这些说法到底靠不靠谱呢？不妨看一下。

我们先从努尔哈赤的儿子说起，看看他们都是谁。努尔哈赤共有16个儿子：长子褚英，次子代善，三子阿拜，四子汤古代，五子莽古尔泰，六子塔拜，七子阿巴泰，八子皇太极，九子巴布泰，十子德格类，十一子巴布海，十二子阿济格，十三子赖慕布，十四子多尔衮，十五子多铎，十六子费扬果。

很显然，努尔哈赤这么多儿子，由谁来继承汗位，他是要全盘考虑的。不管怎么说，作为皇八子的皇太极是不占优势的。那么，皇太极要怎么做，才能让自己得到皇位呢？

首先，皇太极参与了扳倒褚英的行动。褚英以年长和优秀的才能，被努尔哈赤确立为接班人。可褚英高处不胜寒，很快成为众矢之的。加之褚英智谋不足，做了糊涂事，失去了努尔哈赤的信任。最主要的还是四大贝勒和五大臣的鼓动和告状，才使得努尔哈赤最终下决心，废掉了褚英。四大贝勒中，皇太极虽然是最后一个，但皇太极参与了扳倒褚英的行动。

褚英被扳倒了，接下来，努尔哈赤选中了同样非常优秀的代善，作为汗位接班人。代善作为接班人恰到好处，他不仅位于"四大贝勒"之首，而且战功卓著，深得人心。

皇太极是一个有理想、有抱负的人，继承汗位，成为努尔哈赤的接班人，是他的理想。究竟要怎样才能实现呢？摆在皇太极面前的最大障碍就是代善了，只有把他扳倒，自己才有希望。

经过周密思考，皇太极有主意了。只要策划一起事件，让努尔哈赤恨代善，那样他自然就会不信任代善，进而废掉其接班人的位子。

天命五年（1620年）三月，皇太极找到努尔哈赤的小福晋代音察，他知道，这个女人与汗王大妃阿巴亥矛盾极深，于是，决定与她联手。他们经过商量，一个狠毒的计划出笼了。

代音察秘密向努尔哈赤举报大妃阿巴亥。接到代音察的举报，努尔哈赤的汗毛都竖起来了，他简直不敢相信，这怎么可能！因为，他宁愿代音察在撒谎，也不愿相信这些。他惊讶、气愤，简直都要窒息了。代音察究竟举报了什么，会让老汗王这样呢？这件事就是大妃勾引大贝勒代善。代音察举报："大福晋曾两次备饭，送与大贝勒，大贝勒受而食之。"

但是，光凭这点，很难判定阿巴亥与大贝勒代善有染。代音察于是拿出了杀手锏，那就是两人曾经幽会，而且是深夜幽会。代音察举报说："大福晋一日二三次遣人至大贝勒家，如此往来，谅有同谋。大福晋自身，深夜出院，亦已二三次矣。"

这难道是真的吗？努尔哈赤不敢相信。于是，他派出了心腹四大臣秘密调查，结果全部属实。努尔哈赤听后如遭晴天霹雳。

那么，大妃阿巴亥难道疯了吗？她怎么敢这么做？我分析，还是有一定背景和原因的。

一是努尔哈赤自身的原因。原来，努尔哈赤从长远利益考虑，曾经说过一些话，引起了大妃阿巴亥的误解。据资料记载，努尔哈赤曾经对大家说："等我百年之后，我的诸幼子和大福晋交给大阿哥（指代善）收养。"努尔哈赤确实说过这样的话，因为女真族早期有这种所谓"收继婚"的习俗。但是，那也要等到老汗王去世之后，你才有机会啊。这不显得大妃太着急了吗？

二是代善的原因。万历四十三年（1615年）八月二十二日，努尔哈赤长子褚英被处死，年仅33岁的代善成了实际上的长子，成为大贝勒。大贝勒不仅战功卓著，还很善良，人缘也好。所以，他的地位与日俱增，极有可能成为汗位继承人。大妃对这一切是知道的，难免为了自己的将来动些心思。

三是年龄的关系。其实啊，大妃阿巴亥的年龄与丈夫努尔哈赤相差悬殊，

[清] 皇太极御用龙袍

皇太极御用龙袍珍藏于沈阳故宫博物院。其以黄色织锦缎制成，绣有暗团龙纹与云纹，领口、开襟及箭袖处饰以织锦云龙纹，尽显皇家尊贵与满族文化特色。

[清] 大清受命之宝

此为清朝二十五宝之首——皇太极御用之宝。它玉质洁白，龙纽雄浑，满汉文字共融玺面，象征皇权正统。

两个人相差31岁。在那个早婚的年代，阿巴亥可以做努尔哈赤的孙女了。相反，阿巴亥和代善的年龄却很接近。天命五年（1620年），大妃出事这一年，阿巴亥大妃是31岁，而代善是38岁。这样接近的年龄，是两个人互相仰慕的基础。

这件事让努尔哈赤很愤怒。他思索了一下，这也不能全怪代善和大妃，自己确实说过这样的话，将来由代善接管后宫。可是，你们动手也太早了吧，我还没死呢，就这样羞辱我。努尔哈赤已经气得不行了。

祸不单行，代善家里又出事了。前文讲过，他被人告发虐待儿子硕托，进而导致硕托离家出走。这件事同样使得努尔哈赤怒火中烧。这个代善实在是太不争气了，居然总犯大错，绝对不可饶恕。怎么办呢？努尔哈赤思虑再三，先废了代善的太子之位。

就这样，事件发展到这里，代善是无论如何不能接班了。尽管如此，努尔哈赤还是看到了代善的优点，保留他四大贝勒之首的地位，事事还要与他谋划，也没在众人面前过多地提起这件事，所谓家丑不可外扬吧。但是，不管怎么样，皇太极的目的达到了。

虽然代善的太子之位被废掉，但努尔哈赤并没有说将来由谁接班。直到天命十一年（1626年）八月初七，努尔哈赤病危之际，他把最宠爱的大妃阿巴亥叫到床前，准备交代后事。四天后，努尔哈赤一命归天。由谁来接班呢？老汗王并没有遗嘱，这个时候，谁都有机会接班，只要是努尔哈赤的儿子。野心勃勃的皇太极开始谋划起来。

时间太紧迫了，大家都在争夺，尤其是那个大妃，她有三个儿子，他们虽然年龄小，可是努尔哈赤在弥留之际，是和这个女人度过的。努尔哈赤临终之际和她说了什么，是否谈到了汗位继承的问题，都是未知数。所以，在众人看来，大妃极有可能发声，宣布由谁接班。就在这千钧一发之际，皇太极决定寻求支援，他最需要的就是大贝勒代善的支持。

可是，大家知道，代善在天命五年（1620年）曾经遭到皇太极暗算，被废掉了汗位接班人的资格。在这个事件中，他和大妃阿巴亥都是受害者。那么，代善在关键时刻，是支持大妃阿巴亥，还是竞争对手皇太极呢？让人没想到的事情发生了，他居然找到皇太极，很诚恳地说："你的智谋胜过我，我支持你继位。"皇太极再一次胜利了。代善出卖了大妃阿巴亥。阿巴亥踌躇满志地准备帮助自己的儿子继承汗位的时候，皇太极带领王公大臣，强迫她自杀殉葬。

接下来，一场悲剧就在宫廷中发生了。

皇太极欲杀亲舅舅

皇太极骁勇善战，极富智谋。在那个互相征战厮杀的年代，是没有什么亲情可言的。皇太极的两位舅舅就死在了八旗兵的战刀之下。

第一位舅舅是布寨。万历二十一年（1593年）九月，皇太极的舅舅叶赫贝勒纳林布禄向建州索要土地未果，于是联合九部联军征讨建州女真。然而，九部联军缺乏统一指挥，被努尔哈赤以少胜多击败，叶赫贝勒布寨阵亡。努尔哈赤亲自将布寨的尸体砍成两半，只将一半送回叶赫，双方由此结下了深仇大恨。在这里，不得不说，努尔哈赤也是太狠了，居然把自己的大舅子劈成两半，太不近人情了。

第二位舅舅是金台石。金台石，又译作"金台吉""锦台什"，叶赫那拉氏，杨吉砮之子，纳林布禄之弟，皇太极的亲舅舅，末代叶赫贝勒。

万历四十七年（1619年），羽翼丰满的努尔哈赤亲率大军征讨叶赫。为了取得全胜，努尔哈赤亲自率兵攻打由贝勒金台石驻守的东城，而派皇太极督军攻打布扬古驻守的西城。

努尔哈赤命人将攻城的云梯、火器置于东城下，亲自劝说金台石出城投降。城上的金台石不但不予理睬，反而大声叫喊："吾非明兵也！等丈夫也，肯束手降乎？宁战而死耳！"金台石公开向努尔哈赤叫嚣，并命人向下投放滚木、礌石，重创努尔哈赤的军队。努尔哈赤命军队后撤到一座小山上，利用弓箭、火炮射杀金台石的守军，金台石则坚守顽抗。努尔哈赤命人暗挖地道，用火药将城墙炸开，率军攻入城内。城内叶赫军丁与之展开了激烈的巷战，部分军民放下武器，向努尔哈赤投降。金台石却手持弓箭登上城台，拒绝投降。努尔哈赤率军将其团团围住。努尔哈赤劝说金台石投降，但是他又拒绝了。

金台石提出要见四贝勒皇太极，自己的亲外甥，并与之盟誓后方可投降。努尔哈赤答应了。皇太极慌慌张张地来到东城台之下，心绪烦乱。但他很快镇定下来，心想这恰是一次难得的机会，正好表现给父汗看，要充分利用。于是，皇太极晓之以理、动之以情，力劝舅舅投降。

金台石是个狡诈之人，他思索再三，为了拖延时间，说道："我未尝见

［清］ 那尔敦布 《顺治皇帝进京之队伍赛马全图》（局部）

八旗制度的前身为女真人的狩猎组织——"牛录"。万历年间，努尔哈赤对牛录组织进行大规模改造与重建，逐渐形成了正黄旗、镶黄旗、正白旗、镶白旗、正红旗、镶红旗、正蓝旗、镶蓝旗八旗。八旗不仅具有军事职能，还承担行政和生产职能，被清朝统治者视为"国家根本所在"。

① ② ③

⑤ ⑥

[清] 武将服饰

①背面金属板
②腹股沟围裙
③前金属板
④裙
⑤护腋
⑥右肩襟翼
⑦中央襟翼
⑧左肩襟翼
⑨马夹

我甥，真伪乌能辨？"这可考验了皇太极，怎么办？皇太极说道："你儿子德尔格勒的奶娘认识我。"于是，奶娘被叫来辨认，把结果报告给了金台石。金台石却说："只有我外甥说一句收养我的话，我的生命才有保障，那样我就投降。"皇太极道："这件事我可做不了主。你下来，到我父汗那里，他说要杀死你，你就得死；他说要收养你，你就得救了。"金台石听外甥这么说，当然不投降。

于是，皇太极把金台石的儿子德尔格勒带上来，五花大绑。德尔格勒看到和自己一起长大的表弟皇太极这么绝情，说道："要杀便杀，何必捆绑？！"皇太极大怒，要杀掉德尔格勒。但是，努尔哈赤认为他们毕竟是血亲关系，还是不要斩尽杀绝，于是命令不要杀害德尔格勒，并要皇太极给他饭吃。

尽管如此，这个顽固不化的金台石，认准了努尔哈赤父子会杀掉自己，就是不肯投降。最终，他纵火自焚，烧了高台。可惜，他没有被烧死，想逃走，却被努尔哈赤的士兵捉住。努尔哈赤这次动了杀心，命令将金台石绞死。

皇太极不喜宽衣大袖

满族的服饰和汉族的有很明显的区别，那就是满族的服饰是紧身箭袖，而汉族的则为宽衣大袖。

满族的服饰之所以是紧身箭袖，是有实际意义的。这种服饰制作简单，一般为圆领，前后襟宽大，袖子较窄，便于射箭，衣衩较长，便于上马下马。满族男女老少一年四季穿着这种服饰，特别适合游牧民族的马上生活。

崇德元年（1636年），皇太极称帝，改女真为满洲，改国号为清，建立清朝。清朝统治的范围在扩大，人口在增加，于是，有些八旗将士喜欢上了汉族时尚的宽衣大袖，甚至有人上书皇太极，要推广汉族的宽衣大袖。

面对这种变化，皇太极极为警觉。他对此进行了深度思考。首先，不能让步，流于汉俗；其次，要有理有据，不能莽撞行事。这件事，是事关满族兴亡的大事情，绝对不是简单的穿戴问题。于是，皇太极厘清了思路，以理服人。

皇太极引经据典，分析前代得失。《清史稿·太宗本纪》记载了他的话，他说："昔金熙宗循汉俗，服汉衣冠，尽忘本国言语，太祖、太宗之业遂衰。"也就是说，金国的灭亡，就是因为金熙宗倡导穿汉服，说汉语，把本民族的特点都丢掉了，最终出现了金国亡国灭种的结局。

接着，皇太极又进行了对比。他说："我国娴骑射，以战则克，以攻则取。"就是说，我们之所以攻无不克、战无不胜，就是由于我们很好地保持了紧身箭袖，这有利于骑马打仗，所以，我们取得了一个又一个胜利。

最后，皇太极说道，当前"朕试设为比喻，如我等于此聚集，宽衣大袖，

[清] 皇太极皂靴

皇太极皂靴，以乌皮精制而成，厚底高靿，方头设计，既质朴又实用。靴上系有黄条，墨书标明其身份，是皇太极在入关前的珍贵服饰实物，对研究当时的服饰制度和习俗具有极高的价值。

[清] 蓝色缎面绣龙纹铁叶皇太极御用甲

皇太极所穿盔甲，此甲为蓝色缎面，由上衣、下裳、左右袖、左右护腋、前遮缝、左遮缝组成，穿时由纽扣及带子连缀成一整体。前胸、后背绣五彩云龙各一条，内敷铁叶186块。

[清] 木棕红漆皇太极御用马鞍

木棕红漆皇太极御用马鞍，以木质为胎，棕红漆饰面，彰显尊贵。前后鞍鞒饰以精致棕皮，座面铺陈黄毡，鞍垫柔软舒适。马鞍配铁镀银马镫，坚固耐用。整体工艺精细，既具实用性又富艺术感，是皇太极骑马射猎时的御用之物。

左佩矢，右挟弓，忽遇硕翁科罗·巴图鲁劳萨挺身突入。我等能御之乎？若废骑射，宽衣大袖，待他人割肉而后食，于尚左手之人何异耶？"这是皇太极打的一个比方，如果我们穿着宽衣大袖的汉族服饰，突然有勇士进来刺杀我们，我们就只有任人宰割了。

对这一段话，我们要具体分析。可能皇太极对于汉族的宽衣大袖有所误解，也可能是故意这么说。因为，汉族的将领在打仗时，也不穿宽衣大袖，只有那些文官或休闲之人才穿。

皇太极之所以坚持要穿本民族的紧身箭袖，是从保持本民族的特点出发的，无可厚非。但是后来，满族的皇帝一味要求汉人剃发易服，否则格杀勿论，就不近情理了。难道皇太极等不明白"己所不欲，勿施于人"的道理吗？

皇太极喜欢吃黏食

近来，有人撰文，说皇太极喜欢吃黏食，黏豆包、黏火烧等都是他喜爱的主食，这是很有道理的。当然，不仅仅皇太极喜欢吃黏食，满族人都是比较喜欢吃黏食的。

这可能与满族人生活地所产的粮食有关系。

东北盛产黏高粱、黏谷子、黏黍子等作物，而这些作物恰恰是做饽饽的极好原料。满族人世代生活在那里，他们将黏高粱、黏黍子碾成面，做成各种面食、甜食。《清朝野史大观》中就记载："满人嗜面，不常嗜米，种类极繁。"皇太极时期的盛京皇宫特设磨房、碾房，就是用来磨面的。

皇太极时代，满族人已经形成了自己的饮食习惯，而且很有特色。比如：他们把所有面制品都称为饽饽。饽饽的种类很多，主要有：

黏米饽饽，又称黏豆包，这种食品在东北地区十分流行，包括宫廷在内。做法是把大黄米或小黄米浸泡磨面，发酵，在其中包上豆馅，蒸熟后软糯香甜，十分可口。

撒糕，又称切糕，是一种用黏米面和豇豆面合蒸的黏糕。这种切糕蒸熟后，要切成一块一块的，既好看又好吃。其做法在《满洲四礼集》中有明确记载。

打糕，是满族人春季喜欢吃的食品。做法是把蒸熟的江米饭放在大木槽中，用榔头蘸水，打成面饼，打到很细腻，将它盛入盘子，做成糕块，再将炒熟的黄豆面撒在上面，蘸蜂蜜或糖吃。

豆面饽饽，又叫豆面卷子，也是满族人春季喜食的食品。《柳边纪略》记载了豆面饽饽的特点："色黄如玉，质腻，掺以豆粉，蘸以蜜。"其原料是大黄米、小黄米、黄豆粉。这也是甜食。

此外，饽饽还有好多种做法。比如：饺子，满族人也叫饽饽。不过，饺子的原料就不是黏米了，馅也不是甜的，而是咸的。满族的皇帝大婚的时候，都要吃子孙饽饽，其实就是饺子，寓意将来多子多孙。

不过，我们今天看来，爱吃黏食、甜食的人比较容易发胖，尤其是过分喜爱黏食、甜食的人，更容易发胖。而皇太极过胖的身体，也从一个侧面证实了他偏爱黏食的饮食习惯。

［日］岩崎常正《本草图谱·秫》

秫，即高粱。《考工记·钟氏》载："今北地谓高粱之粘者为秫。"自古以来，高粱便是我国农业领域中重要的作物之一。高粱不仅作为粮食作物有着举足轻重的地位，还是酿酒与生产饲料的优质原料。

皇太极去世之谜

清太宗皇太极的死是一个谜。正史上说，皇太极于崇祯十六年，即清崇德八年八月初九（1643年9月21日）在盛京皇宫的清宁宫东暖阁"端坐无疾而终"。意思是皇太极没得病，坐着就去世了。

谁会信呢？一个人好好的，怎么可能无缘无故去世呢？而且，他刚刚52岁，正是大好年龄。我们查遍史料，发现异于正史的几种说法。

一是被庄妃毒死。有人称之为"最香艳的暗杀"。史料中有这样的情形描述。

皇太极问庄妃："当年洪承畴投降大清，你告诉我是用一碗参汤唤起了他的思乡之念、求生之志，我信了你。但是，事情不会这么简单。现在，你告诉我实情吧。"庄妃又慌乱又吃惊，不知所措。

皇太极上前一步，抓紧庄妃的肩摇晃，吼道："告诉我实情，我要知道真相！"一时间，八阿哥的死，九阿哥的早产，多尔衮的形迹可疑，等等，逼得皇太极必须出手，也逼得庄妃没有了退路。

于是，庄妃狠下心来，决心最后一搏。她献上参汤："皇上，喝一口吧。"她上前一步。她只能进，不能退了，没有后路。是他逼她出手的，是他将她逼到了绝路，逼得太紧了。

皇太极并没有多想，他做梦都没有想到，这个柔弱的小女人会对他下手。皇太极喝了参汤，仅仅一会儿的工夫，他忽然捂住胸口，一口鲜血喷出。猩红的血，夹着参汤特有的气味，喷溅在床帏上。皇太极再也站不起来，他挥着手要抓住庄妃，可是已然晚了，他倒在了庄妃的怀里。庄妃亲手为他除去外衣，将他的尸身平放在床上，然后才打散自己的头发，惊慌地叫喊起来。

[清] 佚名 《多尔衮像》

　　多尔衮出生于赫图阿拉，是清太祖努尔哈赤第十四子，清太宗皇太极之弟，清初杰出的政治家、军事家，也是清朝入主中原的重要功臣。

关于这件事，有人说是庄妃和小叔子多尔衮合谋，毒害了皇太极，因为叔嫂通奸的事情已经败露了。

二是皇太极流鼻血而死。这种说法在朝鲜人的实录中有记载，说皇太极经常流鼻血，导致死亡。国内资料也有此说法，说崇德六年（1641年），松锦大战之际，皇太极流鼻血不止，朝臣劝他不要去前线指挥了，但他不干，仍然不休不止，日行百里。看来，朝鲜人的记载很有道理，皇太极很可能是流鼻血而死的。

三是皇太极患了心脑血管疾病。《清史稿》说："上仪表奇伟，聪睿绝伦，颜如渥丹，严寒不栗。"根据这段文字，我们可以判断，皇太极一定很胖，瘦人肯定不会严寒不栗的。我们看皇太极的画像，他确实很胖。皇太极到了中年，越发胖起来。他一生喜爱两匹战马，一匹叫大白，一匹叫小白，由于过胖，他骑大白一天仅能行五十里，骑小白才勉强行一百里。

[清] 内府顺治元年五月刻《摄政王令旨》雕版

这是一件政令文书底版，用于印刷重要的官方政令。结合《清实录》的详细记载，《摄政王令旨》是在清军入京后发布的，其核心内容为摄政王多尔衮对各位王公大臣的郑重告诫。在对中原的进取之路上，每位官员都应恪尽职守，不得因短暂的利益贪赃枉法。在《清史图典》中，收录了这份底版的印刷品，文字清晰，图案精美。

而且，皇太极喜欢吃猪肉，也喜欢吃其他野味。这种饮食习惯对身体不好。现在看来，胖人易患的大多是心脑血管疾病，估计皇太极是因高血压造成中风，以致脑内出血或心肌梗死突然死亡。

四是皇太极是被爱妃海兰珠（即宸妃）叫魂叫去了。

这种说法听起来很离奇，但史料中也有。

首先是宸妃病逝的消息传来后，皇太极当场昏死过去。这就很奇怪了，皇太极有那么多妃嫔，一个妃子死了，也不至于哭得昏死过去呀。可皇太极确实是昏死过去了，史料记载得很清楚。

其次是他居然给宸妃下跪。宸妃去世后，尸体被火化，葬在了沈阳西南。皇太极打猎归来，突然想起了宸妃，便命令改道宸妃墓。到了那里，意想不到的事情发生了，皇太极居然放声大哭。宸妃都已经去世一年多了，他还这么动情，简直令人难以想象。更让人吃惊的是，皇太极居然跪倒在宸妃墓前，叩头不止。世上哪有皇帝做这种事的？这不是瞎胡闹吗？当时在场的王公大臣都大吃一惊。

宸妃去世之后不到两年，皇太极也死了。有人说，皇太极化作了一只蝴蝶，追随宸妃的香魂而去。这简直就是梁山伯与祝英台的故事再现。

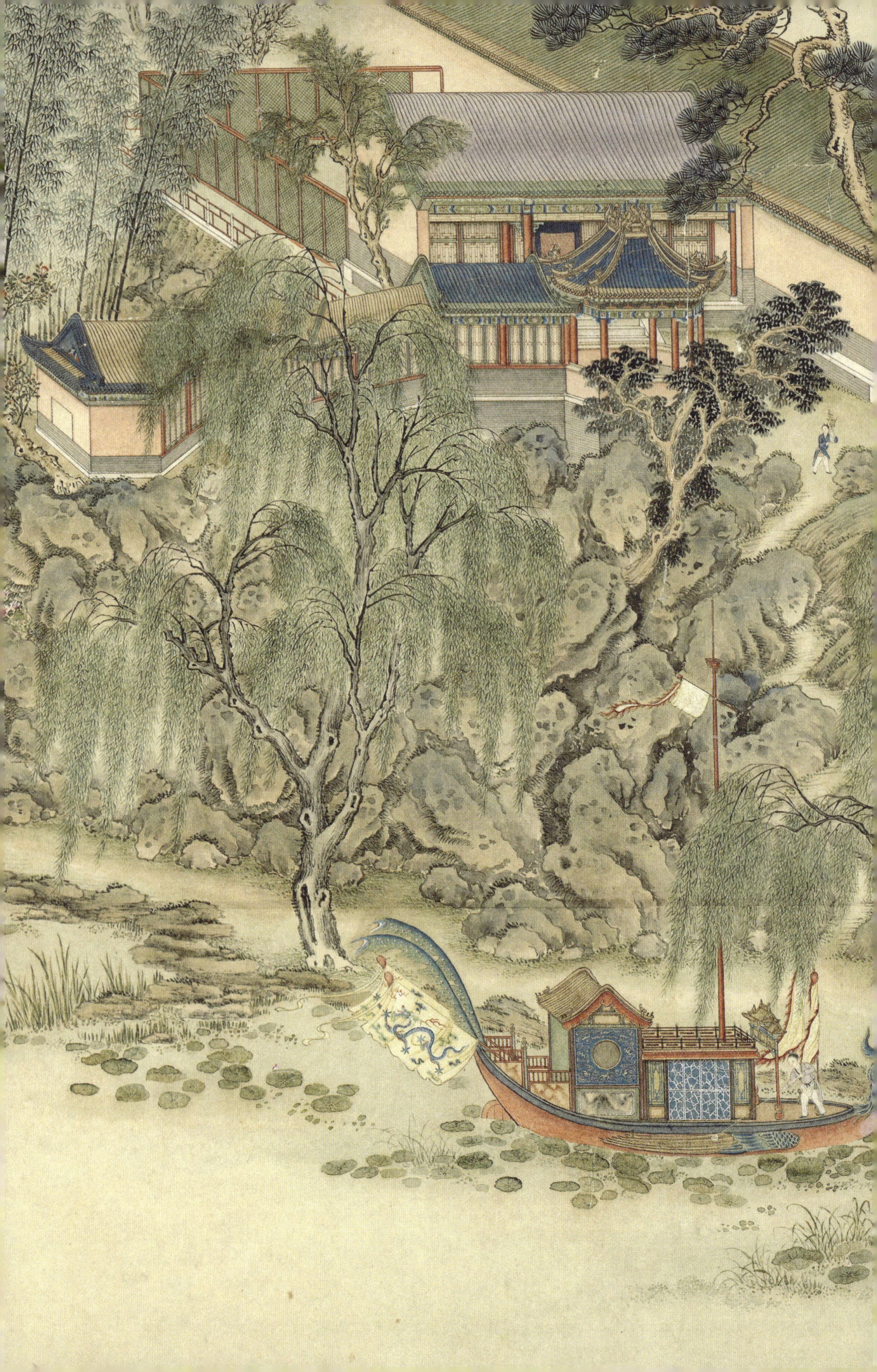

叁

顺治帝福临

顺治帝出生有异象

有一种说法，凡是伟人出生都会出现异象，真的是这样吗？史料记载，顺治帝出生的时候确实与众不同。

顺治帝是皇太极第九子，于崇德三年（1638年）正月三十戌时出生，地点是盛京皇宫的永福宫，生母就是大名鼎鼎的庄妃。关于顺治帝的出生，还真有很多神奇的故事。

先是庄妃怀孕的时候，就很不一般。因为身怀六甲，庄妃行动很不方便，皇太极为了照顾她，晚上便陪着她休息。夜里，发生了一件奇怪的事情：庄妃突然惊醒，坐了起来。皇太极大吃一惊，忙问发生了什么。庄妃想了想，道："我刚才做了一个梦，梦见一个老神仙抱着一个孩子朝我而来，把这个孩子送到了我的怀里，并对我说：'这是统一天下之主。'您说这是怎么回事呢？"皇太极大喜，高兴地说："这是奇异的祥瑞，若是生个儿子，一定能成就大业。"庄妃很高兴，躺下后很想接着进入那个梦境，可惜梦境消失了。

过了一段时间，庄妃的永福宫里又传出了新闻。宫女们说："不得了了，庄妃主子红光绕身了。"这可是吉祥之兆。我们查阅了史料，还真有宫女们看到庄妃红光绕身的记载。

十月怀胎，一朝分娩。到第二年正月三十，庄妃分娩了。令人欣慰的是，庄妃果然诞下一子，这就是后来的顺治帝。关于顺治帝的出生，那简直更神了，从永福宫里面就传出了三个新奇事。

第一个是"阖宫异香"。整个永福宫里充满了奇异的香味。这真是奇怪了，一个小孩子出生，怎么会有这么奇怪的香味呢？史料说，大家都闻到了，

[清] 佚名 《顺治帝朝服像》

清世祖爱新觉罗·福临是皇太极第九子，清朝入关后的第一代皇帝。此朝服像绢本设色，朝服以明黄色为主。顺治帝面庞圆润，清逸俊朗，端坐在龙椅之上。

很香。

第二个是产房里面充满了红光。就在顺治帝出生的一刹那，永福宫里面充满了奇异的红光，照耀了整个宫殿。

第三个是刚出生的顺治帝的发型很酷。史料说，顺治帝出生时，居然有一个很奇怪的发型。按理说，小孩子出生时，头发不会有什么形状，有的孩子甚至没有多少头发。可顺治帝头发很多，这还不算，他头顶的头发居然立了起来。这让在场的人，从接生婆到宫女、太监都很吃惊，怎么会一生下来头发就有型呢？真是奇怪。

这还不算，又有人发现了奇怪的事情，不过这些事情不是什么好事。究竟是什么呢？有人说顺治帝出生后，不仅没给清朝带来好处，反而带来了灾难。

在顺治帝出生这年（1638年），沈阳就发生过两次地震，一次在八月初七寅时，一次在十一月二十九酉时。沈阳是一个地震并不频繁的地方，这一年就发生两次地震，有人说，这是顺治帝出生带来的"好处"。

不仅如此，就在顺治帝继位前后，沈阳又发生了奇怪的自然现象。有人将这些现象和这个小皇帝联系在了一起。

顺治帝在崇德八年（1643年）八月二十六继位。半个月后，盛京城内一阵晃动，地震了。第二年三月初八，盛京再次发生地震，两天后，又发生地震，估计是初八的余震。此外，这年二月初四，月亮中有黑子；七月二十八，下起了大雹子；八月初一，盛京发生日食。一时间，人们有了不祥的预感，莫不是这位幼年天子不该继承皇位吗？

顺治帝看书累吐血

古人学习向来主张"头悬梁，锥刺股"，不过，真正做到的少之又少。顺治帝因为学习劳累而导致吐血，是真的吗？

经考证，顺治帝其实是个特别顽皮的孩子，对学习极不上心。为什么呢？大体有三个原因。

第一，母后娇惯孩子。这很好理解，皇太后（顺治帝继位初尊其母庄妃为皇太后，即历史上有名的孝庄太后）就这么一个儿子，舍不得孩子累着。顺治帝说过："皇太后对我太娇养了，什么事情都不叫我学，所以我不认识汉字。"

第二，没有制度。清朝初年，皇宫里面没有皇子入学的规定，全靠自觉，那小孩子能学习吗？满族崇尚武力，开始时并不重视文化知识。入关以后，尤其是康熙帝以后，制定了完备的学习制度，规定皇子6岁就必须入学，并请全国最知名的教师教授各种知识。

第三，多尔衮不让顺治帝学习。多尔衮其实是存有私心的，他不愿意顺治帝努力学习，过早亲政。所以，当有人向他请示，说皇帝已经这么大了，该入学读书了，多尔衮摇头说："读什么读，让他玩去吧！"就这样，没人再敢提这件事情。这个懵懂无知的小皇帝也就只有疯玩了。

当多尔衮暴亡之后，顺治帝开始亲政，可面对奏折，他看不懂。怎么办呢？不能再请个专门看奏折的师傅吧。顺治帝大伤脑筋，晚上都睡不着觉了。

顺治帝亲政那年，只有14岁，还是个少年。不过这要在今天，14岁的少年也该上初二了。这么大了，还是个文盲，能不着急吗？顺治帝猛然下了决心：努

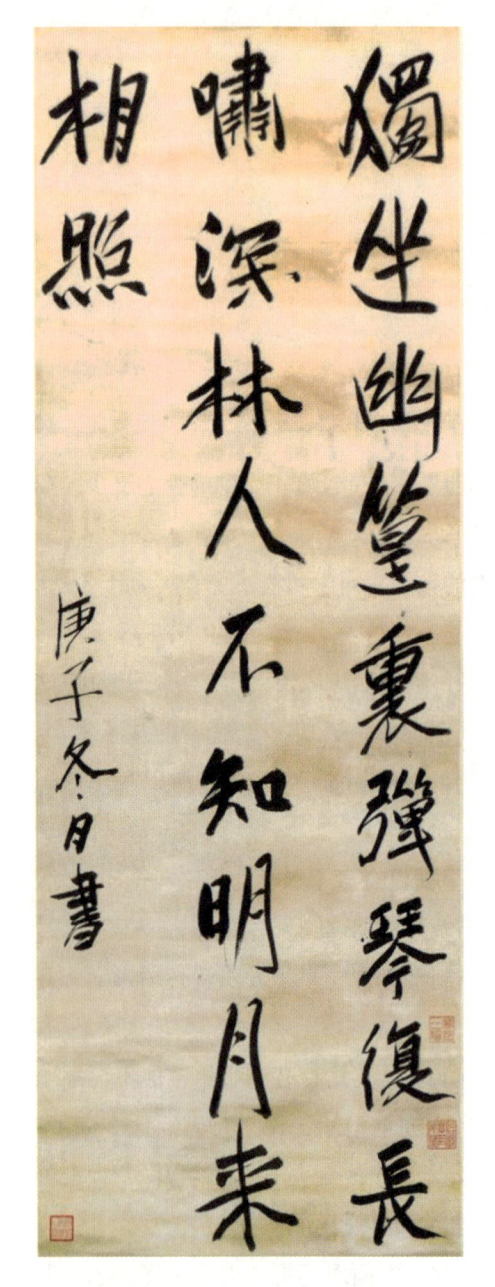

［清］ 顺治帝 《顺治帝行书王维诗轴》

此书轴展现了顺治帝独特的书法风格和笔势特点。其用笔纵肆直率,线条顿挫明显。整篇书法作品劲健而古朴。

力学习,恶补知识。这是真的吗?

典籍《北游集》中记录了顺治帝刻苦学习的情况。顺治十六年(1659年)的一天,顺治帝和高僧木陈忞相对而坐,一会儿,内侍抱来一摞书,有十多本。顺治帝对木陈忞说:"这是我读过的书,请你看看。"木陈忞细心一看,发现皇上读过的书很多也很杂,有《左传》《史记》《庄子》《离骚》,以及唐宋散文八大家和元明的文集。一个日理万机的皇帝,之前又没有什么基础,这么多书怎么看啊?木陈忞心里非常佩服。在《北游集》中,顺治帝讲述了自己发奋读书,以致吐血的感人故事:"发奋读书,每晨牌至午,理军国大事外,即读至晚。然顽心尚在,多不能记。逮五更起读,天宇空明,始能背诵。计前后诸书,读了九年,曾经呕血。"

大家想一想,顺治帝基础那么差,要把那些古典名著烂熟于心,得费多大劲啊。而且,他身为皇帝,又不能专门看书学习,好多军国大事等着他呢,所以,要想学习,也只有找业余时间,焚膏继晷。这也难怪他因为刻苦学习要累吐血了。

[清] 王时敏 《山水图轴》

这是顺治十二年（1655年）王时敏所绘。王时敏位列清初「四王」画派之首。「四王」画派受到了清朝皇帝的认可，被尊为「正宗」。此画反映了清初山水画的风貌，在一定程度上与顺治帝的山水画风格有所呼应。画中层峦叠嶂，民居错落，山石画法古朴高雅，有大气、厚重之感。

"世上妈妈最不好"

《世上只有妈妈好》这首歌曾传唱中华大地。可顺治帝和皇太后恰恰相反，他们的关系非常不好。那么，究竟是什么原因造成这对母子反目的呢？

最关键的原因，是皇家冷漠。帝王之家缺少人情味。还有一点，就是皇子和公主出生后，要和亲生母亲分开。真是很奇怪，后妃生育孩子之后，皇帝会马上命令御医给她们喝一种特殊的汤，叫"回乳汤"。顾名思义，就是不让产妇产奶。一般来讲，我们是给产妇催奶，好给婴儿吃啊。可是，皇宫里不同，要给她们回奶，不让她们产奶。所以，小婴儿不吃亲生母亲的奶，而吃奶妈的奶。大家可能不明白，这是为什么啊？原因很简单，就是为了皇帝方便。你想，产妇天天喂孩子奶，那多不方便啊。可是今天看来，这样做很不好，产妇就应该产奶，小孩子吃亲生母亲的奶也有利于健康。不管怎么样，顺治帝不吃亲生母亲的奶水，母子之间的接触就少了。人没有接触，怎么会产生感情？

这是一个原因，具体到顺治帝母子，还有其他原因。

首先，跟多尔衮有关。多尔衮和皇太后之间，有了不好的传闻，这让顺治帝非常反感。所以，顺治帝亲政之后，对多尔衮进行惩治，还清除了多尔衮的党羽，解了心头之恨。但他对母亲的恨还是会长期存在的。

其次，跟包办婚姻有关。顺治八年（1651年），小皇帝刚刚亲政，皇太后就决定为他举行大婚典礼。选中的皇后是皇太后亲哥哥吴克善的女儿。皇太后的意思很明显，就是要确保其娘家在皇宫中的地位。一般来讲，皇帝是不会有什么意见的。可顺治帝追求的是自由恋爱，他要自己安排婚姻大事，不想被别人摆布。而且,这桩婚事是多尔衮早年安排的,属于政治婚姻。这让顺治帝极为反感,也极大地影响了顺治帝母子的关系。

最后,还有一个重要原因,就是政治观点不同。作为帝王之家的母子,不可能脱离政治。举个例子,在对待汉文化的问题上,娘儿俩意见不一致。顺治帝主张学习汉文化,还喜欢汉族女子。皇太后恰恰相反,在清朝入关初期,她对陌生的汉文化有一定的抵触心理,不主张皇帝学习汉文化,不允许汉族女子入宫。皇太后明确规定"有以缠足女子入宫者,斩",并把这道懿旨挂在了神武门上,谁不害怕呢?可顺治帝就是不听,他们不反目才怪呢。

直到顺治十八年(1661年),顺治帝去世,母子二人也是各怀心事,谁也不让步。顺治帝至死都没能和母后改善关系。所以,顺治帝在临终遗嘱中,专门有一条说到他和母后之间的关系,并做了自我检讨,认为自己处处不听母后的,致使母后伤心,属于不孝行为。虽然检讨得很好,但后世有人认为,顺治帝根本没留下这样的遗嘱,是皇太后篡改了遗诏。

为何着急剃发出家？

据史料记载，顺治帝与佛教有不解之缘。他的祖父、父亲都尊崇佛教，他的母后也是一个虔诚的佛教徒，有孝庄礼佛的画像传世。所以，在顺治帝幼小的心灵里，佛教是神秘而神圣的。

根据史料记载，从顺治十四年（1657年）开始，有好多得道的高僧都和顺治帝有很密切的关系。他们是：

憨璞性聪（1610—1666年），福建延平人，俗姓连，顺治帝赐号"明觉"。憨璞性聪15岁出家于天王寺，3年后剃发，25岁起游历四方。顺治十三年（1656年）五月，憨璞性聪住京师城南海会寺。顺治十四年（1657年），顺治帝驾幸南海子，与憨璞性聪相见，两个人相谈甚欢。之后，顺治帝不断召见他。憨璞性聪于康熙五年（1666年）圆寂，享年57岁。

玉林琇（1614—1675年），江阴人，俗姓杨，字玉林，世称玉林通琇，19岁出家受具。顺治十五年（1658年），顺治帝召其入京，玉林琇于万善殿弘扬大法，受赐号"大觉禅师"，第二年又被封为"大觉普济禅师"，并被赐紫衣。顺治十七年（1660年），玉林琇被进号"大觉普济能仁国师"。康熙十四年（1675年），玉林琇圆寂，享年62岁。

茆溪森（1614—1677年），俗姓黎，广东博罗人，名叫行森，号为茆溪。据说他相貌英俊，拜在高僧玉林琇门下，尤以偈语见长，常替师父主持法席，分座说法。顺治十六年（1659年）七月，皇帝从玉林琇口中得知茆溪森偈语最好，便召其至万善殿问法，宠遇极隆。皇帝和茆溪森，似乎有一种天然的亲密关系。

木陈忞（1596—1674年），广东茶阳人，出身于书香门第，幼年修行。木陈忞于顺治十六年（1659年）应召入京，与顺治帝相见，他很得皇帝信赖，被封为"弘觉禅师"。

这四位得道禅师对顺治帝影响极大。尤其有两位禅师，甚至影响到了顺治帝的帝业。

一个是玉林琇，顺治帝以禅门师长相待，每次相见，都要行佛门礼法，使玉林琇很受感动。然而，让玉林琇大感不解的是，顺治帝居然要他给自己起一个法号，而且说："要用丑些字样。"玉林琇小心翼翼地拟了十几个字，顺治帝自己挑选，最终选中"行痴"两个字。

另一个是茆溪森，他与顺治帝的交谈甚为投契。顺治帝甚至动了出家为僧的念头。但是，顺治帝的母后岂能同意，一个大清国堂堂的天子，竟想落发出家。顺治帝最终忤逆了母后，召来茆溪森为他剃发。茆溪森最初不敢，在顺治帝的一再坚持下，才持刀为之落发。皇太后真的着急了，她急中生智，召来了茆溪森的师父玉林琇。玉林琇提出，如果顺治帝坚持出家，他就烧死茆溪森。顺治帝只好做出让步，出家未果。

[清] 香黄缎暗云龙织金团龙龙袍（拆片）

龙袍上的金龙用圆金线织成，每两根为一组，突出了龙纹的立体感。此龙袍织工精细，花纹设计巧妙，用色讲究，是清代顺治帝所穿的。

[清] 丁观鹏 《无量寿佛图》

此画绘佛祖如来显灵世间的情景，以金粉画佛像，佛像面容慈祥，周围人物形象各异，线条工细，营造出肃穆祥和的氛围。他大力支持佛教的发展，推动了佛教在清朝的普及和兴盛。顺治帝与佛教之间有着深厚的渊源和紧密的联系，他常常召集当时的名僧到紫禁城内，为自己讲经说法。

短命皇帝死前三事

顺治十八年（1661年）正月，顺治帝本来就身体羸弱，骨瘦如柴，偏偏又染上了可怕的天花。他自知扛不过这场疾病，于是开始安排后事。临死之前，顺治帝做了三件事。

一是圆梦。顺治帝最大的憾事是出家未成，原因就是自己的母后极力反对。眼看自己将不久于人世，顺治帝决心圆了这个梦。于是，在顺治十八年正月初二，他去世前5天，安排自己的宠监吴良辅代替他出家，并亲眼看着吴良辅落发。

二是安排火化师。顺治年间，清朝入关不久，还很盛行火化制度。顺治帝信佛教，更希望去世之后，火化掉自己的尸体。所以，顺治帝眼看自己即将大行，便早早安排火化师。他首先想到的就是由茆溪森和尚来主持火化。因为当年董鄂妃的尸体，就是由茆溪森和尚来主持火化的。而且，自己最想出家的时候，是茆溪森和尚给他剃的发。茆溪森和尚当时在杭州，接到顺治帝的遗旨后，马上进京。

三是命人写遗诏。这本是一件很正常的事情，顺治帝的遗诏却不同寻常。首先，写遗诏的人很特别。这个人不是满臣而是汉臣，而且这个人的级别不高，仅仅是一位正三品的文官，这个人就是王熙。其次，这个遗诏不是歌功颂德之作，而是典型的"罪己诏"，是千年来罕见的。最后，遗诏被人神秘篡改。究竟是谁篡改了顺治帝的遗诏？经过专家分析，应该是他的母后。她出于自己的目的，篡改了顺治帝的遗诏。

作为顺治帝的母亲，眼看儿子病势日重，皇太后十分着急。她也做了三

[清] 蓝色缎铜钉顺治帝御用棉甲

此棉甲为蓝地人字纹锦面，石青缎缘，月白绸里，外布铜镀金钉。护肩接衣处饰镂空金累丝云龙纹及八宝吉祥图案，并镶嵌珊瑚珠、珍珠、青金石、绿松石等。上衣前胸部悬一圆形护心镜，镜周边镂饰金累丝云龙纹。此盔甲为顺治帝御用。

件事。一是召集御医。皇太后要求御医紧急拿出良策，可是他们没有好办法，因为那个时候，天花要靠患者自身的免疫力才能自愈，没有良药可治。二是传谕民间。要求老百姓"毋炒豆，毋燃灯，毋泼水"。三是大赦天下。把那些关在监狱中的犯人释放，为顺治帝积功德，以感动上苍。

但是，不管怎么努力，顺治帝还是在顺治十八年（1661年）的正月初七龙驭上宾，享年24岁，真是一个短命天子！顺治帝一咽气，居然有两个人自愿为他殉葬。一个是他的妃子：董鄂氏，孝献皇后的族妹。其实，顺治帝并不喜欢她，因而她没有生育，默默无闻了一辈子，也没有封号。她自愿殉葬，应该是一时急火攻心所致。另一个是顺治帝的贴身侍卫傅达理。傅达理以身殉主后，朝廷特准他葬在东陵。

顺治帝去世后，清廷为他举办了隆重的丧礼，在景山火化了他的尸体。这天，王公大臣齐聚景山，皇太后一身黑色素服，悲哀至极。白发人送黑发人，心情可想而知。

按照顺治帝生前的安排，茆溪森早早赶到景山，准备为他举火烧棺材。一堆干柴早已准备好，当茆溪森举起火把点燃干柴，开始烧棺材的时候，王公大臣哭声震天，皇太后更是放声大哭。

这时火光冲天，并且发出噼噼啪啪爆豆一样的声音，那是棺材内的珍珠发出的响声。人们还看到顺治帝的棺材在燃烧时发出五彩光芒。为什么会发出五彩光芒呢？有人分析，应该是棺材里面的各种珍宝遇火燃烧后发出的奇异光芒。

顺治帝棺材中大量价值连城的珍宝，就这样和他的尸体一起被付之一炬了。

皇帝也会看风水

风水，本为相地之术，也叫地相，古称堪舆术。风水的核心是人与大自然的和谐。通俗地说好风水就是好地方，居于此处，能助人事兴旺，可令后代富贵显达、福禄延绵。

正是基于这个道理，清朝的皇帝十分注重陵寝风水的选择。他们认为，一处好的陵寝风水，能给国家带来好运，能使子孙繁衍兴旺。所以，没有好的风水，他们宁可不建陵寝。道光皇帝这样说过："总以地臻全美为重，不在宫殿壮丽以侈观瞻。"讲的其实就是这个道理。

顺治帝是清朝入关以后的第一位帝王，他的陵寝究竟要选在哪里呢？他在思索这个问题。他亲政以后，开始大量阅读各种资料，其中包括风水书籍。

顺治帝很聪明，他每天都要看十多本书，而且有过目不忘的本领。

顺治帝在学到了大量的书本知识以后，想要亲身实践一下，顺便检验一下自己的所学。于是，他要为自己选择一处万年吉地。

顺治八年（1651年）十二月，刚刚14岁的少年天子顺治帝，奉皇太后之命，率领皇后、妃嫔、王公大臣、风水师，一行浩浩荡荡向遵化出发。

走了4天，他们来到了遵化的丰台岭。他为什么到这里来选择风水呢？原来，他在宫里得到了一个消息，说离紫禁城近300里的遵化丰台岭是一处好风水。在查继佐所撰的《罪惟录》中记录了丰台岭的风水。崇祯十三年（1640年），由于天寿山没有好的风水了，崇祯帝便派出刘孔昭和张真人来遵化选择风水。选好之后，刘孔昭说虽然这里的风水很好，但是没有好的开工时间。经过掐算，开工吉时是甲申年，也就是崇祯十七年（1644年），而这一年,正是明朝灭亡的年份。

所以,14岁的顺治帝是有备而来。他登上丰台岭的山巅,举目远望,但见南面平川似毯,尽收眼底,北面重峦叠嶂,万绿无际,真是一处天造地设的好风水。顺治帝回忆着自己平日所看的风水书籍,把那些龙沙穴水等风水要素一一对号入座,大吃一惊:这真是一处十全十美的风水宝地!正是"龙沙穴水无美不收,形势理气诸吉咸备"。于是,顺治帝虔诚地撸下戴在大拇指上的玉扳指,向南面抛出去,说:"扳指落下的地方,就是将来的穴位。"

王公大臣立即找到了顺治帝抛下的扳指,并马上把一个金簪插进扳指。金簪、扳指被一起插进泥土,然后把它们用席棚罩住,使它们不再见日光、月光、星光。

顺治帝的这次看风水活动,奠定了清朝入关后的第一块风水基地。以后的几百年间,在这里营建了5座帝陵、4座后陵、5座妃园寝、1座公主园寝,前后葬入161人。

有一部典籍叫作《啸亭杂录》,里面这样夸赞顺治帝慧眼看风水:"虽命我辈足遍海内求之,不克得此吉壤也。"也就是说,即使是那些风水先生们,也未必能够找到这样的风水宝地。

[清] 顺治朝地球仪

该地球仪高19厘米,座径34厘米,球径10厘米,清代顺治年间由钦天监制作,采用铁质镀金工艺制成,现藏于北京故宫博物院。

顺治帝孝陵地宫是空的吗？

清东陵曾发生过几次大规模的盗案。1901年，慈禧太后带着光绪帝逃往西安，东陵当地的匪贼以为清朝灭亡了，就把苏麻喇姑的墓盗掘了。1924年到1926年，奉系军阀张宗昌进入陵区，悍然砍伐了陵区内数百万株苍松翠柏。1928年，军阀孙殿英盗掘了最为富有的乾隆裕陵和慈禧陵，价值连城的珍宝被洗劫一空。1945年，东陵地区匪贼横行，鱼龙混杂，以张尽忠、王绍义为首的匪贼盗掘了景陵、定陵、慈安陵等，帝王后妃的地宫被轰然炸开，抛棺扬尸的惨剧不断上演。

这里就有一个特例，那就是顺治帝的孝陵安然无恙，居然躲过一次又一次劫难。这究竟是为什么呢？守陵的研究人员进行了考证，归纳为以下原因：

一是地宫为空券。顺治帝宠妃董鄂妃去世之后，顺治帝万念俱灰，看破红尘，想出家做和尚，还请来大和尚茚溪森为他剃度。所以，一些文艺作品演绎顺治帝的儿子康熙帝去五台山寻父，说明顺治帝出家去了五台山。既然顺治帝已经出家做了和尚，那他的地宫里面当然不会有其尸骨，也不会有什么值钱的宝贝，所以孝陵地宫是个空券。空券当然没有人去盗掘了。

二是孝陵大碑楼上的文字起了作用。孝陵大碑楼里面有一块石碑，上面用满汉两种文字记载着顺治帝一生的丰功伟绩。其中，在谈到顺治帝陵寝的时候，有这么一句话："皇考遗命，山陵不崇饰，不藏金玉宝器。"意思很明显，说的是孝陵地宫里面没有什么宝贝。当地的土匪是了解这一情况的，所以盗陵的土匪看到这段碑文，就望而却步了。

三是孝陵地宫是顺治帝的衣冠冢。有人说，地宫里面埋葬的是顺治帝的一把扇子和一双鞋子。费半天劲，就为这两件小东西，盗匪认为很不值得。

当然，孝陵并非一直很安全。我们查阅了大量史料，发现孝陵其实也有过几次险情。第一次是光绪二十六年（1900年），八国联军打进北京，冲进紫禁城，慈禧太后和光绪帝仓皇出逃。但是，八国联军岂能就此罢休，他们的部队开进东陵，准备进行报复行动。在誓师大会上，侵略者决定先把顺治帝的孝陵烧毁，因为顺治帝是入关第一帝，这里有龙脉。但是，当他们举火要烧孝陵的时候，突然狂风大作，暴雨倾盆，而且这种天气持续几天，侵略者根本无法实施报复，只好撤出了陵区。

第二次是1945年，土匪张尽忠、王绍义等带领人马来盗掘孝陵。但是他们用镐刨不进去，用炸药也炸不进去，最终不得不放弃了盗掘行动。

就是这样，历经磨难的孝陵地宫，终于没有被人盗掘，成为清东陵所有陵寝中唯一一座没有被盗掘的陵寝。

[清] 金嵌松石珊瑚坛城

这是17世纪西藏作品，以松绿石、珊瑚和金属等材质精心制成，顶面中央是象征宇宙中心的须弥山。此坛城是达赖五世赠予顺治帝的礼物，现藏于台北"故宫博物院"。

[清] 黄釉暗刻云龙莲瓣盘

　　盘心暗刻云龙纹，内壁双龙赶珠，外壁莲瓣环绕。釉色深沉，底白釉书"大清顺治年制"。此盘工艺精湛，体现了顺治时期瓷器的风格与特色。

但是，人们一定很想知道，孝陵地宫之中到底埋葬了什么呢？

顺治十八年（1661年）正月初七，顺治帝驾崩。他的大棺材连同价值连城的珍宝在景山被火化，其尸体化为一坛骨灰。据资料记载，顺治帝的骨灰坛是一个青花的将军罐，带盖，大肚，就像一个大肚子将军。所以，孝陵地宫的宝床之上，安放着顺治帝的这个骨灰坛子。顺治帝的东边是康熙帝生母的骨灰坛子，西边是顺治帝宠妃董鄂妃的骨灰坛子。这三个年轻人最大的24岁，最小的只有22岁。地宫里"住着"三个风华正茂的年轻人，并非传说中的空券。

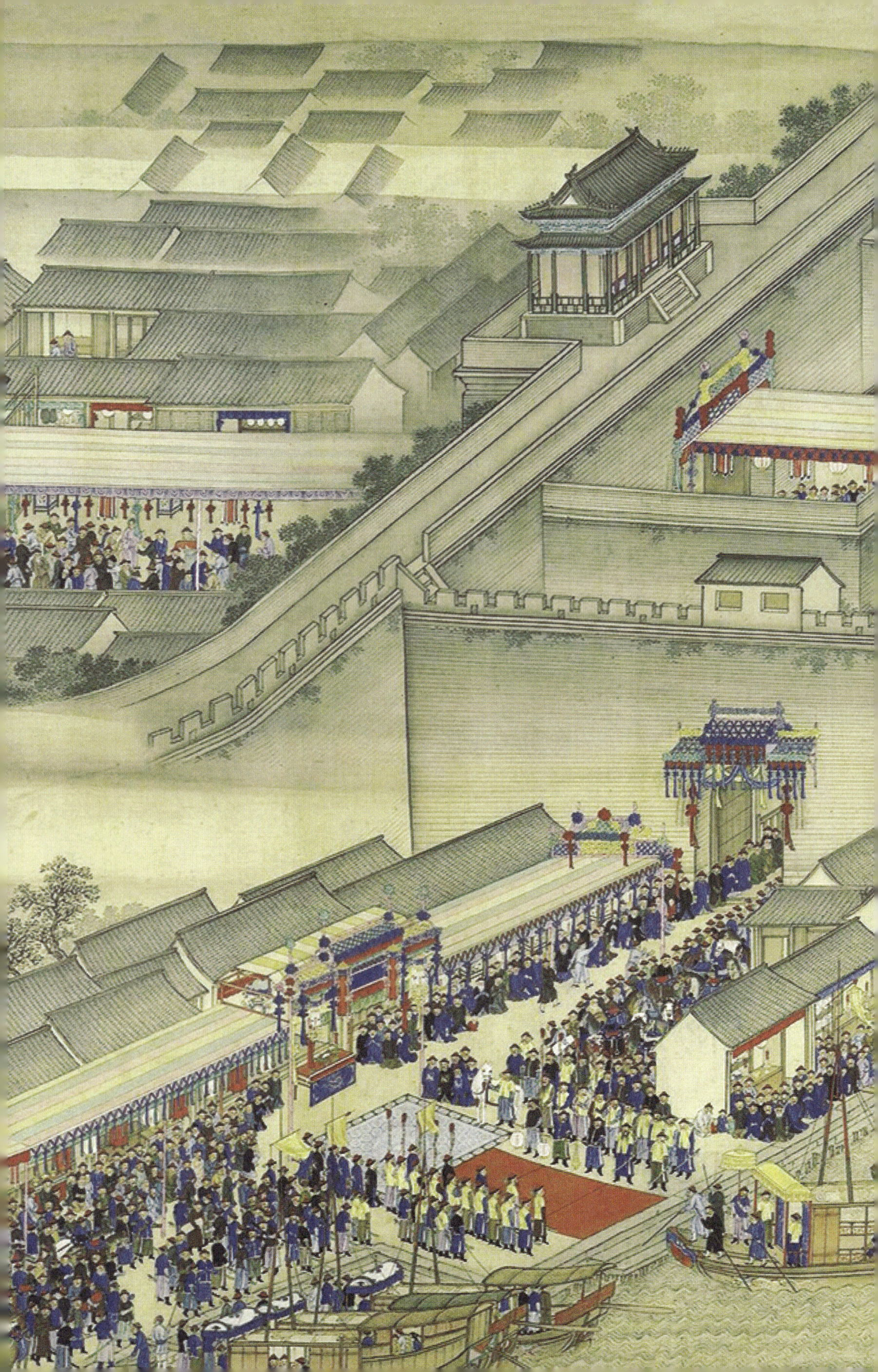

肆

康熙帝玄烨

麻脸皇帝

这一章要说的是康熙帝玄烨，这位皇帝，居然是个麻脸皇帝，因为他出过可怕的天花。那个时候，出天花就像过鬼门关，过去了就活了，终生有了免疫力。可相当一部分人过不去，死在天花上，就连堂堂皇帝也是如此。

康熙帝究竟是什么时候得的天花，有多种说法。按照康熙帝自己的说法，就是很小的时候。专家也认为康熙帝是很小的时候得的天花。

因为出了天花，他被父母边缘化了。这是客气的说法，实际上就是被抛弃了。他被迫离开皇宫，离开父母，到宫外去避痘，就是别人怕被传染吧。

可怜的玄烨被迫离开皇宫，是谁在照顾他呢？一种说法是苏麻喇姑照料他。这种说法最流行。我们很好理解，玄烨和奶奶皇太后感情最深厚，而苏麻喇姑是皇太后的贴身侍女，皇太后极有可能派苏麻喇姑去照顾这个可怜的孩子。还有一种说法是他的乳母照料他。这倒也有道理。那个时候，宫里的皇子基本上是和乳母在一起的，她们不仅给皇子喂奶，还负责照料皇子的起居。也正是这样，清朝的皇帝和乳母的感情很深，当她们去世之后，皇帝会给她们建造豪华的陵墓，立碑，甚至让她们陪葬在皇陵近处。可以说，对于皇帝来讲，乳母在他们心中的位置很重要。

出天花虽然很可怕，可正是这个病魔，给小玄烨带来了千载难逢的"机会"。为什么这么说呢？

顺治十八年（1661年）正月初七，顺治帝临终之际，要安排接班人了。整个宫廷的人眼睛都睁大了，死死地盯着太和殿上的大宝座，究竟谁会成为顺治帝的接班人呢？大家拭目以待。可是，让人意想不到的事情发生了，顺

[清] 佚名 《清圣祖康熙像》

康熙帝8岁登基，16岁除权臣鳌拜夺回大权。军事上削三藩、收台湾、驱沙俄，创『多伦会盟』联盟蒙古。但其晚年吏治败坏，对继承人的选择举棋不定，造成九子夺嫡的局面。

[清] 王翚 《康熙南巡图卷第三卷（济南至泰安）》（局部）

此图描绘了康熙帝南巡济南至泰安的盛大场景。画面宏大，人物众多，形态各异，栩栩如生。山川城池、街巷商行、风土人情都被生动地呈现出来，展现了当时社会的繁荣。整幅画色彩丰富而和谐，线条流畅而有力。

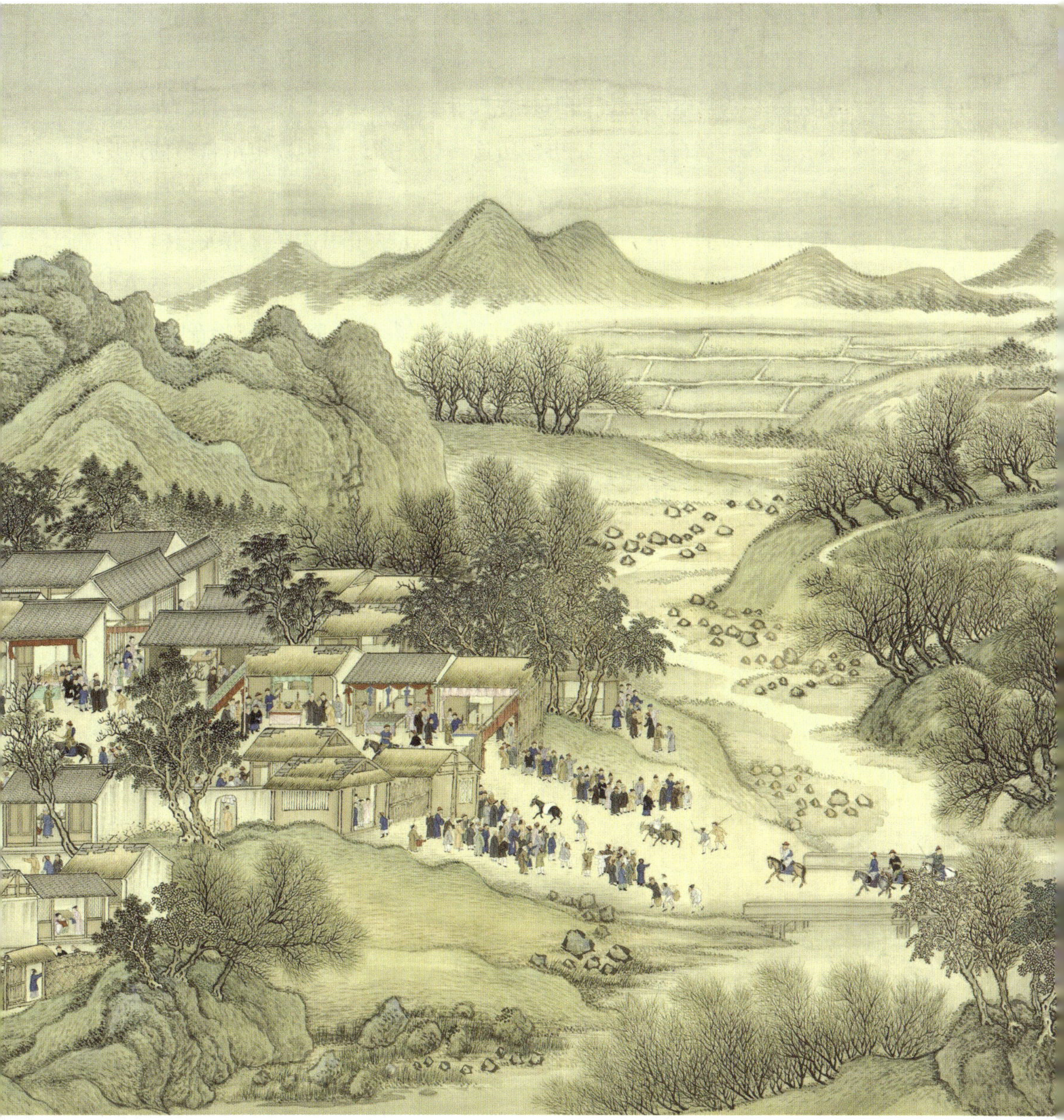

治帝别出心裁，他居然不想在皇子中选择接班人。大家都很吃惊，为什么呀？顺治帝有自己的打算。因为他的孩子们都很小，这样小的孩子继位，是一定要有人辅佐的。一旦这些辅佐的王公弄权，小皇帝是很受罪的。自己就是这么过来的，他不想让自己的孩子再经历这一切。所以，他决定由自己的远房哥哥继位。

这可急坏了他的母亲。皇太后坚持一定要在皇子中选择接班人，但是选择谁，她并没有做出最后的决定。选来选去，她最终选中了小玄烨。至于为什么选中他，就要回归本题了，是这个可怕的天花给他带来了"福音"。因为出了天花，具有了免疫力，所以他被选中了。

康熙帝虽然脸上长满了麻子，但他并没有因此失去自信。他要西洋画师给他画像，不回避满脸的麻子。画师在画中真实地记录了康熙帝的生理缺陷，这大概就是因为当年的天花虽然给他带来了痛苦，可也给他带来了难得的机遇，干吗要回避它呢？

不幸的童年：缺少父母之爱

　　康熙帝出生在皇家，却有一个不幸的童年。他的父亲、母亲对他关爱不够，使他从小缺少父母之爱。

　　康熙帝的父皇是顺治帝。顺治十一年（1654年）三月十八日，皇三子玄烨生于紫禁城景仁宫。当时，顺治帝17岁，而他的母亲佟佳氏也只有15岁。小玄烨诞生了，应该是父母最高兴的事情，他为什么没有得到父母之爱呢？

　　就顺治帝而言，玄烨诞生这一年，正是他心烦的一年。因为顺治十年（1653年）八月，他费了九牛二虎之力，才把原配皇后博尔济吉特氏废了。可是紧接着，顺治十一年（1654年）五月，他的母后又安排自家侄孙女进入宫廷，聘为妃，六月立为皇后。这使得顺治帝很心烦。他多想摆脱母后的束缚，拥有自己真正的感情，可是做不到。玄烨就是在顺治帝这种烦躁的心境下来到了人间。

　　再之后，顺治十三年（1656年）董鄂妃入宫，八月二十五日被册为贤妃，同年十二月被册为皇贵妃。顺治帝被董鄂妃的气质深深折服，独宠董鄂妃，甚至达到痴迷的程度。顺治帝再也不喜欢其他妃嫔，早把玄烨母子忘到九霄云外了。董鄂妃去世后，顺治帝竟然不顾帝王之尊，一会儿闹着要绝食，一会儿闹着要出家，根本不去考虑自己的后妃和子女。

　　按照清宫规定，皇子或公主出生后，不由亲生母亲喂养，要马上抱走，由乳母喂养。而那些刚刚生育的后妃，则要喝下由御医配制的回乳汤。查阅档案得知，康熙帝的乳母、保姆有：奉圣夫人朴氏、保圣夫人瓜尔佳氏。乳母、保姆精心照料小玄烨，她们死后，皇家也非常照顾她们，特别在皇陵附近为她们营建了气派的陵墓。

小玄烨出生后不久就染上了天花，按照清宫的规定，要把他移到宫外，以免传染给别人。可怜的小玄烨在太监、乳母、保姆的陪伴下，出宫避痘，而他的父母都不在他身边。这个时候，他也许会被天花夺去生命，他多么需要父母的关怀啊，可是没有。他在孤独中闯过了鬼门关，奇迹般地活了下来。

每当想到这里，玄烨就心有余悸，他太渴望父爱母爱了。可是，他8岁丧父，10岁丧母，真正经历了一个苦难的童年。所以，当他的母后病重时，康熙帝"朝夕虔侍，亲尝汤药，目不交睫，衣不解带"；母后病故后，他又昼夜守灵，水米不进，哀哭不停。他想弥补这段缺失的爱。康熙帝在晚年回忆说，幼年在"父母膝下，未得一日承欢"，正是这种心境的写照。

景仁宫

景仁宫是故宫内廷东六宫之一，初名长安宫，后更名景仁宫。康熙帝诞生于此。

聪明的育儿经

无论是老婆还是孩子，康熙帝都是清朝皇帝中最多的。不仅如此，康熙帝教育子女的方法也是清朝皇帝中最高明的。康熙帝究竟用什么方法教育他的子女呢？

在教育子女的问题上，康熙帝思考了很长时间，最后决定采用理论和实践相结合的办法。这个办法，效果非常好。

这些理论包括读书、修身、为政、待人、敬老、尽孝、驭下，以及日常生活中的细微琐事。以下举例子说明。

比如榜样的力量。大夏天面见群臣时，一定很热，但康熙帝坚持不许人给他扇扇子，这是最基本的要求，做出表率很重要。

比如看书。康熙帝要求子女们要看有用的书籍，别看那些下流的小说。"四书五经"一定要多读，烂熟于心。

比如经验。向那些上了年纪的人讨教生活经验。

比如孝顺。康熙帝举了个例子，自己在某年某月某日是如何侍奉奶奶太皇太后出巡的。从坐轿子、走路，到嘱咐下人等方方面面，都细致入微，把奶奶感动得落下了眼泪。

比如喝酒。康熙帝认为白酒对身体没有好处，因而他从不喝白酒，也不让皇子们随意饮用。

比如走路姿势。康熙帝说过，走路时，千万不要回头和斜视，有这种习惯的人一般心术不正，皇子们一定不要有这种习惯。

比如练书法。康熙帝主张皇子们多练书法，平心静气，会大有好处。而

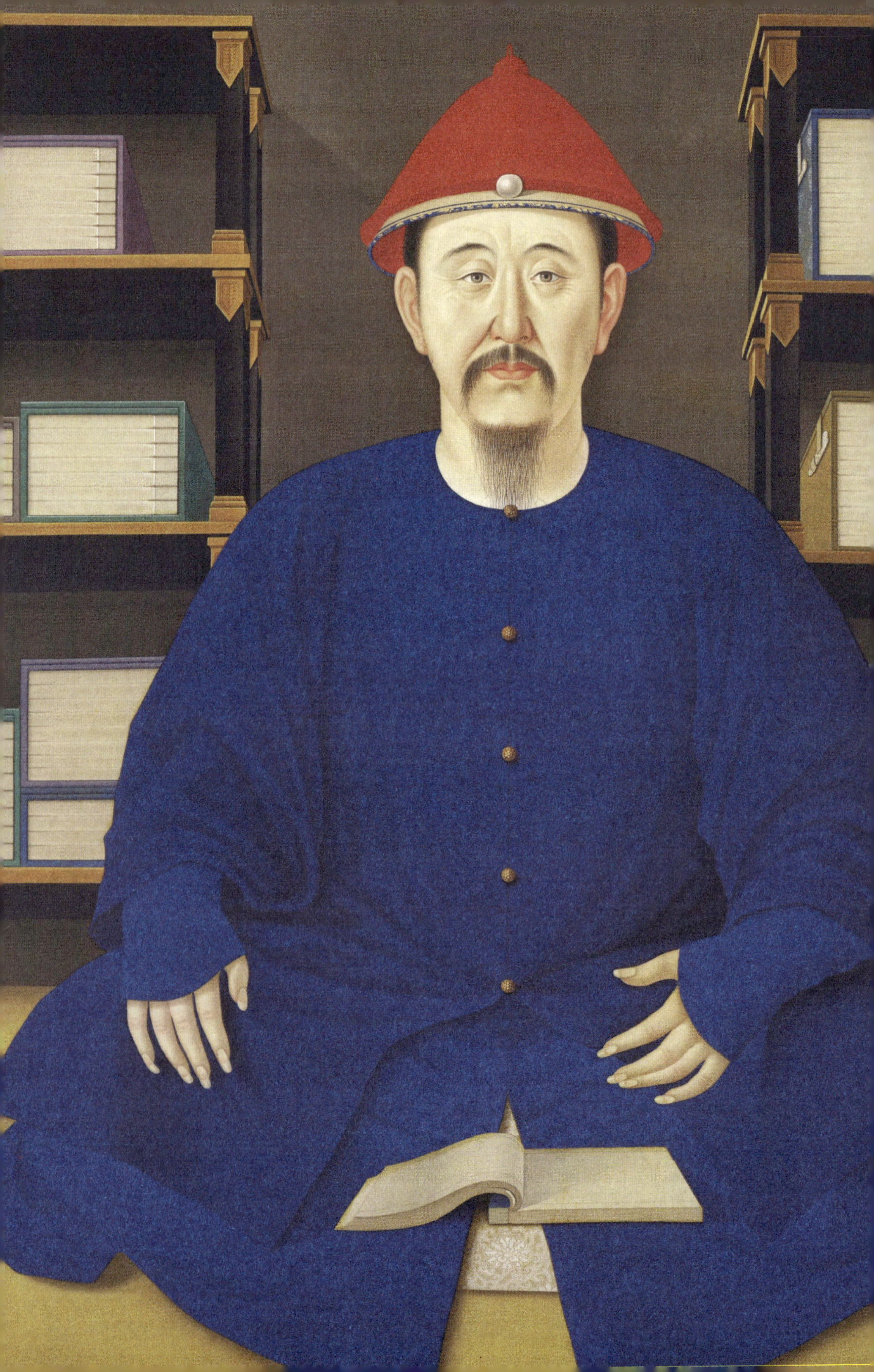

[清] 佚名 《康熙帝读书像》

这幅画表现了康熙帝勤勉好学。清宫廷画家受欧洲绘画技法的影响，如人物面部的渲染，衣服褶皱采用色彩明暗的变化加以描绘等。

最大的好处，康熙帝认为不是成为一个书法家，而在于专心练书法有利于长寿。这真是一个独到的见解。

比如推己及人。康熙帝以晕高这件事为例说明。他教育皇子，自己晕高，每当看见勇士们登高杀敌，就会大加赞赏，并且给予特殊的奖励。

比如不要捉弄残疾人。康熙帝特别教导皇子们，对那些有生理缺陷的人，千万不要指指点点，更不能嘲笑。不仅如此，还要特别照顾他们的感受，以消除他们的自卑心理。

比如游戏不要过分。千万不要过分戏弄他人。像用癞蛤蟆、蛇等可怕的小动物吓人这些事情，要避免。

比如善待下人。那些跟随自己的王公大臣、侍卫、太监、宫女等，都是下人，但他们也有自尊，皇子公主们不要因为自己一时不高兴，就随意打骂他们，使这些人心生胆怯，那就不好了。

康熙帝的"比如"还有很多，举不胜举。总之一句话，康熙帝是因地制宜，因材施教。不论什么时候，只要是对人有所启迪的事情，他都会耐心细致地讲给皇子们听，并且做出表率。

那么，康熙帝这种教学的效果怎么样呢？非常好。比如皇长子、皇太子、皇三子、皇四子、皇八子、皇九子、皇十子、皇十三子、皇十四子等，都是上知天文、下晓地理的专家型人才。

康熙帝从不娇惯皇子，即使在征伐噶尔丹等战争中，他也要皇子参加，让他们知道幸福生活来之不易。在前线，他要求皇子与士兵同甘共苦，坚决不允许他们得到特殊照顾。

他还放手让皇子参与治理国家。每当他出巡时，除了带上一部分皇子，锻炼他们，还要把一些皇子留在京城，要他们学习怎样处理军国大事。

康熙帝的这些做法，后人推崇之至。雍正八年（1730年），雍正皇帝把父皇的育儿经整理成书，形成了一套完整的理论，叫作《庭训格言》。

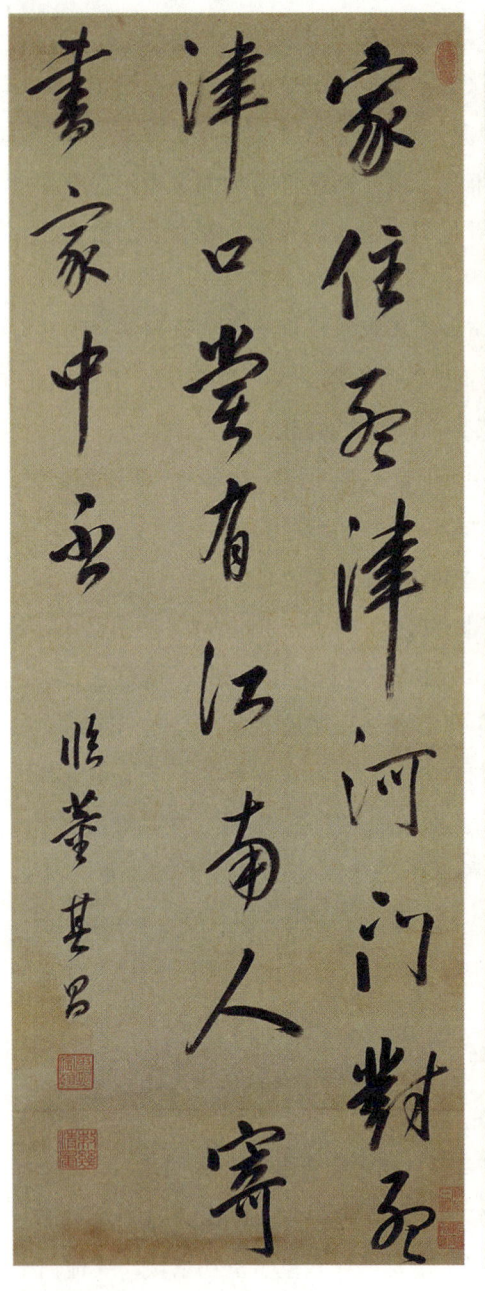

［清］ 康熙帝 《临董其昌书轴》

　　此轴为临摹之本，行笔流畅，结体秀润，几乎保留了原作固有之形神，达到酷似的程度。这与康熙帝广博的知识、聪颖的天资，及其一生孜孜不倦地学习是分不开的。

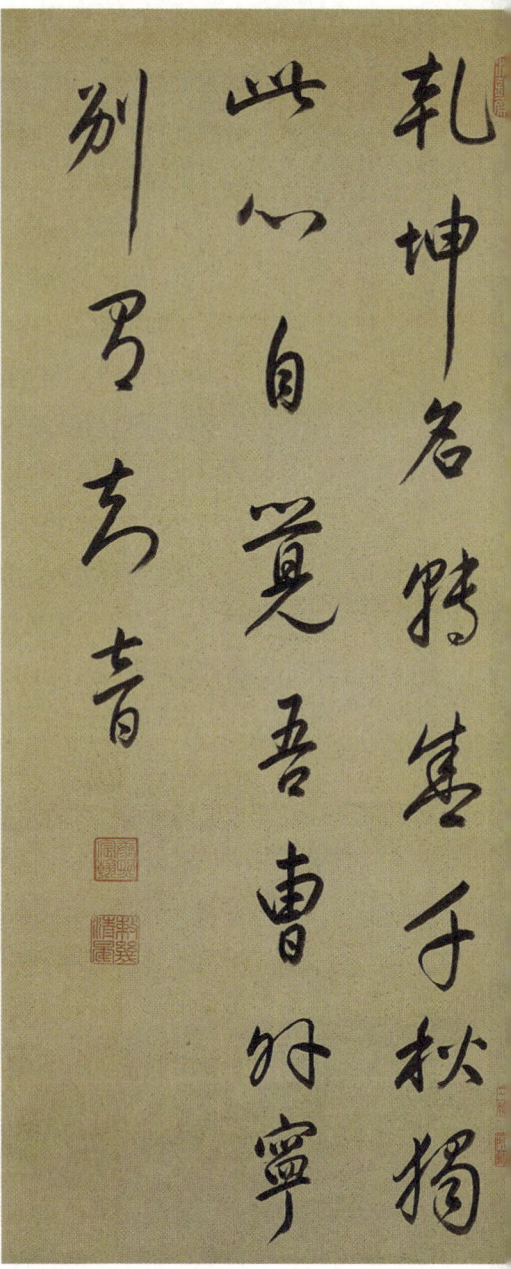

［清］ 康熙帝 《五古诗轴》

　　此作笔法婉转虚和，风格舒展飘逸。想来康熙帝在挥洒翰墨之际，心情颇为轻松，故运笔格外流畅自如。

[清] 康熙帝《柳条边望月诗轴》

康熙帝此书在学董其昌书法的基础上融入了自己的审美意趣,书法笔画圆劲秀逸,字与字、行与行之间疏朗匀称,体现出闲适、自然的情趣。

雨过高天雪晚晴
山迢递月明中春风
痈痈吹杨柳摇曳寒
光度远空

柳条边望月

最大的失误

康熙帝有一套聪明的育儿经,让后人赞叹不已。可是,在培养皇子这件事上,他做得并不完美,也出现过不小的失误。康熙帝出现过哪些失误呢?

康熙帝最大的失误,是他在青年时期做出的决定。康熙十三年(1674年),皇后赫舍里氏产下一子,这就是皇二子允礽(编者注:原名胤礽,雍正帝登基后为避讳改为允礽。为便于写作,本书统一作允礽。其他类似情况后文不再说明)。可是,不幸也随之发生,那就是允礽的母亲赫舍里氏大出血,难产而死。康熙帝觉得对皇后有亏欠,于是做出了一个重要的决定:册立刚满周岁的允礽为皇太子。

康熙帝精心培养这个孩子,请来了最好的老师,教他文化知识和骑马射箭的技能。允礽也很上进,很快学会了一身本领。康熙帝为了让他早日成才,便委以重任。每当自己出巡时,康熙帝就让允礽在家监国。允礽很聪明,以太子的身份处理国政,不管是人事任用,治理黄河,还是处理案件,都有条不紊,处置得当。王公大臣纷纷上疏康熙帝,对太子的才干大加赞赏。康熙帝很满意。

本来,康熙帝培养出这么优秀的太子,应该感到很自豪。可接下来发生的事情,让康熙帝痛悔不已。

康熙四十七年(1708年),康熙帝已经55岁了,允礽也已经35岁,他已经做了三十多年的太子。允礽突然做了一件大逆不道的事情,让康熙帝大吃一惊。

据资料记载,这一年发生了两件大事。一件是太子无情无义,毫无手足之情。这一年，康熙帝带着众皇子出巡。年仅8岁的皇十八子允祄忽然患了急性腮腺炎，高烧不退。尽管太医使尽了浑身解数，允祄最终还是死了。这让康熙帝伤心不已。尽管孩子已经死了，康熙帝还是把孩子抱在怀里，不肯放下来。在场的王公大臣也陪着哭泣，并在一旁劝解康熙帝节哀。可这个时候，康熙帝发现有一个人居然毫无悲伤之情，像什么也没有发生一样，这个人就是太子允礽。这让康熙帝非常诧异，这不是无情无义之人吗？康熙帝对太子开始产生恶感。

二是太子想暗杀康熙帝。这件事很蹊跷，康熙帝开始并不相信。在出巡的日子里，有几天夜里，康熙帝总是睡不着觉，总有一种不祥的预感，甚至每到夜里，都感觉有一双可怕的眼睛在盯着自己。果然，后来有人告发，还真有一个人，在深夜从帐篷外向里面窥视，企图不轨，这个胆大包天之人不是别人，正是太子允礽。

康熙帝大怒，立即命人拿下允礽。接着，王公大臣上报康熙帝，列举了允礽的几大罪状。

第一，非常粗暴。大臣们揭露说，允礽在京做"实习皇帝"的时候，经常凌辱大臣，动不动就暴打大臣，还不让他们说出去，以免康熙帝知道此事。

第二，生活腐化堕落。有人检举，允礽的生活非常不检点，极为腐化堕落。比如他玩女宠，女宠经常进出太子府邸。更让人难以理解的是，太子居然还玩男宠，这就很过分了。举报人说得有鼻子有眼，康熙帝都觉得脸红。

第三，极为不孝，惑乱人心。允礽居然对外大放厥词："世上哪有做40年太子的呢？"言外之意，我都做了这么多年太子了，老皇帝还不退位吗？

有这三宗罪，康熙帝已经忍无可忍了。自己精心培养的接班人，居然这么不仁不孝，自己白白浪费了几十年的心血不说，还让天下人耻笑。于是，这一年康熙帝垂泪废掉了太子。由于过度悲伤，康熙帝下谕旨的时候，"且谕且泣"。谕旨下完了，康熙帝就晕倒了。

可康熙帝对自己多年培养的太子并没有轻易放弃。太子被废之后几个月，康熙帝居然又恢复了允礽的太子之位。可允礽仍怙恶不悛，到康熙五十一年（1712年），康熙帝不得不再次将其废掉。康熙帝对太子允礽的两度废立，不仅耗尽了自己的心血，还遭到后人诟病。同时，更为重要的是，人们怀疑康

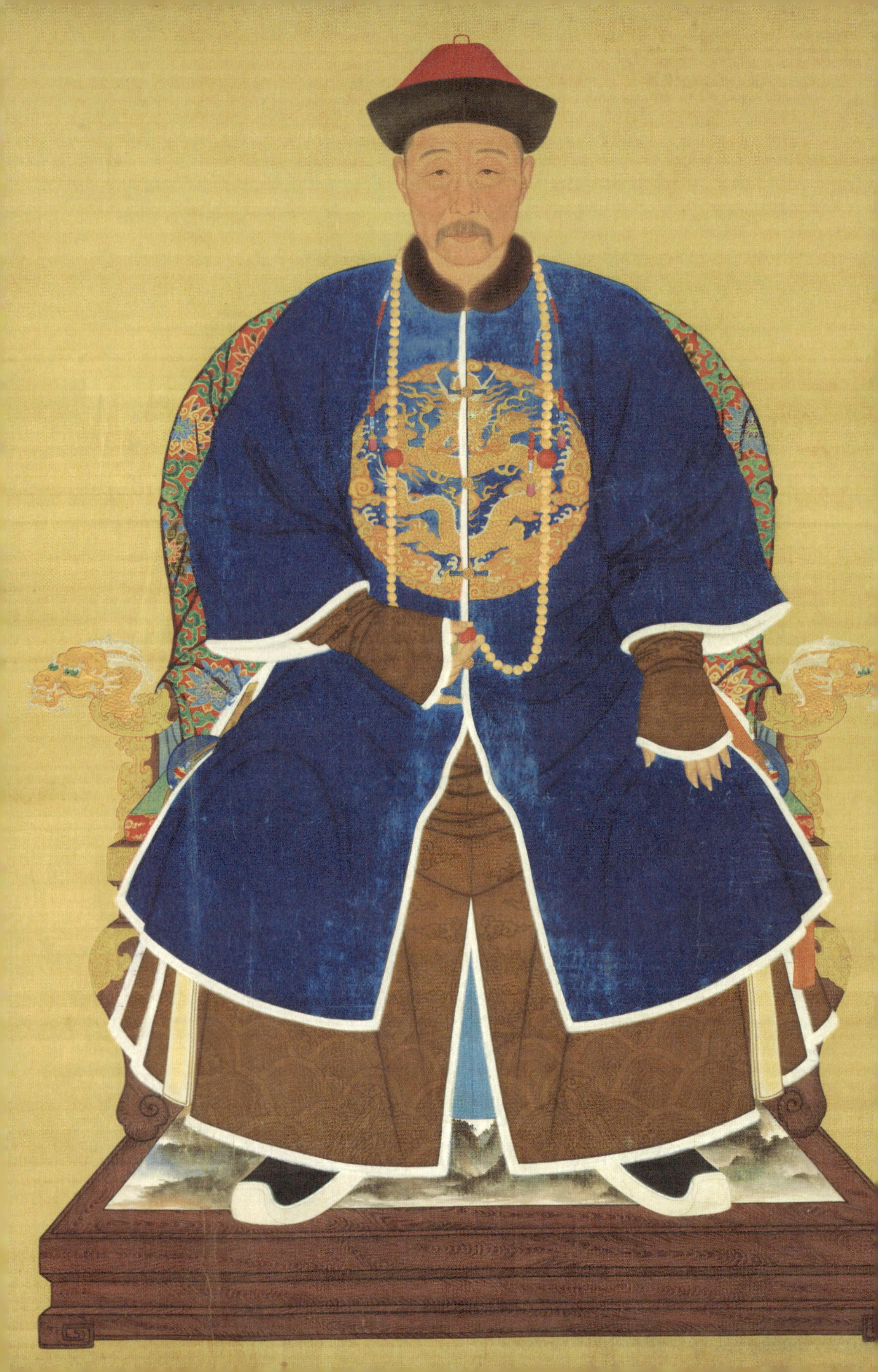

[清] 佚名 《历代帝王贵妃大臣朝服像（允礽）》

允礽是清朝废太子，康熙帝嫡次子，一度两立两废。其幼年聪颖，受父皇钟爱，后为太子时骄横，结党营私，终被废黜圈禁，幽死宫中，谥曰密。

熙帝的性格有问题，反复无常，有伤君德。

这就是康熙帝一生中最大的失误，也是他最伤心的事。这件事之后，康熙帝的身体每况愈下，疾病缠身。尤其是太子被废掉之后，诸皇子纷纷觊觎皇位，出现了"九子夺嫡"的恶性事件，这让康熙帝心灰意冷。直到这个时候，康熙帝才想起了一句古语："束甲相争，停尸不葬。"这句话源于春秋时期，春秋五霸之一的齐桓公去世之后，他的五个儿子为了争夺王位，围着齐桓公的尸体互相攻打，乱箭都射在了齐桓公的尸体上。就这样，齐桓公去世之后67天没人给他下葬，尸体腐烂了，长满了蛆虫，爬到了窗户之上，真是凄惨至极。康熙帝知道这段历史，他想：自己将来会不会像齐桓公一样，被停尸不葬啊？

康熙帝为何喜欢小儿子？

康熙帝多妻多子，35个儿子中，他最喜爱的就数皇十八子允祄了。允祄的生母是王氏，是个汉人。王氏出生在一个小官僚家庭中，她的父亲是一个知县，名叫王国正。王氏长得很漂亮，加之康熙帝对汉文化很尊崇，对汉女也是宠爱有加。所以，漂亮而又温顺的王氏有着很好的生育经历：康熙三十二年（1693年）生皇十五子允禑，康熙三十四年（1695年）生皇十六子允禄，康熙四十年（1701年）生皇十八子允祄。连续生了三个皇子，可见王氏是很得宠的。但是，由于康熙帝有很重的门第观念，王氏的晋级并不快。康熙五十七年（1718年），她被封为密嫔，直到康熙帝驾崩，密嫔的位置都没有变过。雍正帝即位后，尊封她为皇考密妃。乾隆帝即位后，尊封她为皇祖顺懿密太妃。

康熙帝对王氏母子很宠爱，我们查阅史料，发现了以下线索：

一是康熙帝出巡带着小儿子。康熙帝出巡，一般要带着年龄稍长的皇子。可是，康熙四十七年（1708年）八月，康熙帝去木兰围猎，却带着年仅8岁的小皇子允祄一同前往。也正因此，小皇子出巡在外，禁不起折腾和劳顿，染上了重病。

[清] 佚名 《历代帝王贵妃大臣朝服像（允禄）》

爱新觉罗·允禄，康熙第十六子，顺懿密妃王氏所出。康熙末年，掌内务府。雍正时期，历官正蓝旗、镶白旗、正黄旗都统。乾隆元年（1736年），任总理事务大臣。乾隆三十二年（1767年）薨，享年73岁，谥曰恪。

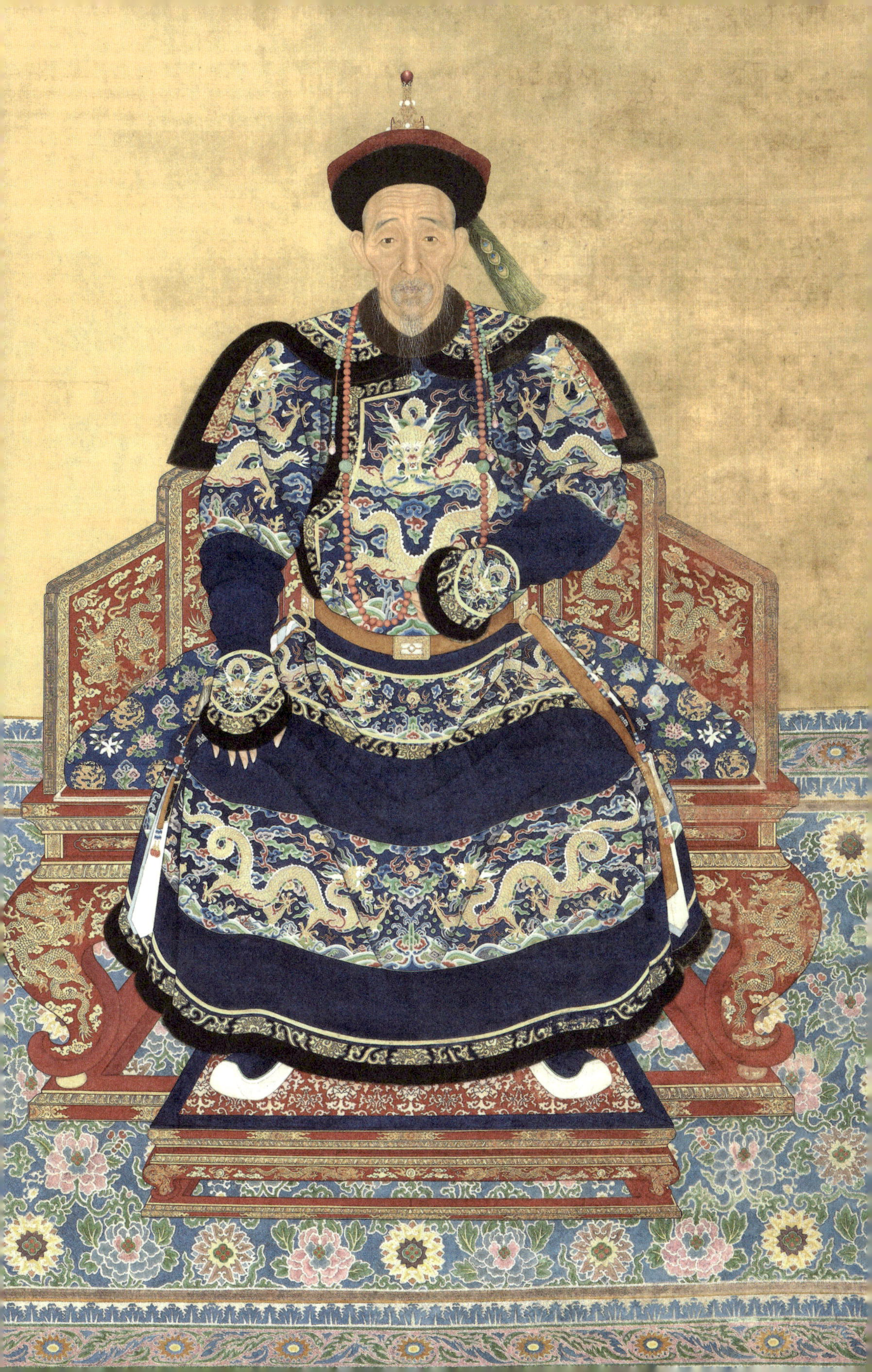

[清] 佚名 《亲藩围猎图》

此图卷是一位贵族的行乐图系列之一,描绘了该贵族在庭园内相犬的场景。画中一位贵族青年坐在虎皮椅上看着眼前的獒犬及猎鹰,露出惊喜和满意的目光。

二是康熙帝以太子不友爱允礽而废掉太子。这就很严重了。就在康熙四十七年(1708年)的那次出巡中,允祄生了重病,奄奄一息。康熙帝很着急,御医也没有办法。而这时康熙帝观察到,作为太子和兄长的允礽却毫不关心。因此,康熙帝很生气,认为允礽不仁不义,便把他遣回京师,并加以痛骂。不久,允祄病逝。康熙帝悲痛之余,也以此为一个理由,废掉了太子允礽。

三是破例把皇子葬入妃园寝之中。按照惯例,康熙帝的皇子去世之后,一般葬在黄花山的园寝中。黄花山园寝在东陵的风水围墙西面,风水也不错。当时有规定,无论是皇子还是公主,去世之后都不能进入陵区,因为陵区之内只葬入皇帝及其后妃。可是,康熙帝在安葬允祄时破了例,居然把他葬入

陵区之内的景陵妃园寝中。

康熙帝太爱这个小儿子了。由于允祄死在了出巡的塞外，死在外面的孩子是很可怜的，康熙帝决心善待这个孩子。思虑再三，康熙帝决定让允祄的母亲永远陪着他，这样孩子才安全，不孤单。于是，康熙帝把他葬在了景陵妃园寝之中。

经过实地考察，我们找到了十八阿哥允祄的葬地，在景陵妃园寝的南数第三排、东数第一个的位置。因为允祄没有成年，清代丧葬是不封不树的，所以他的葬地没有宝顶。

允祄的生母顺懿密妃很长寿，活了70多岁，直到乾隆九年（1744年）才去世。顺懿密妃去世后，葬入景陵妃园寝的南数第四排，她的前排安葬的就是她的儿子允祄。母子同葬一座妃园寝，能够世代相依，也算是一件幸事了。

康熙帝公主多短命

康熙帝生育了 20 位公主。这些公主,在男权为主的社会中,很难得到重视。尽管如此,康熙帝对自己的公主们还是倾注了很多的爱。主要表现在:

他的成年公主出嫁得比较晚。据专家估算,康熙帝的公主结婚的平均年龄为 19 岁,而其中年龄最大的达到了 22 岁。公主晚嫁,反映出康熙帝爱护自己的公主,舍不得她们过早出嫁,而要她们多留在宫中一些时日,共享天伦之乐。

其实,康熙帝的公主也是很不幸的,她们的婚姻基本上是政治婚姻。皇帝通过嫁女儿的方式,达成政治和军事联盟,公主就成了王朝的使者。据统计,这些成年公主的婚姻是这样的:

康熙帝第三女,康熙十二年(1673 年)五月初六生,其母为荣妃马佳氏。康熙三十年(1691 年)元月受封为和硕荣宪公主[康熙四十八年(1709 年)受封固伦荣宪公主],嫁给博尔济吉特氏乌尔衮,时年 19 岁。

康熙帝第五女,康熙十三年(1674 年)五月初六生,其母为贵人兆佳氏。康熙三十一年(1692 年)受封为和硕端静公主,同年十月嫁给喀喇沁部蒙古杜棱郡王次子噶尔臧。

康熙帝第六女,康熙十八年(1679 年)五月二十七日生,其母为贵人郭络罗氏。19 岁时受封为和硕恪靖公主[雍正二年(1724年)晋固伦恪靖公主],嫁给博尔济吉特氏喀尔喀郡王敦多布多尔济。

康熙帝第九女,康熙二十二年(1683 年)九月二十二日生,其母为德妃乌雅氏,即孝恭仁皇后。康熙三十九年(1700 年),18 岁时受封为和硕温宪

[清] 佚名 《博尔济吉特·策凌像》

策凌于康熙三十一年（1692年）投归清朝，康熙四十五年（1706年）尚和硕纯悫公主，授贝子品级、和硕额驸，从征准噶尔有功，雍正年间，晋封多罗郡王、和硕亲王；雍正十年（1732年）获光显寺大捷，赐号『超勇』，晋封固伦额驸。

公主［雍正元年（1723年）追封为固伦温宪公主］，嫁给舜安颜。

康熙帝第十女，康熙二十四年（1685年）二月十六日生，其母为通嫔纳喇氏。康熙四十五年（1706年），22岁时受封为和硕纯悫公主［雍正十年（1732年）追封为固伦纯悫公主］，是年嫁与蒙古博尔济吉特氏喀尔喀台吉策凌。

康熙帝十三女，康熙二十六年（1687年）十一月二十七日生，其母为敬敏皇贵妃章佳氏。康熙四十五年（1706年），20岁时受封为和硕温恪公主，是年嫁与蒙古博尔济吉特氏翁牛特部杜棱郡王仓津。

康熙帝十四女，康熙二十八年（1689年）十二月初七生，其母为贵人袁氏。康熙四十五年（1706年），18岁时受封为和硕悫靖公主，是年嫁与散秩大臣、一等男孙承运。

康熙帝十五女，康熙三十年（1691年）正月初六生，其母为敬敏皇贵妃章佳氏。康熙四十七年（1708年），18岁时受封为和硕敦恪公主，嫁与博尔济吉特氏台吉多尔济。

由此看来，康熙帝的公主生来只为和亲。她们要离开紫禁城，离开自己的父母，远嫁他乡，很是孤寂。

康熙帝的公主，只有8位成年嫁人，其余都早殇了，其中皇十八女，死时还不满一个月。这些公主年龄超过50岁的仅有两位，一位是皇六女，活了57岁；一位是皇三女，活了56岁。这20位公主的平均寿命只有17岁，真可谓一群短命的公主。

康熙帝的养生之道

康熙帝活了69岁，在那个时代，应该算是长寿了。所以，康熙帝的养生之道很值得人们研究学习。翻阅典籍，我们发现康熙帝在日常生活中，有很多经验：

不吸烟，不饮白酒。康熙帝认为"烟酒及槟榔等物，皆属无用"。所以，康熙帝在日常生活中，不吸烟，不饮白酒。关于康熙帝不喜欢吸烟一事，史料中还有一些故事。比如，康熙四十六年（1707年），在行围途中，营房失火，经审讯，火情是由膳房佛泰的家人二格抽烟引起的。于是，康熙帝严惩二格，用箭刺穿他的耳朵和鼻子，又把佛泰枷号三个月，鞭一百。康熙帝不喝白酒，不但自己不喝，也不主张大臣喝。他认为白酒不但对身体不利，还会耽误工作。但是，他在晚年喜欢喝葡萄酒，因为葡萄酒可以给他治病。

不多食，不贪食。康熙帝的饮食习惯比较简单，他不喜欢吃大鱼大肉，却喜欢吃粗茶淡饭。《圣祖仁皇帝御制文集》中这样记载，"淡泊生津液，清虚乐有余""山翁多耄耋，粗食并园蔬"，说的都是康熙帝喜欢粗茶淡饭的事。

不练气功，不求长生。康熙帝不太相信气功的养生之术，当有人向他进献气功术时，他先让太监学习，看看效果。最终，康熙帝没有接受气功养生法。康熙帝也不相信有长生不老之术。他坚信人的生老病死是自然规律，没有抗拒之法。57岁那年，他出现了白头发、白胡须，有人立刻向他进献了乌须方，康熙帝没有接受。他说："自古帝王鬓斑须白者，史书罕载，吾今幸而斑白矣。"对自己的白头发、白胡须，康熙帝不但没有苦恼，反而视为美谈。看来，康熙帝具有朴素唯物主义的观点。

[清] 冷枚 《万寿盛典图》（局部）

　　《万寿盛典图》描绘的是庆贺康熙帝六十大寿的盛况，所绘景物自西郊畅春园直至神武门，园林亭台、城池庙宇、銮驾执仗、街景人物纤毫毕具，惟妙惟肖。

　　不吃补药，不吃补品。我们中国人很重视补品补药，康熙帝却很反对。有一个太医叫孙斯百，在给康熙帝进药时，使用了人参，康熙帝服用后感到非常热燥。康熙帝大怒，认为都是人参惹的祸，于是批道："孙斯百等各责二十板，永不许行医。"孙斯百没有想到，自己推崇的人参结束了他的行医生涯。对于补品，康熙帝同样嗤之以鼻。他看到皇八子允禩经常服用补品，十分不满，说："凡人之性喜补剂，不知补中有损。"所以，他主张一切任其自然，不要刻意追求。

　　当然，康熙帝也有自己的主张。

　　早睡早起。康熙帝每天睡得很早，天黑就睡下了；起床也很早，每天在寅时（3—5点）就起床了。

　　多穿衣服。康熙帝十分重视及时增添衣服，尤其在冬季，穿得少最容易引发感冒。所以，康熙帝说："朕冬月衣服，宁过于厚，却不用火炉。"康熙帝认为，如果穿得很少，走出大殿就会感冒。

　　多泡温泉。康熙帝喜欢泡温泉，清朝称之"坐汤"。他经常陪着祖母去九华山庄、赤城、遵化等地泡温泉。他认为坐汤可以养皮肤，愉悦身心，修身养性，是一个很好的生活习惯。当然，这种习惯并不是一般人能够做得到的。

[清] 素三彩长寿福字壶

素三彩瓷器在康熙年间盛行,其造型、装饰技法、图案纹饰、色彩变化都获得了空前的发展。此瓷器造型精美,壶身呈「福」字形,有端庄素雅之美。

097

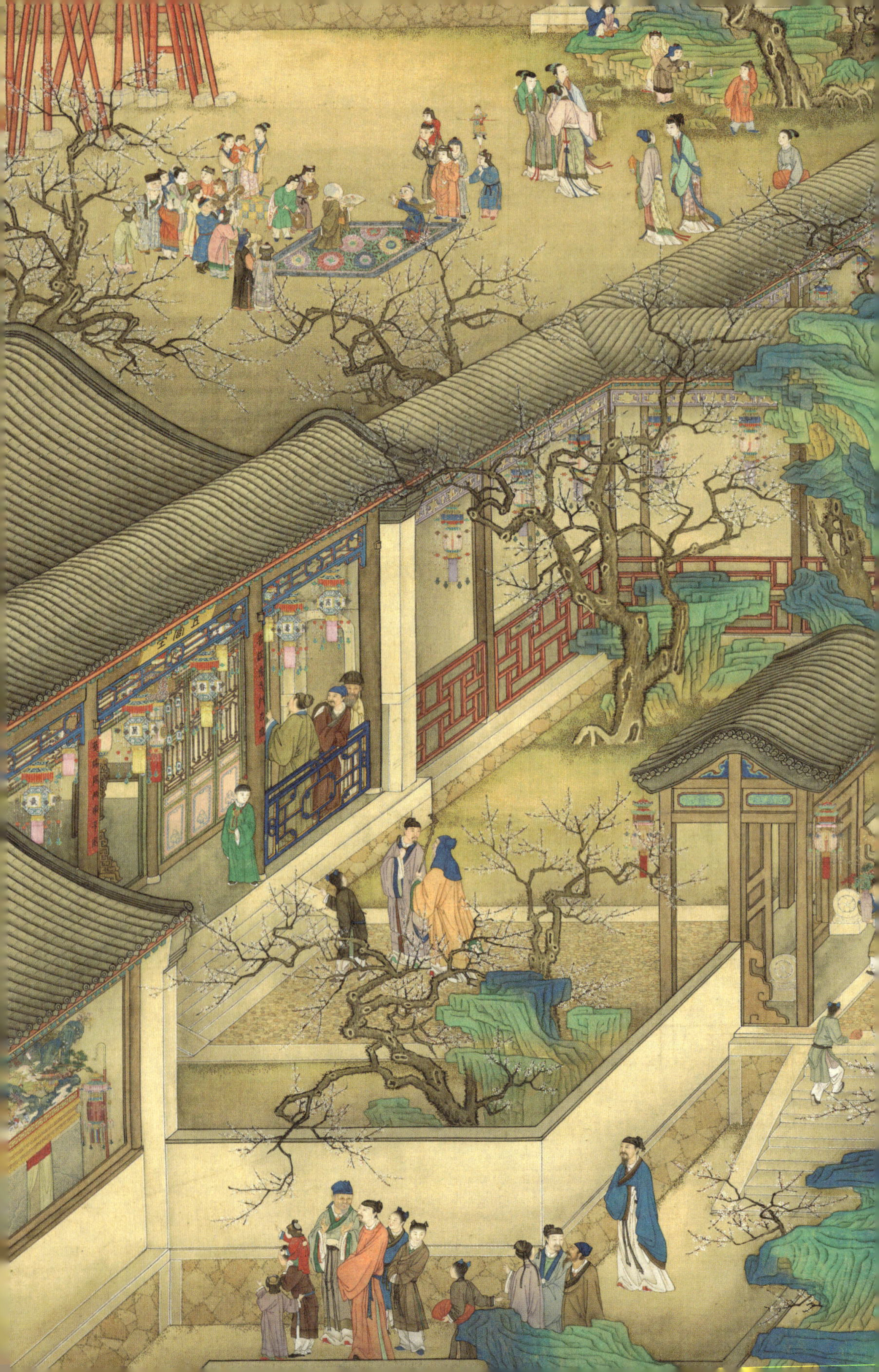

伍

雍正帝胤禛

逆袭，逆转了命运

雍正帝是康熙帝的第四个儿子。康熙六十一年（1722年）十一月十三日，康熙帝去世之后，雍正帝意外继位。说他意外继位，是因为他继位出乎人们的意料，成为一个难解之谜。这也是清初三大疑案之一。

这里我为什么用了"逆袭"这个今天流行的词语呢？因为雍正帝本身经历了这样的过程，也就是说，雍正帝曾经有过一段昏暗的生活经历。

这件事源于康熙帝和雍亲王的一段对话。

康熙四十七年（1708年）十一月，皇四子胤禛去见康熙帝，这一年，胤禛已经31岁了。康熙帝想，他会有什么事情呢？只听胤禛道："父皇，今儿臣年逾三十，居心行事大概已定。"康熙帝很纳闷，他为什么要这么说呢？康熙帝突然想起来，早在十几年前，他曾经给胤禛下过一个评语"喜怒不定"。这句话的含义很明显，是说胤禛没有准脾气，喜怒无常。康熙帝说完这句话也就忘了，可令他想不到的是，胤禛非常在乎父皇的这个评价。胤禛几乎是寝食难安，日夜思考父皇这句话的含义和分量。胤禛为什么这么在乎呢？要知道，这句话几乎要了他的命，因为康熙帝不可能把皇位传给一个喜怒无常的人。

所以胤禛拜见父皇，说明了自己的改正过程。他说："十余年来，儿臣殚精竭虑，日思夜想，一定要改正'喜怒不定'这个毛病，转变父皇对儿臣的认识。父皇您看看儿臣是不是已经改正了啊？"康熙帝想了想，还真是这样，十余年来四阿哥一直很低调，几乎没有听到关于他什么不好的传闻，也没有看到他参与党争。要知道，这个时候，康熙帝已经对皇子们争夺储位很是头

[清] 佚名 《雍正朝服像轴》

在这幅画中，雍正帝身着明黄色彩云金龙夏朝服，头戴夏朝冠，胸前佩戴东珠朝珠，腰系朝带，足蹬石青色朝靴。这是雍正帝参加盛大典礼时的服饰。

疼了。而四阿哥没有，他专心学习，没有生出什么事端。看来，他是真的改正了。于是，康熙帝问道："你想怎样呢？"胤禛赶紧叩头道："父皇，既是如此，那就将'喜怒不定'这四个字不要记录在档了吧。"康熙帝想了想，就答应了他："好吧，那就恩免记载吧。"康熙帝也没有再往深处想，这个四阿哥何以这么在意这句评语的记录。胤禛听了父皇的话，马上叩头谢恩，额头上的汗都流下来了，不过这个细节，康熙帝并没有看到。

这就是雍正帝胤禛在自己成长道路上的第一次逆袭。他通过两个途径达到了自己的目的。一是深居简出。在王府里面，规规矩矩做他的四阿哥，不出去惹是生非，不结仇怨，不引人注目。二是该出手时就出手，敢于说话。对于这个记录，必须重视，必须在适当的时候抹去。怎么办呢？只有父皇康熙帝可以办到。可是，父皇金口玉言，尤其是对皇子的评价，那可是丁是丁卯是卯，怎么可能轻易改动呢？胤禛思索再三，必须冒一次风险，成就成，不成再想其他的办法。这次冒险成功了。

可是，光有这次逆袭，胤禛想要登上皇位，那是不可能的。于是，有了第二次逆袭。

康熙六十一年（1722年）春天，精疲力竭的康熙帝接到了一封邀请函，这个函是雍亲王胤禛发来的。胤禛真诚地邀请父皇来王府赏花作诗，这个时候正是牡丹花盛开的季节。康熙帝受到邀请非常高兴，正好前去放松一下心情。

胤禛精心布置，赏花之后安排自己的儿子弘历，也就是后来的乾隆帝拜见爷爷。这一年，弘历已经12岁了，还没有见过爷爷。康熙帝一见这个大孙子，就非常喜欢，于是说了一句话："这个孩子的福气将来会超过我。"这是非同小可的一句话，福气超过皇帝，那就意味着他将来一定要继承皇位的。康熙帝在高兴之余，又命人叫来了弘历的母亲，也就是后来大名鼎鼎的熹贵妃。康熙帝看过这个儿媳妇，连连夸赞道："你真是个有福之人。"可以说，胤禛这次请父皇来圆明园牡丹台赏花，弘历及其母亲为他加了不少分。胤禛一家在康熙帝心中留下了美好的印象后，后面的事情就水到渠成了。这是一次成功的逆袭。

胤禛经过这两次逆袭，成功地清除了通往皇位道路上的障碍，成功在望。

[清] 佚名 《胤禛朗吟阁图像》

此画描绘了胤禛在朗吟阁内端坐的情景。他身着华服,神态自若,周边环境静谧优雅,有鹿、鹤、嘉木相伴,彰显出皇子的尊贵与高雅。此画是目前存世数量不多的雍正帝为皇子时的画像之一。

雍正弑父与康熙暴亡传闻

其实,"雍正弑父"和"康熙暴亡"是一个问题,两种提法。

那么,雍正弑父到底是真是假呢?史学界一直争论不休,观点相反。持雍正弑父夺位观点的人找出很多证据:

康熙帝从生病到死亡的时间非常短。据史料记载,康熙六十一年(1722年)十月二十一日,69岁的康熙帝兴致勃勃地去南苑打猎,十一月初七突然宣称"偶感风寒",感觉身体不适,十三日晚便死去。从患病到驾崩,前后才6天的时间,对于一位身体健康状况较好的皇帝来讲,只是"偶感风寒"这点小病就快速死去,疑点很大。

胤禛当时行踪诡秘。有专家考证,十一月初九,康熙帝命令胤禛去南郊祭天,胤禛以"圣躬不豫"为名推辞不去。可是,到十一月初十,胤禛一日三次派侍卫进入康熙帝寝宫,之后又多次派侍卫进入。从十一月初十起,直至十一月十三日晚康熙帝猝死,除胤禛一人多次进出康熙帝寝宫,寝宫内竟没有其他皇子在场。种种迹象表明,康熙帝在这几天内,一直处在胤禛的控制之中。康熙帝可能自己并不知道,他此时与外界处于完全隔绝的危险状态。

曾静的说法。《大义觉迷录》中记载,清廷从曾静口中审问出社会上的不少传言,其中有:"皇上(雍正帝)就进一碗人参汤,不知何如,圣祖皇帝就崩了驾,皇上就登了位。"也就是说,康熙帝在患病期间,胤禛在人参汤中放了毒,毒死了康熙帝。我们知道,康熙帝不喜欢人参汤,他曾极力反对皇八子服用人参,自己也不用。这个时候,胤禛为什么又要进人参汤呢?康熙帝看到之后就是不吃,也会很生气。

《康熙遗诏》疑点重重。康熙帝在临终那天寅时，宣召皇三子、皇七子、皇八子、皇九子、皇十子、皇十二子、皇十三子共7位阿哥和隆科多进宫，向他们宣谕："雍亲王皇四子胤禛，人品贵重，深肖朕躬，必能克承大统，著继朕登基，即皇帝位。"这么重要的决定，当事人胤禛居然不在场，所以有人认为这事是无中生有，是雍正帝继位后编造的。另外，从早上8点到晚上8点的12个小时之间，康熙帝三次召见胤禛，竟然没有当面告诉他由他继承皇位。还有，康熙帝咽气之后，由隆科多一人单独向胤禛宣谕由皇四子继位，王公大臣和其他皇子都不在场，很可疑。《康熙遗诏》本应在十三日康熙帝死后立即当众宣布，却推迟到十六日才公布，有伪造的嫌疑，等等。

雍正帝继位，有"政变"的嫌疑。康熙帝崩逝的消息传出，京城九门关闭6天，雍正帝下令，诸王非传令旨不得进入大内。这就使人们感觉好像是发生了"夺门之变"。

雍正帝继位后，对诸多兄弟或杀害，或监禁，后来又杀年羹尧、隆科多，有"杀人灭口"或有口不能说之嫌。

雍正帝不在遵化建陵（即清东陵），而跑到易县建陵（即清西陵），给人一种得位不正，怕与父皇地下相见的嫌疑。

清史著名专家的坚持。清史专家孟森对康熙帝之死深感怀疑，他认为康熙帝死于胤禛的阴谋："内得力于隆科多，外得力于年羹尧。"清史著名学者王钟翰在《清世宗夺嫡考实》一文中也认为康熙帝是被谋害致死的，并引用意大利人马国贤的断言："驾崩之夕，号呼之声，不安之状，即无鸩毒之事，亦必突然大变。"

目前在史学界，关于康熙帝之死与雍正帝继位还有很大争议，随着史料研究的不断深入，终有一天会真相大白的。

心狠手辣：屠兄戮弟

康熙帝共有35个儿子，排序的有24人，成年且受册封的只有20人。这20个皇子中，年龄较长者有12人。他们是：大阿哥允禔、二阿哥允礽、三阿哥允祉、四阿哥胤禛、五阿哥允祺、七阿哥允祐、八阿哥允禩、九阿哥允禟、十阿哥允䄉、十二阿哥允祹、十三阿哥允祥、十四阿哥允禵。

康熙帝一生之中，文治武功都值得自豪。可是，最让他头疼的是他的这些儿子，个个都很优秀，因而谁也不服谁，都想成为继承人。他们互相倾轧，形成了不同的势力集团，直接威胁着皇权：

皇太子集团。这个集团势力最大，主要人物是当朝大学士、领侍卫内大臣索额图。索额图结党，趋奉皇太子，议论国政，密谋大事。康熙帝甚至感觉到自己的皇位和生命都受到了威胁，他说："说不定哪天就被鸩杀，或者被谋害，真是日夜警惕，心神不宁。"后来康熙帝下令将索额图处死，并两度废立皇太子。宣布废掉皇太子时，他且谕且泣。后患中风，他只能用左手批阅奏折。

皇八子集团。皇八子允禩，其势力仅次于皇太子集团。据史料记载，允禩"有才有德"，聪明能干，很得众心。允禩管内务府，党羽相结，谋为代立。党羽有允禔、允禟、允䄉、允禵，以及阿灵阿、鄂伦岱、揆叙、王鸿绪等。

皇四子集团。即胤禛集团，包括胤禛、允祥、允礼，以及隆科多、年羹尧等。胤禛颇有心计，他韬光养晦，对皇太子的废立，窥测风向，暗藏心机；对皇八子允禩集团，既不附从，也不作对。他佯听父言，"安静守分"，虔心佛法，广结善缘，巧妙地将自己隐藏起来。他对父皇表示忠孝，又尽力友善兄弟，并交好朝廷诸臣。最终，他赢得了帝位。

这里讨论的是，雍正帝是否像人们所说的那样屠兄戮弟。看看他即位后，那些同胞们的结局如何：

大阿哥允禔实际上在康熙朝就已经被囚禁了，按理说雍正帝即位后，允禔对其已构不成威胁，应该放他出来。可是，雍正帝依然囚禁着他，丝毫没有放松，直到他于雍正十二年（1734年）死去。

二阿哥允礽被圈禁在咸安宫。雍正帝很不放心，居然在山西祁县郑家庄盖房驻兵，准备将允礽移居幽禁。雍正二年（1724年），允礽死去。

三阿哥允祉并不热心皇储，却也受到牵连。雍正帝即位后，以"允祉与太子素亲睦"为由，命"允祉守护景陵"，发配遵化。后来，允祉被夺爵，幽禁于景山永安亭。雍正十年（1732年），允祉死于禁所。

八阿哥允禩，是雍正最嫉恨的弟弟。史料记载，雍正帝对他的态度是"世宗深憾之"。雍正帝即位后，先封允禩为亲王，但不久削允禩王爵，将其圈禁于高墙，改其名为"阿其那"。对于"阿其那"学者的解释有所不同，一说是"猪"，一说是"不要脸"。允禩受尽折磨，卒于雍正四年（1726年）九月初十。

九阿哥允禟，为雍正帝所不容。雍正帝先命人将其黄带子革去，削宗籍，接着逮捕囚禁，改其名为"塞思黑"。"塞思黑"一词，一说是"狗"，一说是"不要脸"。不久给允禟定28条罪状，送往保定，加以械锁，命直隶总督李绂将其幽禁。允禟备受折磨，雍正四年（1726年）以"腹疾卒于幽所"，传说是被毒死的。

十阿哥允䄉，以党附允禩，为雍正帝所恨。雍正二年（1724年），雍正帝借故夺其爵，逮回京师拘禁，幸而他心胸开阔，没有死去。他一直活到乾隆六年（1741年）才去世，以固山贝子礼入葬。

十四阿哥允禵，与雍正帝一母同胞，应该与之最亲近。可是，因他党同允禩，又传闻对皇位有觊觎之心，兄弟成为仇家。雍正帝即位，先是不许允禵进城吊丧，接着命其在遵化看守父皇的景陵，将其圈禁于景山寿皇殿。乾隆帝即位后，将亲叔叔开释。

由上可以看出，雍正帝即位后，对自己的同胞兄弟或猜忌，或寡恩，或发配，或处死，正应了世人所说的"屠兄戮弟"。

[清] 佚名 《历代帝王贵妃大臣朝服像（允䄉）》

清康熙帝第十子，生母是温僖贵妃钮祜禄氏，外祖父是遏必隆。康熙四十八年（1709年）封敦郡王，乾隆六年（1741年）去世。

形色天性流行古今身體髮膚罔敢弗欽德合矩度律中元音渾然道貌不愧影食然無顯非隱無淺非深人弟見氣宇清和日式如玉式如金而不知默與大通者瀹腔子惻隱之心

[清] 佚名 《历代帝王贵妃大臣朝服像（允禵）》

清康熙帝第十四子。允禵虽为雍正帝的同母弟弟，却是『八爷党』的重要成员，所以雍正帝即位后命允禵看守皇陵，雍正四年（1726年）改为圈禁，直至乾隆帝即位后，允禵才恢复了自由。

儿子，别怪爹心狠

　　有一种说法：雍正帝亲手杀死了皇三子弘时。事情到底是怎样的呢？

　　这个事件源于雍正帝的秘密立储。雍正元年（1723 年）八月十七日，中秋节刚过，雍正帝经过深思熟虑后，秘密立储，在乾清宫正大光明匾后面藏纳了储君的名字，也就是秘密立了皇太子。这本是一个天大的秘密，谁都不知道这件事，可后来雍正帝自己泄露了天机。据史料记载，有三件事情最为明显：一是雍正元年康熙帝忌辰的时候，雍正帝派年仅 13 岁的皇四子弘历去景陵祭奠，这是代表皇帝去的；二是雍正二年（1724 年），他同样派弘历去景陵，代表皇帝祭奠康熙帝；三是雍正三年（1725 年），雍正帝特别赏赐给弘历一块具有特殊意义的胙肉，给予特别关照。这些事情，雍正帝也许不是有意安排的，却让皇三子弘时大为警觉，他认为正大光明匾后面的接班人名字非弘历莫属。弘时很恼火，马上有了反应，他的做法让所有人都大吃一惊，为他捏了一把汗。

　　弘时铤而走险，大肆攻击父皇，甚至同情雍正帝的政敌允禩，这大大刺激了雍正帝。雍正帝非常伤心，感觉自己对弘时的栽培全白费了。大家想一

［清］ 郎世宁 《平安春信图》

　　此图以细腻的笔触描绘了雍正帝与弘历共赏梅花之景。画面融中西绘画技法，人物立体生动，背景典雅别致，展现了皇家的天伦之乐。

寫真世寧擅繢我少
年時入宮瞷然者不
知此是誰
壬寅暮春御題

想，弘时都 20 岁了，已经结婚生子了，还没有分家单过，而是跟随父皇住在紫禁城。不仅如此，雍正帝还给他请了两位老师教他文化知识，希望他有所长进，可谓是煞费苦心。可弘时居然和政敌勾结，大肆攻击父皇。雍正帝万般无奈，做出了一个狠心的决定。

雍正四年（1726 年）二月十八日，雍正帝将弘时逐出紫禁城，勒令他去做允禩之子，宣告父子之情已绝。可惜的是，弘时受到严惩后，并未改变立场，与父皇的关系愈加恶化，于是雍正帝对弘时的惩治进一步升级。雍正帝将弘时撤去黄带，从玉牒除名，改由其皇叔允祹"约束养赡"，因为这个时候，允禩已经遭到了严厉惩处。雍正五年（1727 年）八月初六申时，仅仅挨过一年半，弘时便郁郁而终，年仅 24 岁。

由此可以看出，弘时不是雍正帝杀死的，而是他自己做了不该做的事情，惹怒了父皇，遭到惩处。遭惩之后的弘时，禁不住打击抑郁而终，这就是历史的真相。

但是尽管如此，我仍然认为雍正帝是下了狠心的。

第一，要弘时做允禩之子。允禩何许人？他是雍正帝的政敌，是要被清算的对象，名字被雍正帝改成"阿其那"。不管怎么样，弘时也是自己的骨肉，雍正帝怎么忍心这么做呢？

第二，把弘时从玉牒中除名。这已经是很严厉的惩罚了。弘时是雍正帝非常宠爱的妃子齐妃李氏所生。李氏早年入侍王府，比胤禛大两岁，胤禛很喜爱李氏，与她生育了三子一女，二人很是恩爱。无论是碍于齐妃的面子，还是从弘时本人已经成家立业，具有一定的社会地位等诸方面看，雍正帝都不能做得这么无情，这让本性直爽的弘时颜面扫地，再也没有活下去的勇气了。

不过，这对父子反目成仇，儿子弘时的责任更大一些。弘时没有原则，不顾父子亲情，说了不该说的话，做了不该做的事，遭到惩处实为咎由自取。

总之，这对父子冤家，发展成这样一个结果，实在让人扼腕叹息。

雍正帝喜怒无常之谜

雍正帝的性格究竟是怎样的呢？史学家进行了总结概括：

一、喜怒不定。这个评语不是史学家说的，是雍正帝的父皇康熙帝说的。早在胤禛少年时，康熙帝就给他下过这样一个评语——"喜怒不定"。

这可不是一句好话。分析一下"喜怒不定"的含义，包含性情乖僻和神经质两个含义，基本上就是性情不稳定，令人捉摸不透。

对于父皇的这个评语，胤禛非常着急。他想，万一父皇对自己的这个印象加深，自己继承皇位的希望就没有了。所以，胤禛千方百计地努力，争取改变父皇的看法。终于，在康熙四十七年（1708年），胤禛已到而立之年，他找到康熙帝，陈述了昔年康熙帝降下"喜怒不定"评语的始末，并说明了自己的改正过程，表明现在自己已经31岁，居心行事已定，恳请康熙帝不要将"喜怒不定"四个字记录在档了。康熙帝想了想，十余年来，四阿哥确实一直很低调，几乎没听到他有什么不好的传闻，也没见过他喜怒不定之处，就答应了他，命人去掉了相关记载。

二、急躁。毫无疑问，雍正帝性格急躁，这是与生俱来的。可是急躁是很容易犯错的，尤其是作为一代帝王，这是很致命的，所以雍正帝很想改掉这一毛病。在《雍正朝起居注》中，记载了康熙帝曾经对胤禛的要求是"戒急用忍。"康熙帝给胤禛开了一剂良药，告诫他要想戒掉急躁的毛病，就要有忍性。胤禛做到了吗？雍正四年（1726年），雍正帝对自己有个中肯的评价："朕经历世故多年，所以动心忍性处实不寻常。"雍正帝承认自己急躁的性格并没有完全改进，看来，天生的性格是很难改进的。

三、率直。雍正帝率直的性格是在他继位以后才表现出来的。因为康熙帝在世的时候，胤禛不掩饰自己的性格，就得不到皇位。做了皇帝以后，雍正帝的个性得以充分展现。比如，他看了从一品大员丁士杰的折子后，朱批"无耻之极""天良丧尽""卑鄙无耻"等。一代帝王给臣子这样的批语很不合适，但是雍正帝居然毫不掩饰自己的想法，可见其率直。

四、心性狠辣。为了达到自己的政治目的，雍正帝表现得超级狠辣。不管是自己的亲信，比如年羹尧、隆科多，还是亲兄弟，比如允禩、允禟、允䄉等，都要统统除掉，表现出一代帝王所特有的独断、刚毅和狠辣的性格特征。

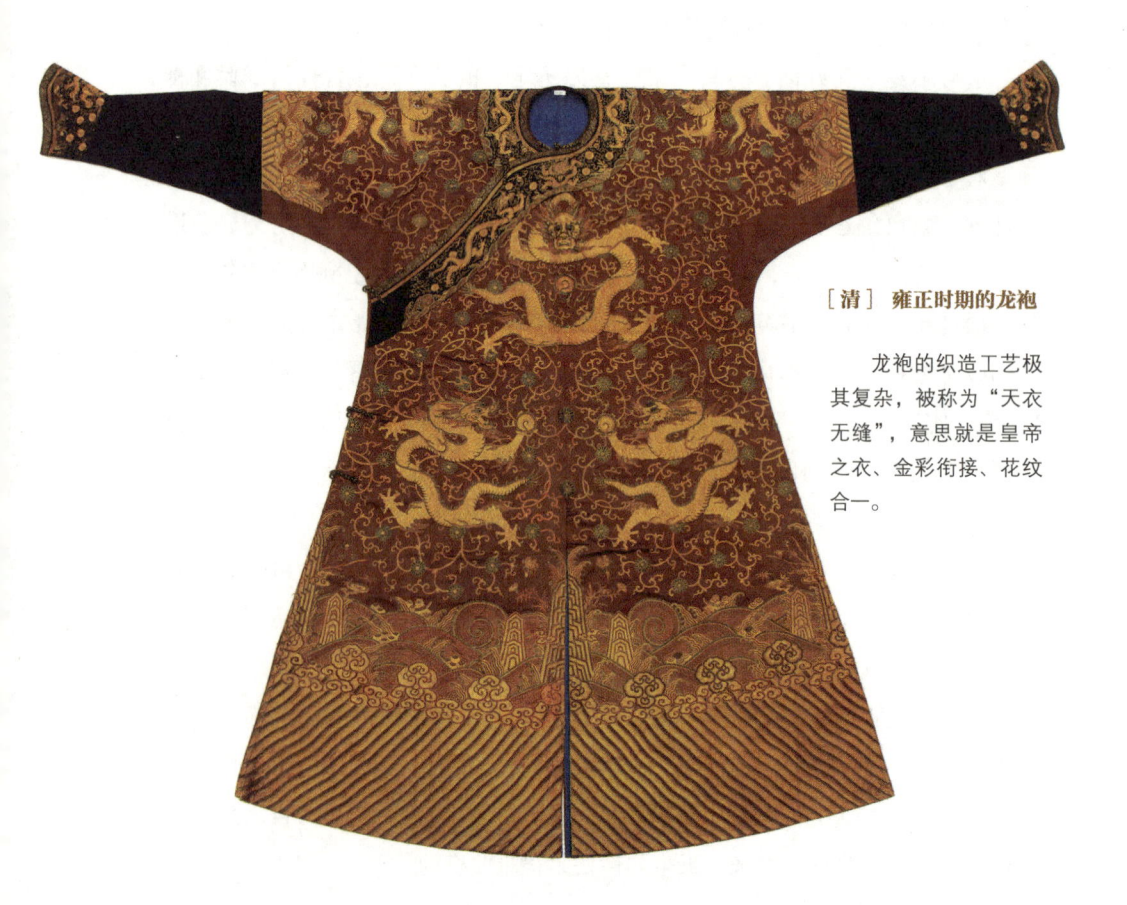

［清］ 雍正时期的龙袍

龙袍的织造工艺极其复杂，被称为"天衣无缝"，意思就是皇帝之衣、金彩衔接、花纹合一。

喜爱炼丹的原因

很多古代帝王迷恋长生不老：秦始皇派人入海访仙求药，汉武帝命人炼丹求长寿，宋太祖向道士寻求养生秘术，等等。雍正帝也是一样，他在潜邸时，就对丹药产生了兴趣，曾作诗一首，名为《烧丹》：

铅砂和药物，松柏绕云坛。
炉运阴阳火，功兼内外丹。
…………

诗中的"铅砂""阴阳火"等字眼，把胤禛绕炉炼丹的情景，活灵活现地描述了出来。

典籍中，记载了雍正帝迷恋丹药的种种活动：

一、推崇紫阳真人，为之重建道院。雍正帝登基后，极力推崇金丹派南宗祖师张伯端，封他为"大慈圆通禅仙紫阳真人"，并敕命在张伯端的故里建造道观以做崇祀。他撰写了《紫阳道院碑文》，赞扬紫阳真人"发明金丹之要"。

二、开炉炼丹。我们在浩如烟海的清宫档案中，找到了雍正帝为自己炼丹做的准备工作的史料。清宫《活计档》记载了雍正八年（1730年）的炼丹物料：

十一月十七日，圆明园秀清村处用桑柴一千五百斤、白炭四百斤。
十二月初七，圆明园秀清村处用铁火盆罩，口径一尺八寸，高一尺五寸一件；红炉炭二百斤。

十二月十五日，圆明园秀清村处用矿银十两、黑炭一百斤、好煤二百斤。

十二月二十二日，圆明园秀清村处化银用白炭一千斤、渣煤一千斤。

有专家统计，自雍正八年（1730年）十一月至雍正十三年（1735年）八月，5年间，雍正下旨向圆明园运送炼丹所需物品达157次，共备下黑煤192吨、木炭42吨。此外，还有大量的铁、铜、铅制器皿，以及矿银、红铜、黑铅、硫黄等炼丹原料。

秀清村在圆明园的东南角，后面是山，前面是水，很安静，是炼丹的好地方。雍正帝的炼丹活动就在这里秘密而紧张有序地进行着。

三、赏赐王公大臣丹药。雍正帝坚信服食丹药可以治病长寿，因而雍正四年（1726年），雍正帝就经常吃一种叫"既济丹"的丹药。他感觉服后有效，还把它作为特殊礼品赏赐给云贵总督鄂尔泰、河东总督田文镜等宠臣。并下谕旨："放胆服之，莫稍怀疑，乃有益无损良药也。"清宫《活计档》记载，雍正十二年（1734年），雍正帝曾两次赏发丹药：一次是三月二十一日，内务府总管将丹药赏给署理大将军查郎阿、副将张广泗、参赞穆登、提督樊廷四人；第二次是四月初一，赏给散秩大臣达奈。

四、在宫中养道士。雍正八年（1730年）春天，雍正帝生了一场大病，便命人给他物色懂医术的道士进宫。前后有几个知名的道士进宫：

贾士芳，河南人，于雍正八年七月间抵达宫禁，开始给皇上治病。初时疗效显著，雍正帝很信任他。雍正帝曾说："朕躬违和，适得异人贾士芳调治有效。"可是伴君如伴虎，在这年的九月，雍正帝突然将贾士芳下狱治罪并说："一月以来，朕躬虽已大愈，然起居寝食之间，伊欲令安则安，伊欲令不安则果觉不适。"雍正帝斥责贾士芳："公然以妖妄之技，谓可施于朕前。"贾士芳逐渐控制了雍正帝的健康，雍正帝立即感觉到了危险，于是处死了他。

娄近垣（1689—1776年），为清代正一派道士，松江娄县人，雍正十一年（1733年）八月，被封为"妙正真人"。处死贾士芳后，雍正帝遂命娄近垣在宫中设坛礼斗，以符水为他治病。娄近垣没有以妖法蛊惑雍正帝，所以雍正帝赞扬他："秉性忠实，居心诚教。"

此外，在圆明园为雍正炼丹的道士，还有张太虚、王定乾等人，他们兢兢业业炼丹，深得帝宠。

[清] 佚名 《胤禛道装双圆一气图像》

画中身着道装的雍正帝倚靠树干坐着，正与道士交谈。雍正帝命宫廷画师将自己绘成道士，表现出其超脱世俗的心境，蕴含着其求得道神保护、延年益寿的希冀。

雍正帝的生活爱好

雍正帝有很鲜明的性格特征和嗜好,通过对其生活、情趣、饮食习惯等的研究,一个活灵活现且人情味十足的雍正帝呈现在我们面前:

一、酗酒。传说,雍正帝有时会与隆科多喝到深夜,把酒临风,来缓解工作的压力。他曾留下这样的诗句:"对酒吟诗花劝饮,花前得句自推敲。九重三殿谁为友,皓月清风作契交。"有的资料还煞有介事地介绍雍正帝喜欢喝宁夏产的一种羊羔酒,说他曾下密旨给年羹尧秘密进贡这种酒。

二、好色。近年来,有专家考证,说雍正帝长期贪图女色,乱服春药。更有人拿出一条朝鲜史料,说"雍正晚年贪图女色,病入膏肓,自腰以下不能运用者久矣"。我们考证雍正帝后宫,他一生有后妃25位,并不是最多的。但是雍正帝后宫的好多妃嫔确实留下了图像,有《雍正十二美人图》传世,给人留下他很好色的印象。

三、化装。在清朝的皇帝中,雍正帝是最喜欢化装的了。他有好多化装的图像传世,比如道装像、洋装像、汉装像等。他的洋装像很吸引人:头戴假发套,身穿氅衣,项系围巾,很像路易十四时代的法国君主。他的汉装像则是多种多样,有犁耕的,看书的,射鸟的,抚琴的,等等。

四、闻鼻烟。鼻烟是烟草制品之一,做法是将香味较好的烟叶晒干后和入名贵药材,如麝香等,磨成粉末,装入鼻烟壶,经过一定时间的陈化,即可使用。用法是以手指沾上烟末,由鼻孔轻轻吸入。闻鼻烟可以醒脑提神,驱秽避疫,具有驱寒、治头痛、开鼻塞、明目、活血等作用,还可以缓解精神紧张,使疲惫的身体得到暂时休息和放松。鼻烟是一种舶来品,最早是美

[清] 佚名 《雍正帝行乐图·刺虎》

狩猎刺虎是清初帝王与皇子们的常见之举，也是展现他们勇猛善斗的一项重要活动。

[清] 郎世宁 《雍正十二月行乐图轴》（部分）

此图册生动地描绘了雍正帝在圆明园内一年十二个月的不同生活场景。画面以山水楼阁为主，建筑描绘细腻，既有中式园林建筑的风韵，又融入了西式亭台楼阁的设计理念。

《正月观灯》　　　　　　　　　　　　　　《六月纳凉》

《九月賞菊》

洲印第安人的奇特习俗，明代隆庆年间，经菲律宾传入中国。到了雍正年间，鼻烟进入宫廷。雍正帝非常喜欢闻鼻烟，并把鼻烟和鼻烟壶赏赐给大臣们。雍正帝还喜欢亲自设计各式各样的鼻烟壶，并指导工匠制作鼻烟壶。

五、戴眼镜。据资料介绍，眼镜最早出现于1289年的意大利佛罗伦萨，是欧洲人的一项重要发明。雍正帝很喜欢西洋眼镜，倒不是他附庸风雅，确实是他眼花了，需要眼镜的帮助。不仅如此，雍正帝还把眼镜发放给泼灰处的工匠，作为一种实用的福利待遇。

六、看八字。雍正帝很重视人的生辰八字。不管干什么事情，他都要根据生辰八字算一算。包括年羹尧和他见面等很简单的事情，他都要批八字，看一看是否合宜。他跟鄂尔泰要八字，理由就是鄂尔泰身体虚弱，要找人给他看看寿数，以便及早预防。

七、加夜班。雍正帝很勤政，常常在深夜批奏折。如果我们翻看雍正朝的朱批，就会看到很多雍正帝夜间办公的记录，比如"日间刻无宁晷，时夜漏下二鼓，灯

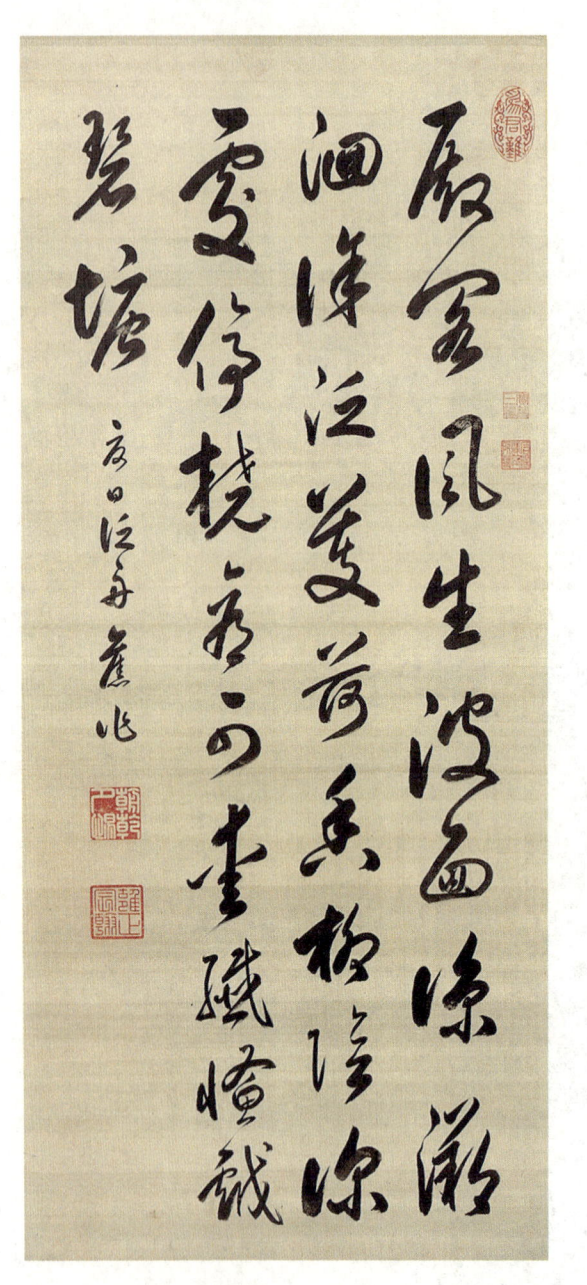

[清] 雍正帝 《夏日泛舟诗轴》

此作录雍正帝御制《夏日泛舟》七言诗一首，作品草、行相间，笔墨饱满劲健，气韵贯通。

下随笔所书",再如"灯下批写,字迹可笑之极",等等。从这点可以看出,雍正帝在位期间,朝乾夕惕,兢兢业业,很少休息,十分勤政。

八、喜黑色。雍正帝同其他帝王一样,喜爱黄色,因为那是皇家的专用颜色。但是,通过查阅史料发现,雍正帝对黑色情有独钟。比如,雍正帝令造办处制作的鼻烟壶多为黑色,或以黑釉作底,或用黑红色勾勒。此外,他还命人制作了其他以黑色为主色的器物:铜胎黑底珐琅春盛、黑底白梅花四寸瓷碟、黑底彩漆盒、黑底五彩流云珐琅春盛、黑地仗、酱色地仗织圆金龙五彩云蟒袍等。

九、喜玩狗。雍正帝在勤政之余,也会通过娱乐活动来缓解压力。比如,他十分喜欢玩宠物狗,其中他最喜欢的两条狗叫作"造化狗""百福狗"。雍正帝不仅喜欢,还为小狗做一些事情:做狗衣、做狗笼、建狗窝。雍正帝亲自参与,精心构思,有时也会指导他人去做。

十、爱书法。琴棋书画是清代皇子、公主的必修课程,宗室中的大部分人都会,但是精通者未必多。雍正帝的书法在诸皇子中堪称优秀,康熙帝很欣赏,命他每年书写扇面100余幅。在康熙帝景陵大碑楼建成后,雍正帝亲自书写碑文,并亲自书写了景陵的碑匾,流传至今。

金头之谜

如果说清朝什么案件最具传奇色彩，雍正帝之死不能不提，这是清初三大疑案之一。

说到雍正帝暴亡，就必须看看这个皇帝的死亡时间。据资料记载，雍正十三年（1735年）八月二十日，雍正帝偶患疾病，但还照常召见官员，并没出现太多异样；二十一日，病情开始加重，但他还是照常工作；二十二日晚，他的病情突然恶化，皇子们侍奉在一旁；二十三日子时，雍正帝去世。从得病到去世不到三天，真是太急了。以皇家的条件，有最好的大夫伺候着，有最先进的医疗设施服务着，怎么也不至于走得这么急啊。所以，雍正帝之死确实比较可疑。

关于其暴亡，不仅我们感到诧异，就是当时的人们，包括雍正帝身边的人，也有同样的感觉。比如雍正帝的近臣张廷玉在二十二日二更天被内监紧急叫到圆明园，到雍正帝寝宫的时候，张廷玉用"惊骇欲绝"四个字来形容自己的心境。可见，一直陪伴雍正帝的张廷玉都感到了雍正帝暴亡的不可思议，不然怎么会这么惊诧呢？

雍正帝的死充满了谜团。有人说，雍正帝是无头下葬，没办法，朝廷便给他装了一颗金头，下葬到泰陵地宫之中，这就更引发了人们的猜想。那么，雍正帝为什么会是无头下葬呢？

最流行的一种说法，就是雍正帝被吕四娘杀死后，被割去了头颅。吕四娘是吕留良的孙女。吕留良因为文字狱，被雍正帝开棺戮尸，查抄满门，唯有其14岁的孙女吕四娘侥幸逃生，成了漏网之鱼。吕四娘便肩负起为祖上报仇雪恨的艰巨任务。于是她苦练功夫，准备复仇。多年之后，吕四娘练成功夫，便扮成宫女，潜入深宫，找了一个绝好的机会杀死了雍正帝，砍掉了他的脑袋，离开了紫禁城。

还有一种说法。《红楼梦》作者曹雪芹的恋人竺香玉，长得很漂亮，能歌善舞，被雍正帝看上了，被收到宫里。雍正帝夺了曹雪芹所爱，于是曹雪芹就和竺香玉秘密联系，竺香玉虽然身在皇宫，心里还想着曹雪芹，于是找了个机会杀死了雍正帝。

《梵天庐丛录》的说法是，雍正帝是被一个宫女勒死的。因宫女们不满雍正帝的残暴统治，便相约采用暴力手段，趁他熟睡之机将其勒死。

这些离奇的传闻并不符合情理，就不在此一一驳斥了。近年来，史学家们依据大量史料，推测出雍正帝的死跟中毒或心脑血管疾病猝发有关。

一、丹药中毒。由于雍正帝非常喜欢道教，不仅在圆明园准备了大量的劈柴、铅砂等炼丹所用之物，还把王定乾、张太虚、贾士芳等道士请进宫，讲经论道。雍正帝喜欢丹药，认为服用丹药可以长生不老，他还写了一首《烧丹》诗。他不仅自己服用丹药，还将丹药赏赐给王公大臣，大学士鄂尔泰就得到过雍正帝赏赐的丹药。长期服用丹药，怎么可能不中毒身亡呢？

二、心脑血管疾病猝发身亡。雍正帝非常勤奋，是一个工作狂，不注意身体的保养。长此以往，他积劳成疾，加上饮食习惯不太好，极有可能诱发心脑血管疾病，导致猝死。

上述说法终未得到实证，雍正帝的死因仍然是个谜。

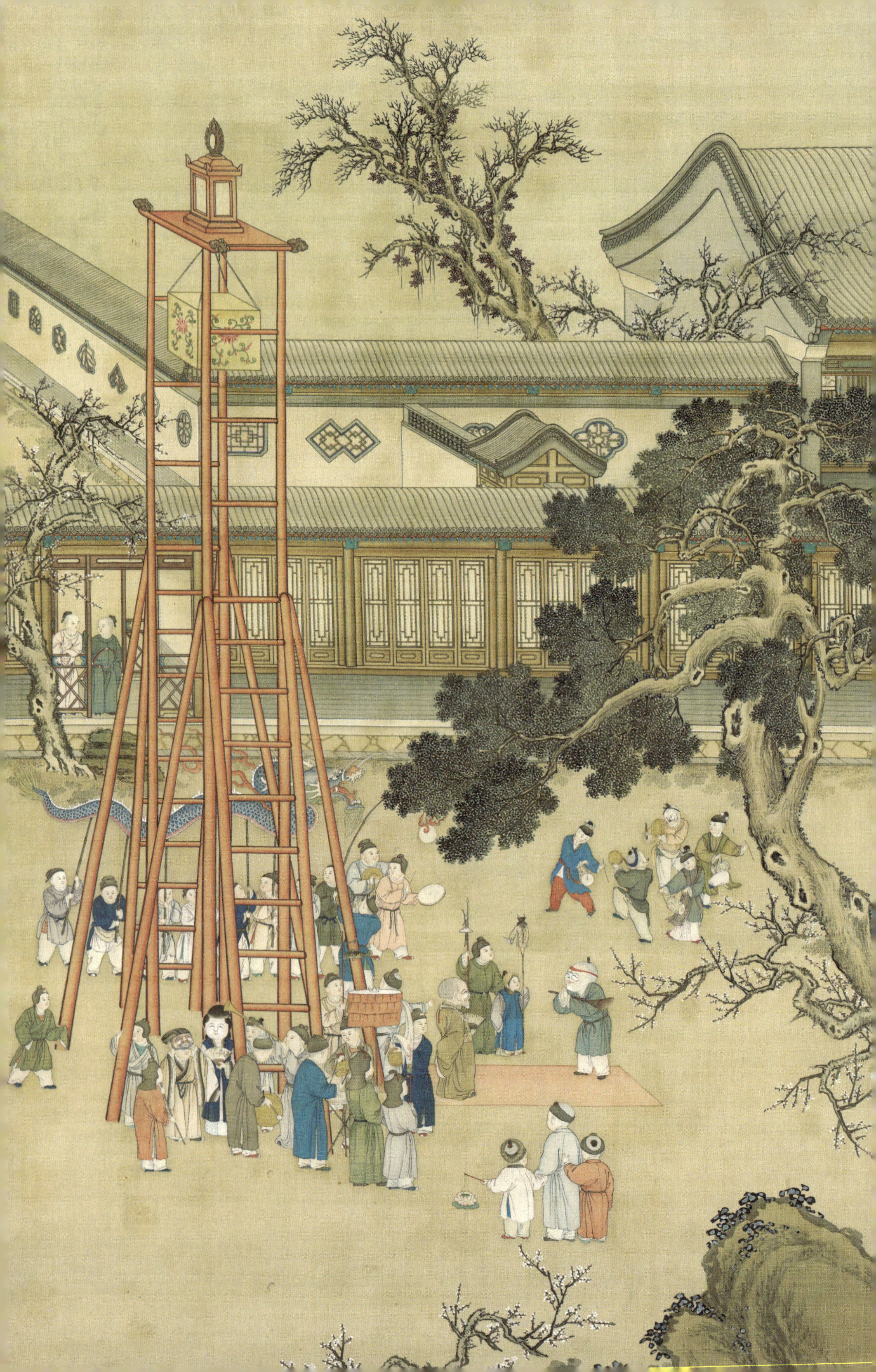

陆

乾隆帝弘历

神秘的出生地

乾隆帝是清帝中谜团最多的，其中一个大谜团就是其出生地之谜。关于乾隆帝生于何处，有以下几种说法。

一是承德丑女所生。据传，雍正帝还是皇子的时候，陪着父皇康熙帝去避暑山庄打猎，猎获了一只梅花鹿。于是，雍正帝命人将其宰杀吃掉，雍正帝还大口大口吸食了鹿血。鹿血能够壮阳，当时，雍正帝就把持不住了。为了解决燃眉之急，他和山庄的一名汉族李姓丑女发生了苟且之事，结果很凑巧，丑女怀孕了。第二年，丑女在草棚里面生下了一名男婴，这就是后来的乾隆帝。这个传说流传得非常广。承德出生说由此而来。

二是乾隆帝出生在海宁陈家。康熙五十年（1711年）八月十三日，雍亲王府里一片欢笑，家里添了一个小孩。同一天，海宁陈家也添了一个小孩。海宁陈家指的是浙江海宁的陈世倌家，人们称他陈阁老。陈世倌在康熙年间入朝为官，并且和当时的皇四子雍亲王胤禛的关系十分密切。那时，雍亲王的妾室和陈世倌的夫人都怀有身孕。不久，两家先后生了孩子，雍亲王家生了一个女孩，而陈家生了一个男孩。过了几天，雍亲王让陈家把男孩抱入王府看

[清] 冷枚 《避暑山庄图》

这幅画以全景式的表现手法，充分展现了避暑山庄的整体风貌。画面中青山环抱，绿树成荫，后山清泉流淌，湖水荡漾，荷花盛开，岸柳垂荫。亭台、水榭、宫室等建筑因地制宜，聚散错落，与周围的自然风貌和谐相融。画作用笔工致，设色清新淡雅。

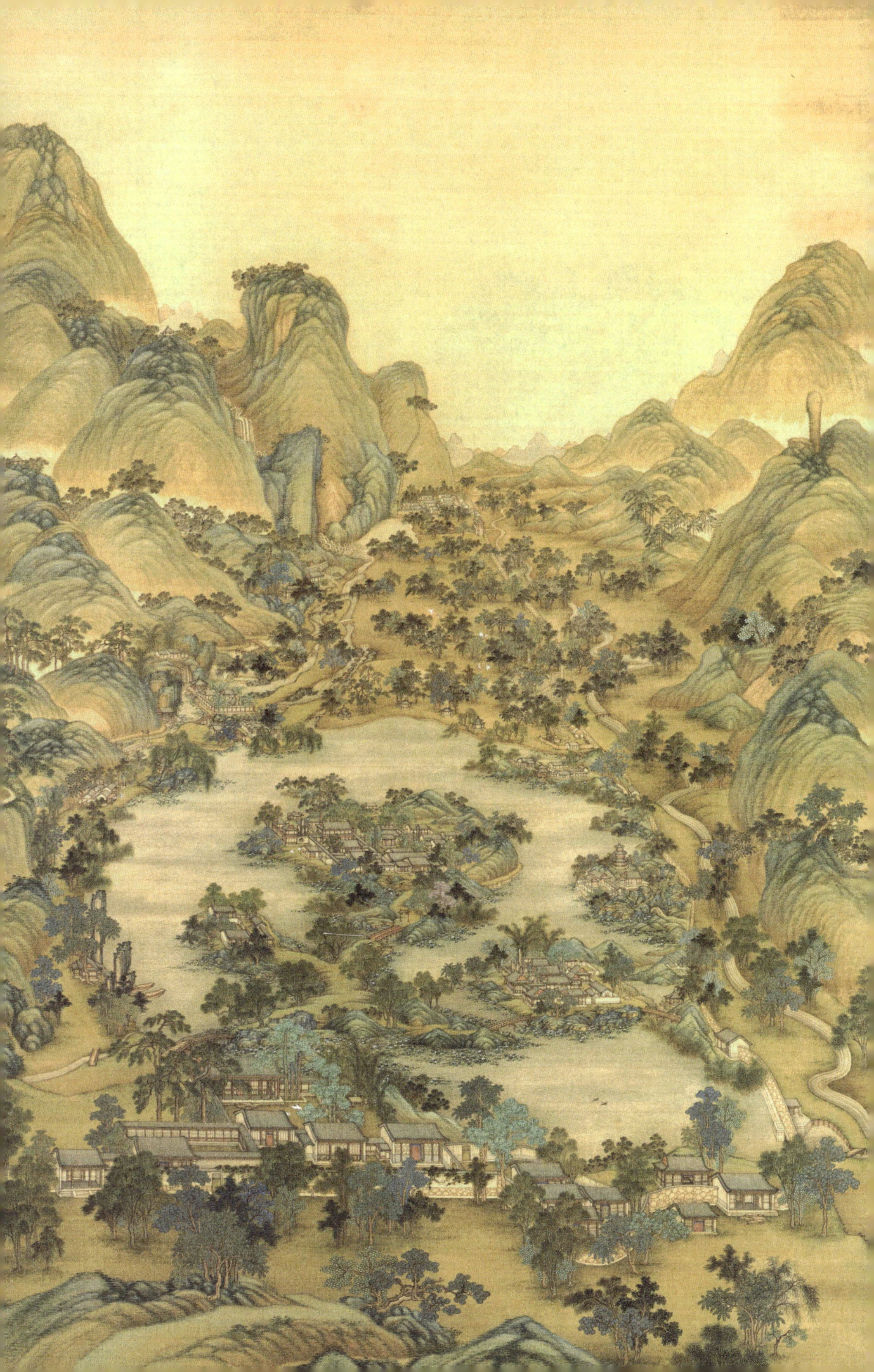

［清］ 张若霭 《避暑山庄图》并乾隆题诗册（三）（部分）

　　康熙帝和乾隆帝每年都有很长时间居住在避暑山庄处理政务，并由此北上行围打猎，接见各少数民族的首领和外国使节，使避暑山庄成为都城北京之外的又一个政治活动中心。

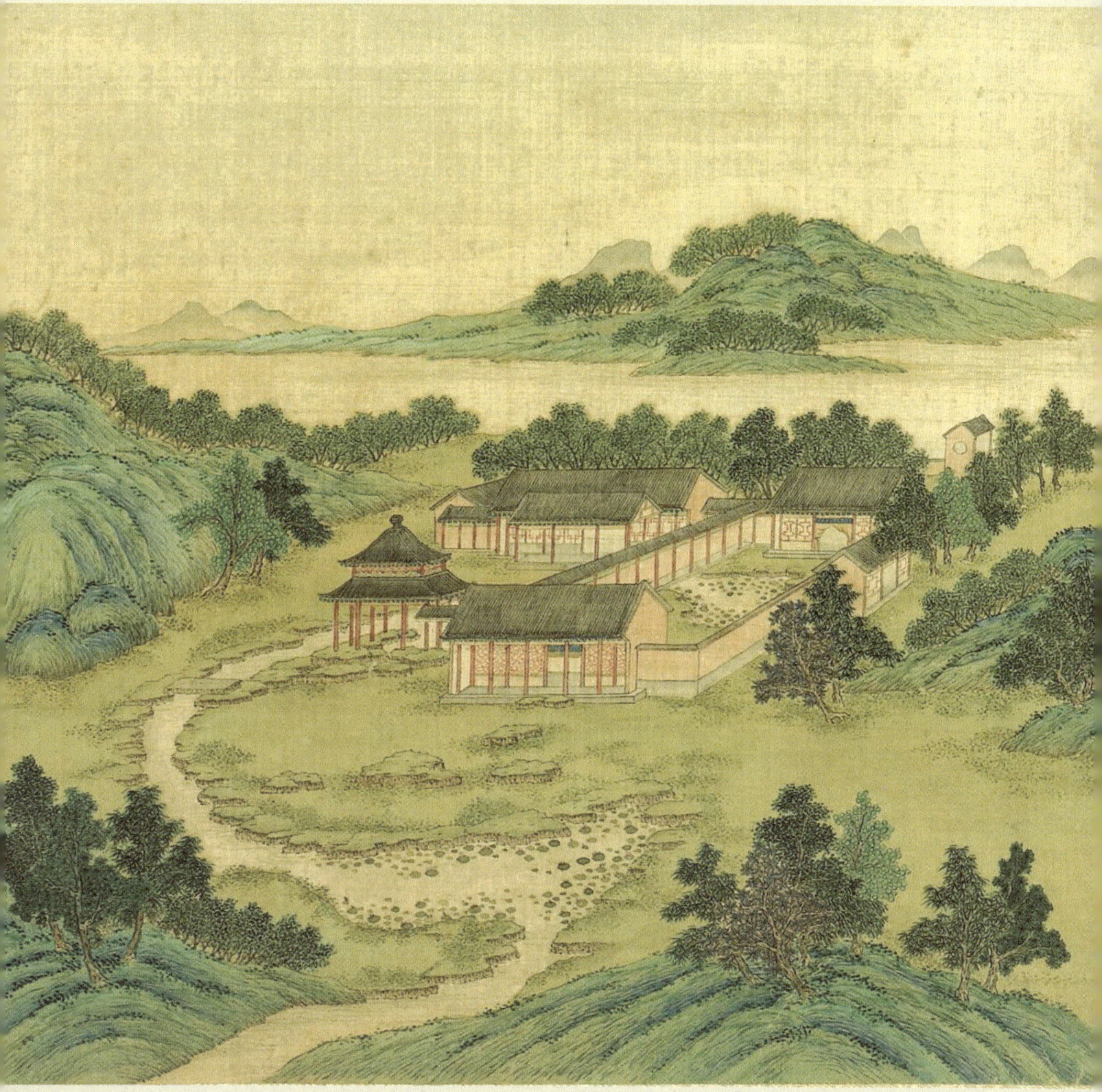

看，陈家只好把孩子送进王府。可等孩子再送出来时，陈家的胖小子竟变成了一个小丫头。久在官场的陈世倌意识到此事性命攸关，不敢声张。而那个被换入王府的男孩，就是后来的乾隆帝。这就是海宁出生说。据此，小说家还进一步演绎，说乾隆帝六下江南，并到海宁陈家探望，就是这个原因。

三是出生在北京的雍亲王府。坚持这种说法的是乾隆帝的孙子道光帝。嘉庆二十五年（1820年）七月二十五日，嘉庆帝暴亡于避暑山庄。这件事得向全国发哀诏，还得向周边国家，比如缅甸、暹罗等国家发国书。在军机大臣撰拟的国书中，谈到了乾隆帝的出生地，引用了嘉庆帝的说法，说乾隆帝生在避暑山庄的"都福之庭"。谁都没有想到，这种说法引起了新继位的道光帝的高度重视，他立即以六百里加急的方式，追回了已经发出去的国书，将乾隆帝的出生地更改为雍和宫邸。道光帝的这种做法，使本来就很有争议的乾隆帝的出生地问题，由地下争论转变为公开的争论。乾隆帝的出生地最终成了一个大谜团。

这个谜团的产生，其实不能怪别人，怪就怪乾隆帝本人。他曾经做过一件莫名其妙的事情，让人们对他的身世产生了怀疑。

这件事要从雍正帝即位开始讲起。雍正元年（1723年），胤禛即位，按照惯例大封后宫。在《雍正朝汉文谕旨汇编》中这样记载："格格钱氏封为熹妃。"这个"熹妃"就是乾隆帝的生母。毫无疑问，按照这个说法，乾隆帝的母亲是一个姓钱的女子，而钱氏一定是汉女无疑。在王闿运的《湘绮楼诗集》中有着明确记载，说乾隆帝的生母出生在承德一个贫寒之家，印证了她应该姓钱。可是，乾隆帝即位以后，整理雍正朝的实录，涉及这个问题的时候，他居然动了手脚，把档案篡改了。乾隆帝篡改之后的记载是"格格钮祜禄氏封为熹妃"。毫无疑问，钮祜禄氏是满洲八大姓，地位明显高于汉姓钱氏。

那么，乾隆帝到底出生在哪里呢？很明显，海宁出生说完全没有事实根据，不足为信；雍和宫邸出生说，是道光帝坚持的说法，也是清代官方愿意承认的说法；而承德出生说，没有更为确切的其他史料加以佐证，故事又显得很荒诞，所以也不足为信。

有"五福"之人

"五福"这个词原出于《尚书·洪范》。书中释"五福"为：一曰寿，二曰富，三曰康宁，四曰攸好德，五曰考终命。今人可以这样解释："寿"是福寿绵长，"富"是钱财富足且地位尊贵，"康宁"是身体健康且心灵安宁，"攸好德"是生性仁善且宽厚宁静，"考终命"是没有遭到横祸，身体没有病痛，安详且自在地离开人间。

我们看看乾隆帝是否具备"五福"。首先是寿数。他活了89岁，是古代帝王中寿命最长的。他贵为天子，富有四海，处在"康乾盛世"的巅峰，国家很有钱。乾隆帝身体健康，每年都去承德木兰秋狝，六下江南，谒盛京，巡五台，登泰山，没有好的体魄是做不到的。乾隆帝有一颗善良仁爱的心，他一即位，就释放了被雍正帝囚禁的政敌，还为早年的多尔衮平反昭雪。乾隆六十年（1795年），乾隆帝已经85岁高龄，把皇位禅让给了儿子嘉庆帝。几年后，乾隆帝安详地去世，可以说是考终命。

乾隆帝是一个具备"五福"的皇帝，这在典籍中是有记载的。

一是康熙帝亲口说孙子弘历很有福。康熙六十一年（1722年），康熙帝第一次见到弘历时，就高兴地说"此子福过于余"，说弘历的福气会超过自己，这是从面相上说的。在和康熙帝打猎的时候，弘历还没有上马，一头没有被打死的熊忽然立了起来扑向弘历，康熙帝赶紧拿枪射击，熊倒地而死，康熙帝感叹"此子诚为有福"。

二是康熙帝对其后妃说弘历有福。康熙帝很喜欢弘历，见过他之后，决定把他领进宫抚养。为确保弘历的安全，康熙帝叫自己的两个妃子佟佳氏

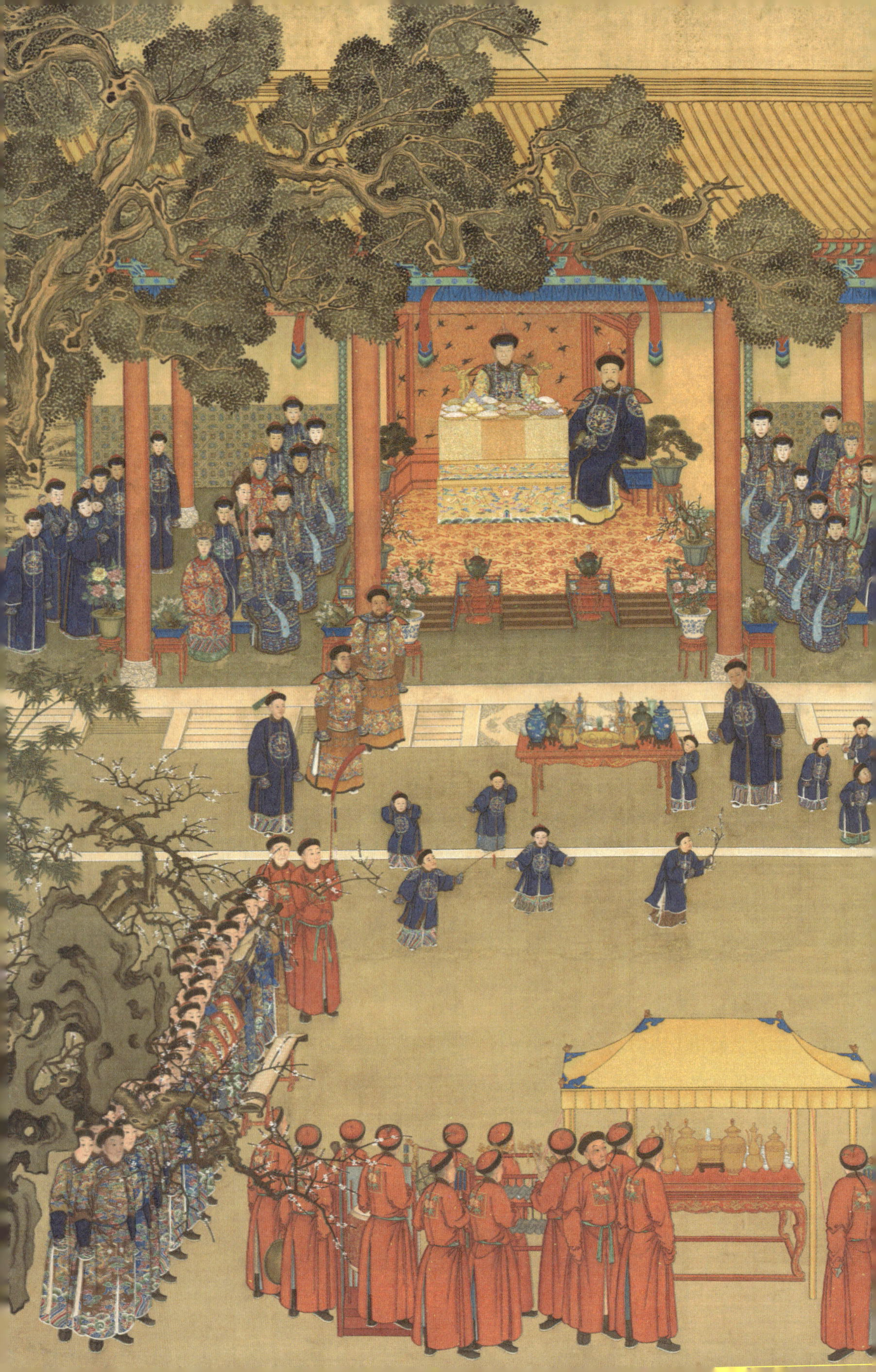

[清] 姚文瀚 《崇庆皇太后八旬万寿图》

这幅画描绘了乾隆三十六年（1771年），乾隆帝在慈宁宫为崇庆皇太后庆祝八十大寿的盛大场景。画作场面宏大，祥和喜庆，所绘人物有180余人，更像一幅皇家的全家福。画中，崇庆皇太后身着朝服，头戴凤冠，端坐在殿内的宝座上享受筵宴，乾隆帝及其妃嫔、皇子皇孙陪伴在侧。

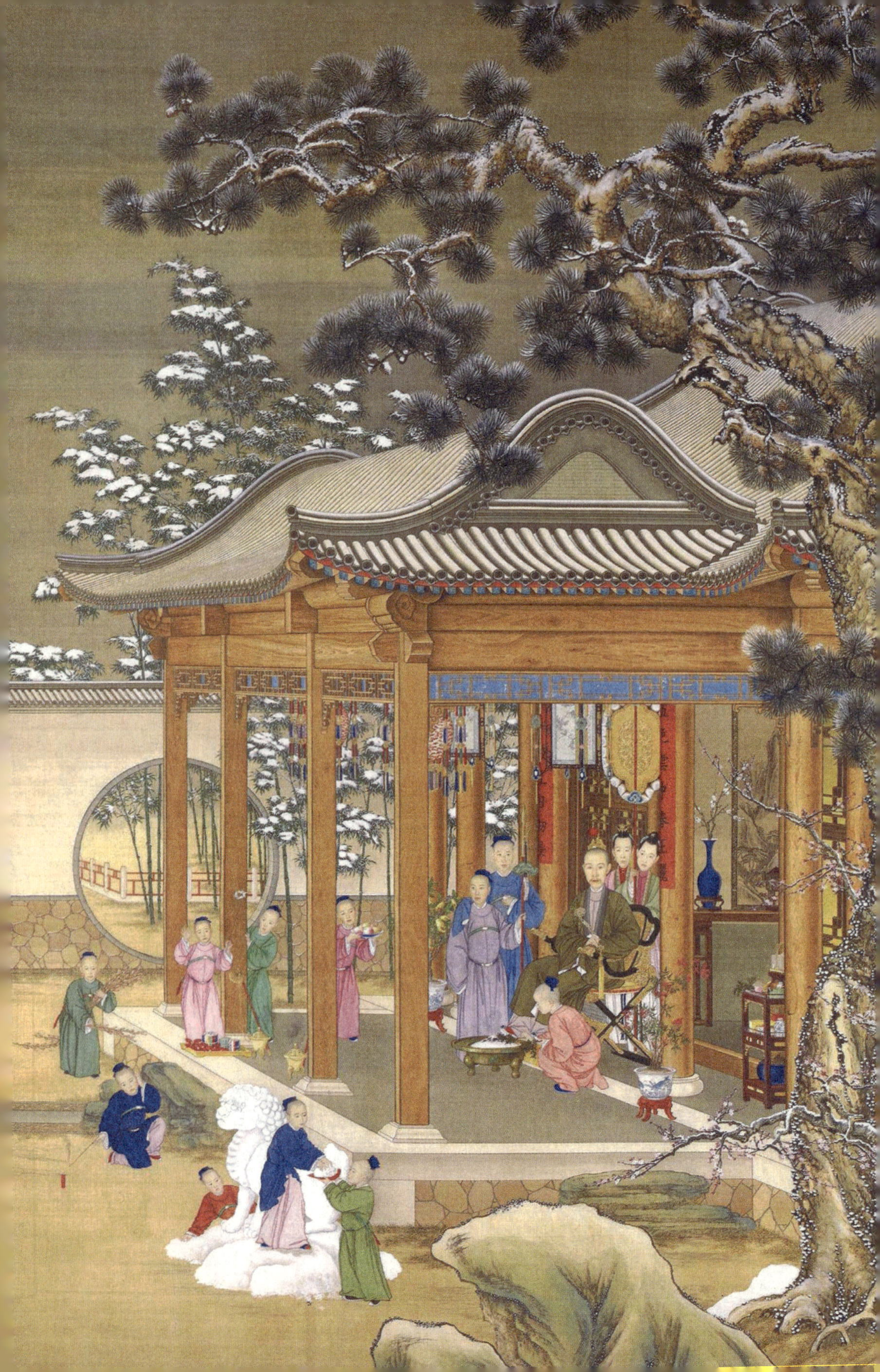

和瓜尔佳氏带他。有一次，康熙帝对瓜尔佳氏夸赞弘历："是命贵重，福将过予。"

三是康熙帝夸弘历生母有福。康熙帝见弘历很可爱，便命他的母亲出来见见。一看到弘历的生母，康熙帝非常高兴，连连称赞她为"有福之人"。母亲有福，儿子当然会沾光，也是有福之人。

四是朝鲜人认为乾隆帝有福。朝鲜《李朝实录》记载，康熙帝临终之际说："胤禛第二子有英雄气象，必封为太子。"当嘉庆帝继位，乾隆帝退位为太上皇时，《李朝实录》中说："太上皇真稀古有福之太平天子云。"

不仅如此，乾隆帝自己也是志得意满，自认为是有福之人。当然，乾隆帝的五福是有限度的，是建立在他特有的身份上的，应该科学地看待这个问题。

[清] 郎世宁等 《弘历雪景行乐图》

　　这幅画描绘了新年时，乾隆帝与皇子们在宫苑中赏雪的情景，展现了他们尽享天伦之乐的温馨场面。画中人物由郎世宁绘制，而屋宇、树石等则由中国画家补画。

最仁慈的皇帝

大家都知道，雍正帝最残暴，曾静曾经说他弑父、逼母、屠兄、戮弟，甚至连自己的亲生骨肉都不放过。雍正帝去世后，他的儿子弘历即位。乾隆帝改弦更张，以仁慈的面目出现，给后人留下一个仁爱友善的皇帝形象。

一是恢复允禩、允禟原名。允禩、允禟是雍正帝处理最重的两个人，雍正帝不仅把他们圈禁致死，还侮辱他们的人格，把他们改名为"阿其那""塞思黑"，这是一个天大的冤案。乾隆帝即位后，一步步着手处理此案，先是赏他们子孙红带，收入玉牒，接着给予一定的宗室待遇。到乾隆四十三年（1778年），乾隆帝恢复两个人的原名，并收入玉牒。

二是给亲叔叔封爵。允䄉是乾隆帝的亲叔叔，雍正年间，被圈禁高墙。乾隆帝即位，不仅把他从高墙中释放出来，还晋封他为恂郡王。直到乾隆二十年（1755年），允䄉才逝世。

三是把那些受到牵连的人一并释放。雍正初年，由于争夺皇位，好多人被囚禁起来，有宗室成员、大臣，尤其是允禩的支持者揆叙，除了被削谥，其墓碑竟然被刻上"不忠不孝阴险柔佞揆叙之墓"，真是触目惊心！乾隆帝即

[清] 佚名 《乾隆帝朝服像》

图中，乾隆帝端坐在龙椅之上，华丽富贵，神态肃然。此画用笔极其细密工致，脸部及龙袍为西洋画法，龙椅、地毯描绘已初步形成焦点透视画法，为中西合璧之作。

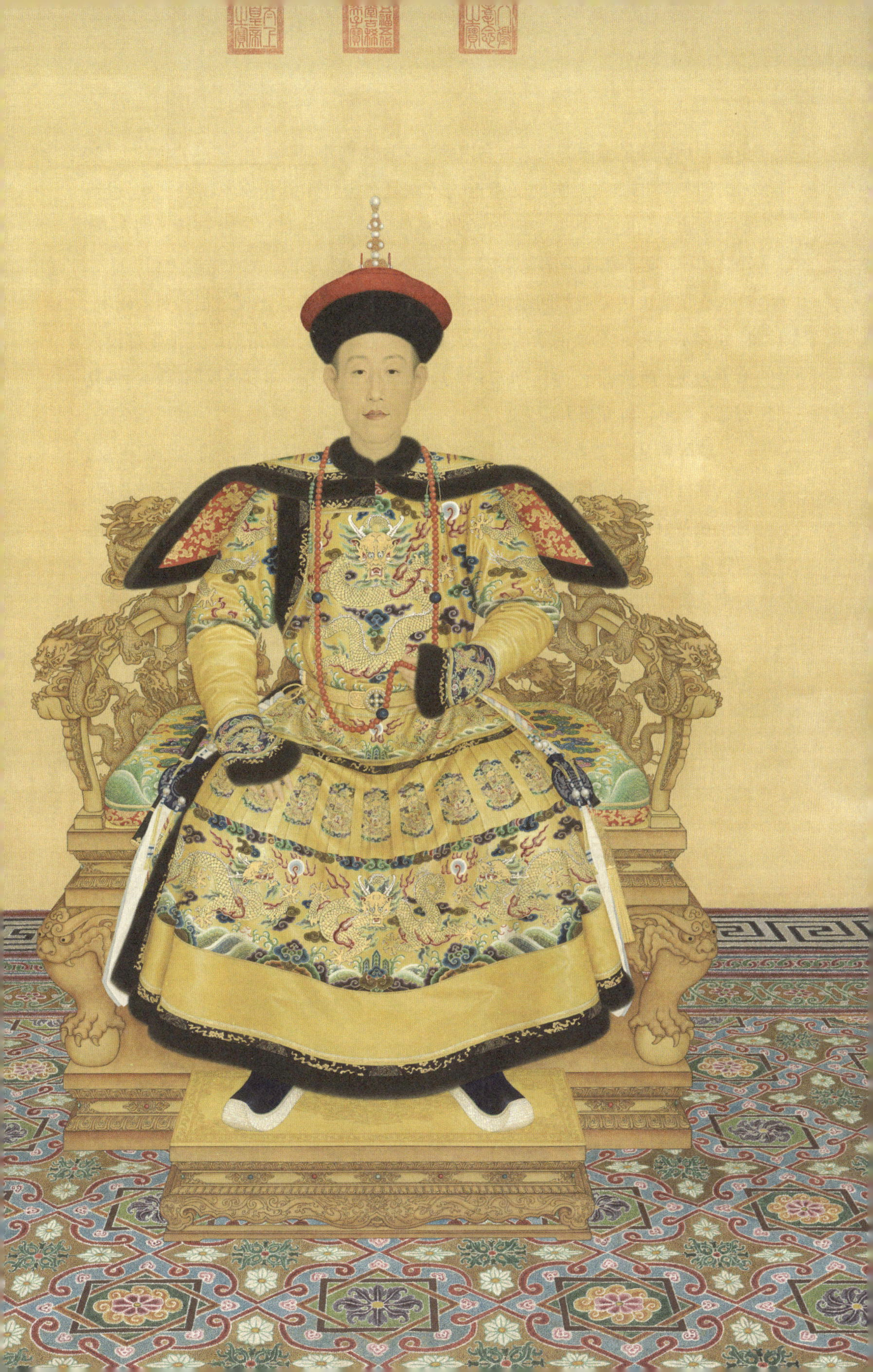

位后，承认这是错误的做法，命人除去了这块墓碑。

四是给年羹尧一案的受牵连人员恢复名誉。年羹尧权倾朝野，案发后，他的很多亲信受到牵连。乾隆帝对此格外重视，他一即位，就下旨："若有可用之才……候朕酌量降等录用。"

五是解决历史遗留问题。历史上，由于权力斗争，出现过很多冤假错案。比如多尔衮案，是顺治朝的一宗大案，经过康熙朝、雍正朝，几十年都没人给予关注。乾隆四十三年（1778年），乾隆帝毅然为多尔衮平反昭雪，命恢复睿亲王名号，并配享太庙。

乾隆帝从受害者的切身利益出发，或为他们恢复名誉，或为他们平反，使人觉得他是一个仁慈的皇帝。但是作为一代帝王，他也有铁面无情的一面，对于违背自己意愿的人，决不姑息。比如皇后那拉氏，由于剪发事件，乾隆帝将其废黜，并终生不原谅她。再比如乾隆帝的小舅子，由于贪污被人告发，乾隆帝毅然决定处死他，丝毫不留情面。

这样看来，乾隆帝并不是只知道仁慈，不讲原则。作为一代英主，他乾纲独断，对那些违背纲常的人，还是毫不留情，该杀就杀。

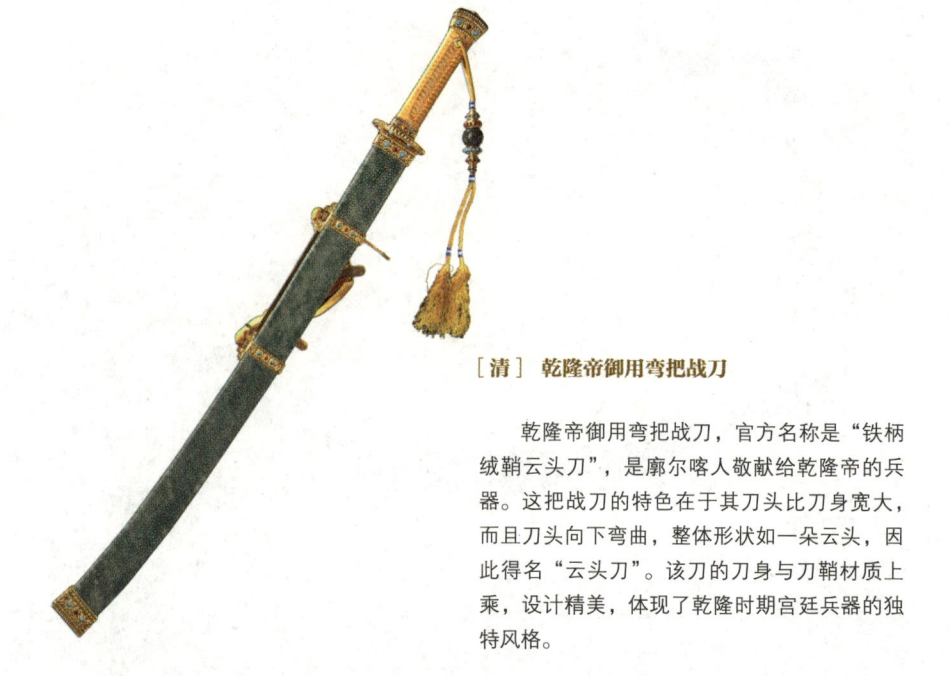

[清] 乾隆帝御用弯把战刀

乾隆帝御用弯把战刀，官方名称是"铁柄绒鞘云头刀"，是廓尔喀人敬献给乾隆帝的兵器。这把战刀的特色在于其刀头比刀身宽大，而且刀头向下弯曲，整体形状如一朵云头，因此得名"云头刀"。该刀的刀身与刀鞘材质上乘，设计精美，体现了乾隆时期宫廷兵器的独特风格。

为何自诩为"书生"

自古以来,人们对于"书生"一词有着特殊的偏见:一种认为是书呆子,没有处事能力,不堪重用;另一种认为是夸夸其谈的纸上谈兵之徒。总之,"书生"一词多为贬义。

但是乾隆帝不这么认为,他十分喜爱"书生"这个词,自诩为"书生"。他对"书生"这样理解:

一、"读书以致用"。乾隆帝认为,读书是学以致用。通过读书,人们掌握了大量知识,用来指导现实生活,再实用不过了。

二、"学于古训,乃有获"。学习古人的道理,对于为官之人而言太有用了。这些道理可以教你怎么施政,尤其是怎么施行仁政。

三、"人无书气,即为俗气"。这句话太经典了。乾隆帝认为,一个人若没有高贵的书生气,那就只剩下市井的俗气。所以乾隆帝认为,"朕惟恐人不足当书生之称"。他是恐怕人们不把他当成书生来看待。

四、"读书通大义"。乾隆帝认为,读书能够使人懂得义理,懂得义理才能知道如何做一个合格的人。他把朝中的官员进行划分,筛选出那些通大义的官员,比如来保、陈世倌等都是通大义的好官员。

所以,乾隆帝不仅称自己为"书生",还把他周围的王公大臣也看作"书生"。他曾这样说:"朕自幼读书宫中,讲诵二十年,未尝少辍,实一书生也。王公大臣为朕所倚任,朝夕左右者,亦皆书生也。"

尽管乾隆帝这样说,但是由于他出生在雍亲王府邸,幼时并没有机会入宫读书,只是在6岁的时候,父王对他进行了启蒙教育。9岁的时候,他才开始入学读书，较之皇宫里的其他皇子，已经晚了3年。

乾隆帝12岁那年，被康熙帝赏识，进入皇宫，接受更为系统的教育。他的学业进步非常之快，到14岁的时候，已经能够写作了。他留心观察，把心得写成诗文。

乾隆帝不愧是一个书生，一个高产的书生。据统计，他一生自著文集3部，为文1400余篇；诗集5部，收入诗作4万多首，是我国古代诗文最高产的作家帝王。

当然，乾隆帝的4万多首诗作质量平庸，佳作很少。这些诗作有好多人参与其中，比如汪由敦、于敏中、梁国治等。他们或修改，或润色，或整理，共同创作了乾隆帝御制诗集。

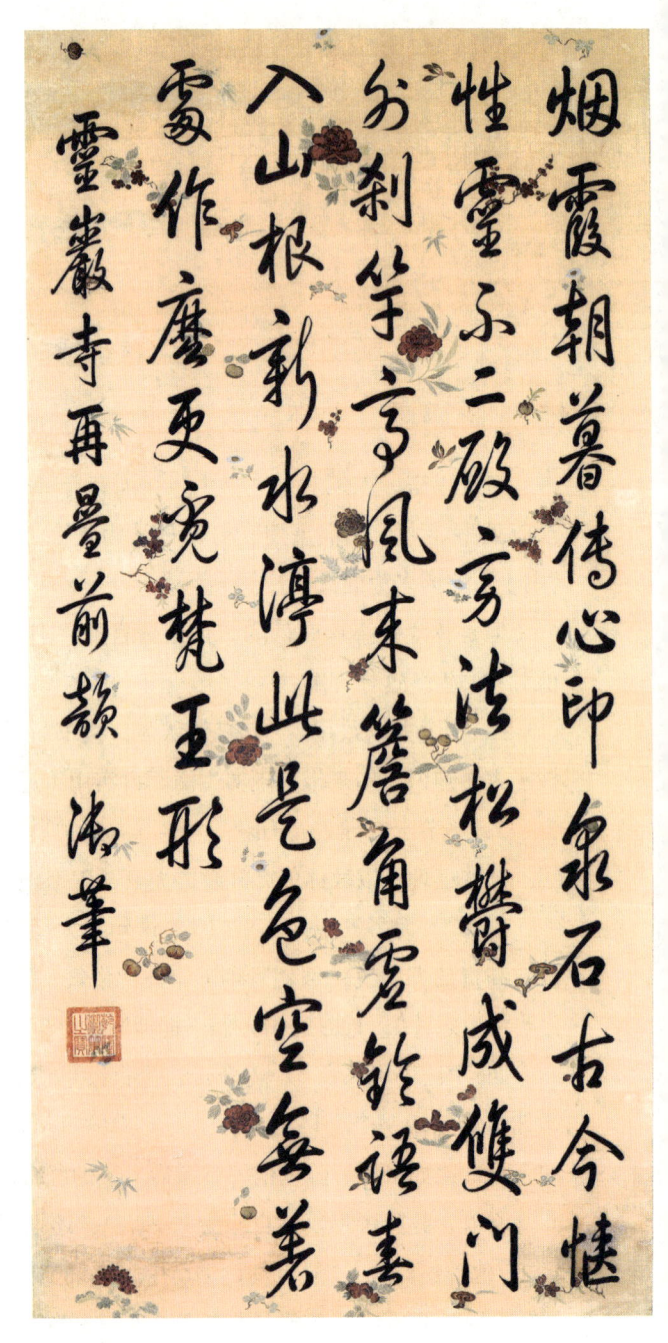

［清］ 乾隆帝 《书法立轴》

这幅书法作品笔画流畅，线条简练有力，字形饱满，刚劲端庄。

[清]《缂丝乾隆御笔朱竹图轴》

此图轴摹自乾隆帝的御笔画稿，采用缂织技法制作。尽管画稿在技巧上并不追求工巧之细，却非常注重清雅之趣，展现了文人画的韵味。在着色和用笔方面，虽略显稚拙刻板，却充满了贵气。

竹可以墨为亦
可以硃为批硃
馀潘偶一寫之
覺渭川淇澳
近在几席間
所爲在波不
在此也
乾隆辛酉
新秋作於
抑斋

会五种语言的皇帝

乾隆帝是一个语言天才，作为一个多民族国家的皇帝，为了达到统治各民族的目的，他刻苦学习，努力钻研，居然掌握了五种语言，成为清朝掌握语言最多的皇帝。

一、满语。毫无疑问，清朝以满语为国语，把满语作为国家行政语言的正朔。在清朝官方的各种文本中，都以满语为主，兼顾其他。可是自满族人入关后，八旗子弟渐渐学习汉语，有被汉化的可能。清朝从皇太极时期就已经开始注意这个问题了，到乾隆时期，乾隆帝更加注意这个倾向。他采取了一系列措施，避免国语丢失：乾隆帝接见满族王公大臣时，一律说满语；满族人10岁以上增加满语考试，合格者给予官爵；给在前线作战的满族将领批注奏折，尽量用满文；等等。总之，乾隆帝用自己掌握的流畅的满语，维护着这个民族的特权和利益。

二、汉语。乾隆帝被当代人认识，主要还是他的功绩和诗作，而这些功绩和诗作都是以汉文的形式被记载，并流传于世的。乾隆帝汉语功底很深厚，从孩提时代开始，他就受教于汉族大儒，博大精深的汉族文化深深地吸引了他。乾隆帝是一位杰出的汉语语言大师，他为诗著文，成为最高产的一位皇帝作家。

三、蒙古语。乾隆帝即位后，仍然面临着蒙古人叛乱等问题。为了平定准噶尔叛乱，乾隆帝利用一切机会学习蒙古语，以便更好地了解蒙古的情况。他能够不用翻译直接与蒙古人交谈，他的蒙古语水平甚至超过翻译的水平。他曾这样说过："凡有谕旨兼蒙古文者，必经朕亲加修改，方可颁发。"也就

[清] 乾隆帝 《清高宗御临苏轼帖》

这幅乾隆帝以行书写苏轼《砚铭》帖，不见苏轼特有的结字方式与丰腴的笔法，显然是出于己意之作，可看出乾隆帝传承自王羲之的书法风格。

或谓居士吾当徙端歙为公购砚居士曰吾当手其一解写字而有三砚何以为曰以俸损壞居士曰吾手或先砚壞曰真手不壞居士曰真砚不损 御临东坡

[清] **粉彩九桃瓶**

乾隆年间的粉彩九桃瓶是宫廷御用瓷器的代表作。瓶体丰满圆润，以粉彩绘制九桃纹样，色彩娇艳，构图疏密有致，展现了乾隆时期粉彩瓷器的精湛工艺。

是说，乾隆帝的蒙古语水平很高。

四、藏语。乾隆帝认真研习藏语，最终熟练掌握了这门语言。乾隆帝自己说，他是从乾隆八年（1743年），他三十几岁的时候开始学习藏语，当时正是他精力旺盛的时候。乾隆帝崇信和发展了藏传佛教，无论是在紫禁城还是在行宫，都有很多藏传佛教的法事活动。乾隆五十七年（1792年），乾隆帝设立了金瓶掣签制度，对稳固西藏的统治起到了重要的作用。他总结说："予若不习番经，不能为此言。"他生前修建的裕陵地宫，雕刻了29464个藏文经咒，被称为一座庄严肃穆的地下佛堂，显示出乾隆帝高深的藏文修养。

五、维吾尔语。乾隆时期，新疆并不平静，清朝多次用兵新疆。乾隆帝开始学习和研究维吾尔族语言，经过努力学习，终于掌握了这门语言。乾隆帝有一位美丽的妃子容妃，民间称其为香妃，她和乾隆帝感情甚好，乾隆帝多有赏赐。乾隆帝和香妃两个人互相学习对方的语言，香妃教他学习维吾尔语，乾隆帝给予她特殊的赏赐，已经传为历史佳话。

宠信和珅之谜

和珅，出生于乾隆十五年（1750年），4岁丧母，9岁与弟弟和琳考入咸安宫官学，10岁丧父，18岁与大学士冯英廉的孙女冯氏成婚，20岁以文生员身份承袭三等轻车都尉，26岁擢御前侍卫，授正蓝旗满洲副都统，从此官运亨通：27岁授户部右侍郎、军机大臣、总管内务府大臣、国史馆副总裁，赏戴一品朝冠；31岁升户部尚书、御前大臣；32岁转兵部尚书；35岁升协办大学士、一等男爵；37岁晋文华殿大学士；39岁晋伯爵；49岁晋公爵。和珅在嘉庆四年（1799年），以"二十大罪"被嘉庆帝赐白绫自尽，终年50岁。

和珅比乾隆帝小39岁，本来是隔辈人，他又没有很好的科举经历，却能够平步青云，官运亨通。综合史料，和珅发迹的原因如下：

一、胆大过人。和珅胆大，据《庸庵笔记》记载：某日乾隆帝要外出，仓促中侍从们找不到仪仗用的黄盖，乾隆帝便责问："谁之过欤？"众侍从都吓得不敢出声，只有和珅胆大，朗声说道："典守者不得辞其责也！"意思是执掌此事的人难辞其咎。这种大胆而巧妙的回答，使乾隆帝转怒为喜，他很想看看是谁这么大胆，敢在这个时候说话。从此，乾隆帝认识了小自己39岁的和珅。据说，后来又有一天，乾隆帝在轿中背诵《论语》，忘了下文，和珅赶忙提醒，乾隆帝很是欢喜。从此，和珅时来运转，飞黄腾达。

二、多才多艺。和珅很有才华，诗、书造诣很深。和珅的诗词被乾隆帝欣赏，乾隆帝经常与他一起切磋诗文，他的诗曾载入《嘉乐堂诗集》中。和珅天资聪颖，又勤奋好学，通晓汉、满、蒙、藏四种语言，这恰恰迎合了乾隆帝的需求。实际上，和珅也认为自己很有才华，嘉庆四年（1799年），和珅

御題夏景山水十二首

東村西墅本疎瀏綠
樹夏來解與連守堂
設如擬相助遐思孟
子論公田

右連村綠暗
溪影明漪林影瑟瑟
然寫出境幽閒遊人
尋徑知何處祇在華
林左右間

右溪林明瑟
漠漠煙塘綠柳圍板
橋那畔野人稀鷺鷥
白矣仍貪浴濯立清
波不忍飛

[清] 和珅 《夏景山水十二咏诗册·之一》

该诗册内容是乾隆帝御撰的《夏景山水十二咏》，由和珅精心书写。其字迹工整秀丽，结构严谨，既体现出传统书法的韵味，又展现了和珅个人的艺术风格。

[清] 佚名 《和珅像》

和珅初时为官清廉，1780年通过审结李侍尧案巩固了自己的地位。随着权力的增加，和珅的私欲也日益膨胀。他利用职务之便，结党营私，打击政敌，聚敛了大量钱财。

在自裁之前回首往事，写下这样两句诗："对景伤前事，怀才误此身。"这也正说明和珅是一个有才华的人。

三、长相俊美。和珅的岳丈冯英廉这样评价女婿："相貌白杳而英俊，少有大志，他日前途不可估量。"在其他资料中也有类似的记载，说明和珅长相非常俊美。据说乾隆帝还是皇子的时候，曾对其父皇的一个漂亮妃子产生了爱慕之情，这件事被弘历的生母发现，秘密处死了这个妃子。这个妃子在临终之际托人转告弘历，20年后再相见。事过20年，乾隆帝已经即位多年，遇见了和珅，觉得他的相貌酷似那个妃子。因此，乾隆帝认定和珅是那个妃子的转世，便对他宠信有加。

四、擅长拍马。我们还是引用和珅岳丈冯英廉的话，他认为和珅"机敏且善察言观色"，概括得太准确了。和珅侍候在乾隆帝旁边，察言观色，乾隆帝对他十分中意。据资料记载："高宗若有咳唾，和珅以溺器进之。"就是说，连皇帝咳嗽吐痰他都能侍奉自如，可见他的机灵和圆滑已经达到了人臣极致。

五、集多种身份于一身。阎崇年先生概括，和珅集中了皇子、妃嫔、宫女、太监、大臣等多种身份。他有文化，性格细腻，善于察言观色，逢迎老皇帝，侍奉得无微不至，又善于处理军国大事，加之长相俊美，乾隆帝确实是爱之愈切，对其产生了很严重的依赖心理。

也正因为这样，和珅仰仗乾隆帝的宠幸，权倾朝野，骄纵不法，大肆贪污。据统计，和珅的总财产是"二十亿两有奇"，也有说八亿两的。总之，和珅的家产大体上相当于清政府15年的财政收入。和珅因此成为中国历史上的"贪污之王"。

嘉庆帝即位后，下决心要除掉和珅。嘉庆四年（1799年）正月初三，乾隆帝病逝。5天后，嘉庆帝逮捕和珅，10天后，以"二十大罪"赐和珅白绫一条，令其自尽。和珅临死前，口占一绝：

五十来年梦幻真，今朝撒手谢红尘。
他日水泛含龙日，认取香烟是后身。

创造了中国历史上两个"之最"

清朝共 12 位帝王，他们性格不一，情趣各异，因而他们在位时间和寿命差别很大。让人意想不到的是，在这些帝王之中，居然有一位帝王做得非常成功，不仅长寿，而且掌握实权也最久，这两个指标都是帝王之最。应该提醒大家的是，这两个"之最"，不是清朝皇帝之最，而是整个中国封建王朝中的帝王之最。这个帝王就是乾隆帝。

乾隆帝 25 岁登基，在位 60 年，又当了 3 年多太上皇，掌握实权达 63 年之久，这两个指标创造了中国古代帝王的"吉尼斯"纪录。

先说寿命。按说帝王生活条件好，养尊处优，本应该长寿，可长寿的皇帝并不多。原因很多，如纵欲过度，操劳过度等。我们来给历代帝王的寿命做一个排序。

第一名乾隆帝（1711—1799 年），89 岁，清朝第六任皇帝，入关后第四任皇帝。

第二名南朝梁武帝萧衍（464—549 年），86 岁，建立了梁朝。梁武帝多才多艺，政治、军事才能也很突出。

[清] 郎世宁 《乾隆皇帝大阅图》

乾隆帝亲临南苑检阅八旗军的队列及各种兵器、火器的操练活动。乾隆帝每三年大阅一次，以壮军威，鼓士气。

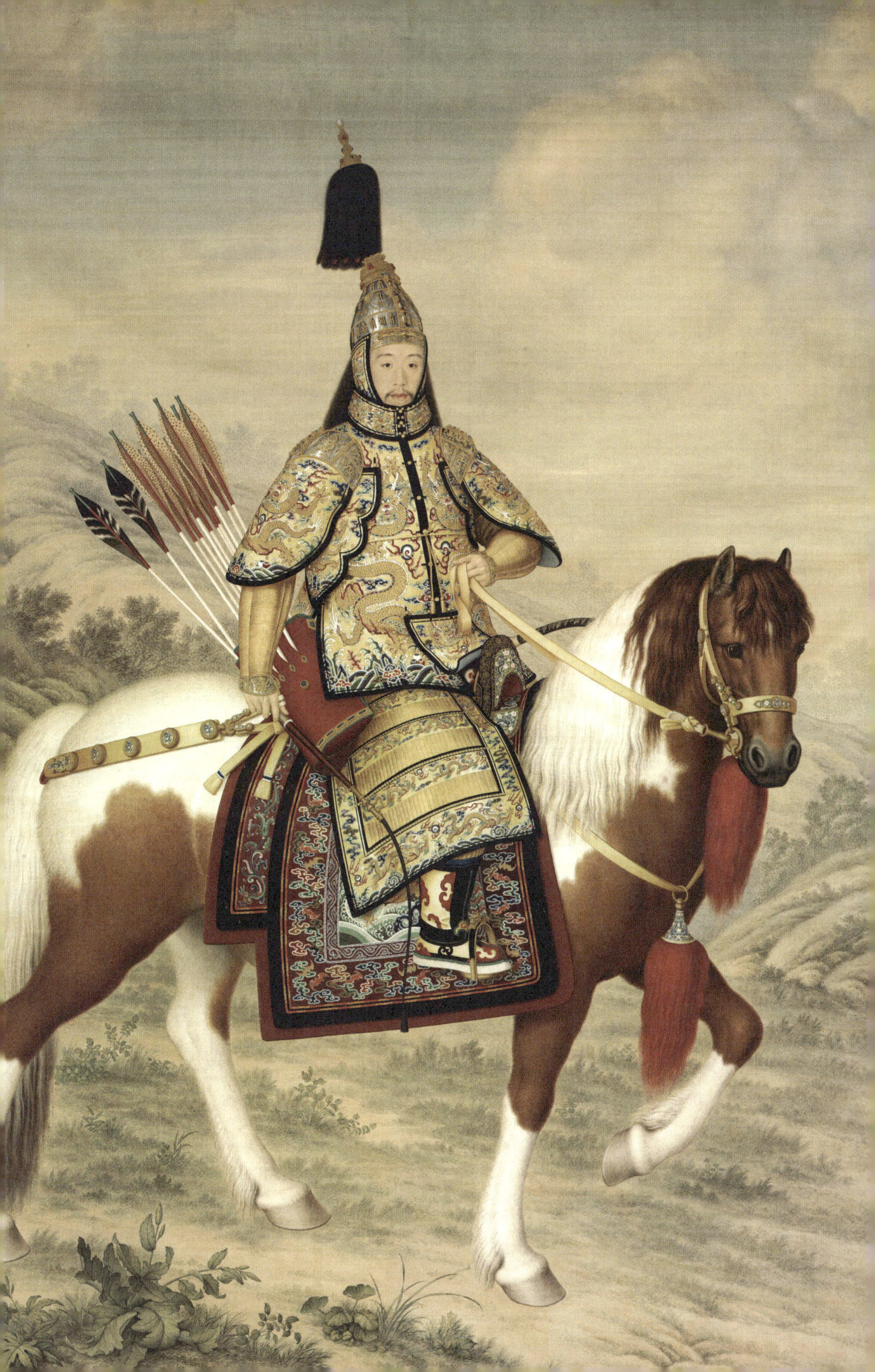

[清] 佚名 《乾隆赏雪图》

此图描绘了乾隆帝观赏雪后美景的场面。画面上，瑞雪初止，苍松翠竹在白雪的映衬下更显生机盎然。寒江一片，远处峰峦起伏，银装素裹。画中的乾隆帝坐在书案前，手持毛笔，望着窗外雪色尽染的萧疏景象。

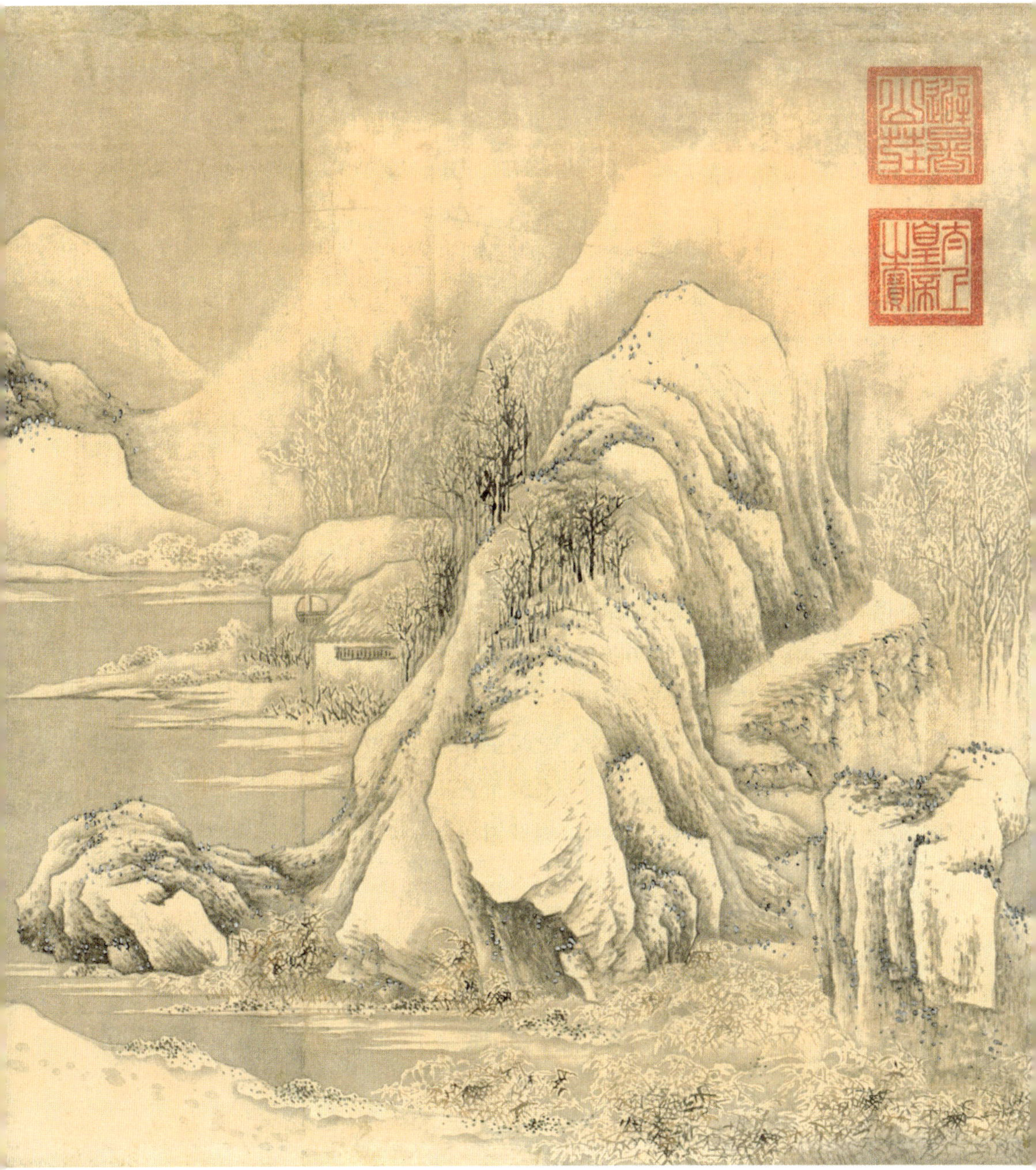

第三名大周皇帝武则天（624—705年），82岁，唐高宗李治皇后，后为大周皇帝，中国历史上唯一的女皇帝。上元元年（674年），与唐高宗并称"天皇""天后"。弘道元年（683年），唐中宗李显即位，武则天临朝称制。嗣圣元年（684年），废唐中宗为庐陵王，立唐睿宗李旦，继续临朝称制。载初元年（690年），武则天废唐睿宗，受尊号圣神皇帝，改国号为周，定东都洛阳为神都。神龙元年（705年）正月，张柬之、桓彦范、敬晖等人联合右羽林军大将军李多祚发动政变，逼武则天退位，迎唐中宗复位。同年十一月，武则天崩逝。

第四名五代十国吴越国国王钱镠（852—932年），81岁，字具美，小字婆留，杭州临安人。父钱宽，母水邱氏。

第五名宋高宗赵构（1107—1187年），81岁，宋徽宗第九子，宋钦宗弟，因不思收复北方故土，宠信奸臣秦桧和下令处死岳飞父子而背负恶名，为人诟病。北宋灭亡后，赵构在南京即位，在位36年，让位后病死。

历史上，寿命超过80岁的帝王就这么5位。他们之中，乾隆帝最长寿。下面再看看掌握实权最久的帝王都有谁。

第一名乾隆帝，在位60年，之后主动让位，做太上皇，嘉庆帝继位，但大权仍操纵在乾隆帝手里。3年后乾隆帝去世，掌握实权达63年。

第二名康熙帝，在位61年，是我国在位时间最长的帝王，但不如他孙子乾隆帝掌握实权久。

第三名秦昭襄王（前325—前251年），在位55年。嬴姓，名稷，战国时期秦国国君。早年在燕国为人质，公元前307年，秦武王去世，秦昭襄王与其弟争位，遂立，前306年至前251年在位。秦昭襄王在位初期，由其母宣太后当权，外戚魏冉为宰相。秦昭襄王五十六年（前251年），昭襄王去世，终年75岁。

第四名汉武帝刘彻（前156—前87年），在位54年（前141—前87年）。汉武帝是中国历史上第一位使用年号的皇帝，他在位时期共使用"建元"等11个年号，16岁即位，活到70岁。刘彻是一位具有雄才大略的封建君主，也是我国历史上一位杰出的政治家。

第五名西夏崇宗李乾顺（1083—1139年），西夏第四位皇帝，1086年到

1139年在位，在位53年，西夏杰出的政治家。李乾顺即位时，年仅4岁，母党专政，17岁时灭梁氏而亲政。大德五年六月初四（1139年7月1日），李乾顺去世，享年57岁，庙号崇宗。

从以上分析可看出，算来算去，还是人家乾隆帝最厉害，掌权63年。

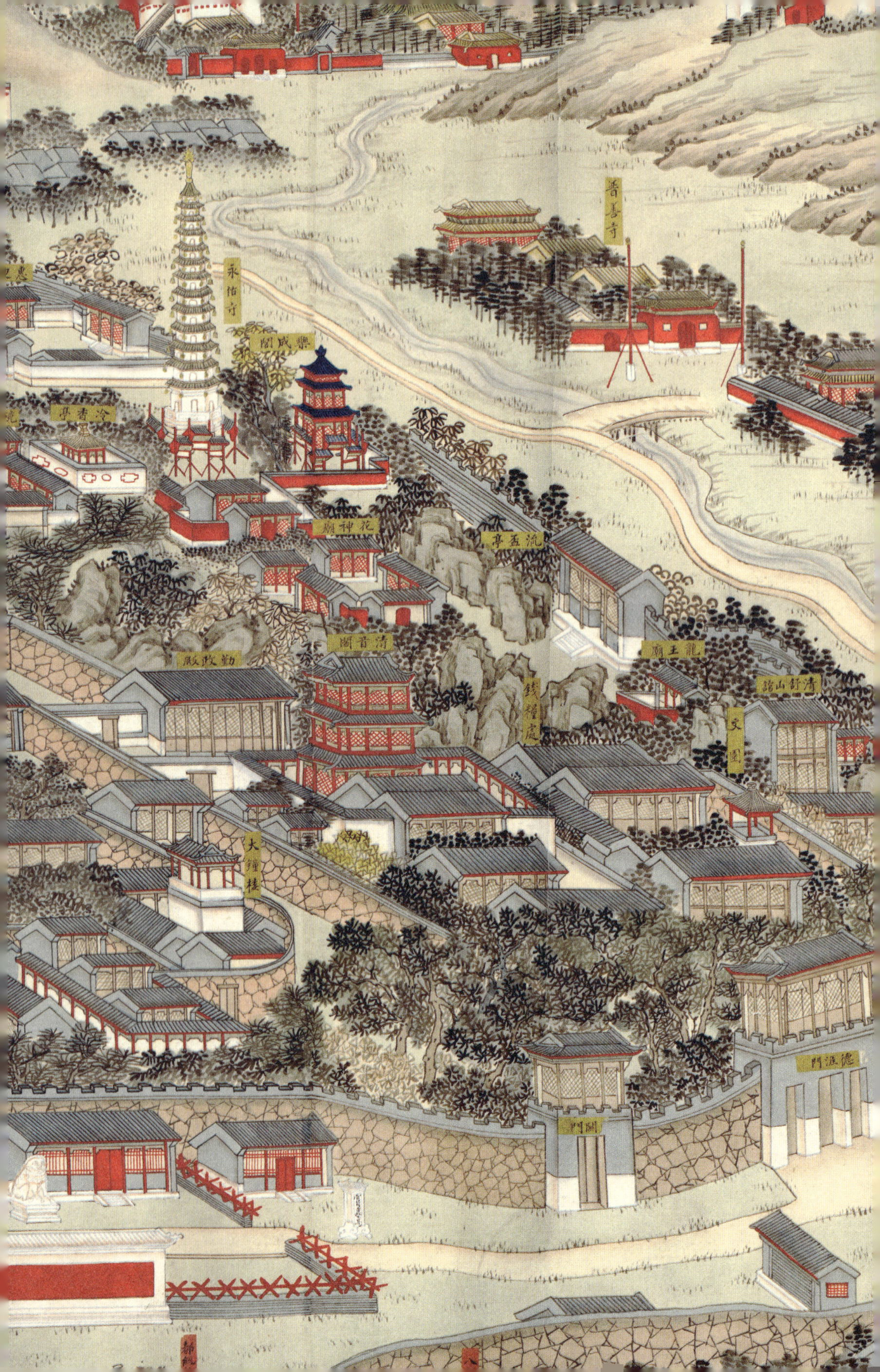

普善寺
永佑寺
樂成閣
冷香亭
花神廟
流盃亭
清音閣
勤政殿
龍王廟
清舒山館
錢糧處
文園
大鐘樓
德匯門

柒

嘉庆帝颙琰

最蠢笨的大赢家

如果说嘉庆帝是清朝帝王中最笨的一位，大家可能会有疑问，他怎么会是最笨的？其实这话是嘉庆帝自己说的。既然他说自己笨，那么我们就来分析一下，他到底笨不笨。

嘉庆帝是清朝入关后第5位皇帝，父亲是乾隆帝，母亲是乾隆帝的孝仪纯皇后魏佳氏。嘉庆帝生于乾隆二十五年（1760年），属龙。嘉庆帝到底是一个怎么样的人？先听听他自己的说法。嘉庆帝在他的《御制文初集》中这样说过："视彼前朝太子，偶一出阁讲学片时者，奚啻天壤之分哉。予悟性迟钝，乙酉年入学，从觉罗奉硕亭先生读书，至壬辰年而五经粗毕。"

他说自己悟性迟钝，是不是谦虚呢？经过考证，嘉庆帝还真是一个很笨的人。比如册封皇后，他的第一位皇后病逝之后，他晋封钮祜禄氏为皇贵妃，让她主持后宫事务。可接下来，嘉庆帝犯了一个很蠢笨的错误。

嘉庆六年（1801年），嘉庆帝居然把这个皇贵妃册立为皇后，这就大错特错了。为什么呢？因为早在两年前，他就已经立了旻宁为皇太子，可是钮祜禄氏不是旻宁的亲生母亲。大家想想，一旦嘉庆帝驾崩，钮祜禄氏就升格为皇太后，太后会拥立谁为新皇帝呢？她有儿子，极有可能立自己的儿子，那不乱了吗？康熙帝、乾隆帝在中宫皇后病逝后，一般不会轻易册立皇后，几十年后宫无主。可嘉庆帝没有想到这一层，还美滋滋的，觉得自己家庭很完美呢。果然，他暴亡之后，旻宁和太后之间发生了很多不愉快的事情，这些麻烦都是嘉庆帝制造的。

有一个问题，嘉庆帝既然不聪明，他是怎么得到皇位的？难道他没有竞争对手吗？恰恰相反，嘉庆帝的竞争对手很多。

第一位是永琏。永琏（1730—1738年），乾隆帝次子，生母是乾隆帝嫡皇后富察氏。富察氏是满洲镶黄旗人，出身名门望族。永琏生于雍正八年（1730年）六月二十六日申时，生母富察氏与乾隆帝感情深厚，所以乾隆帝对他抱有很大期望。雍正帝也对他寄予厚望，亲自为这个孙子起名为"永琏"。琏者，宗庙之器也，古代祭祀时盛黍稷的尊贵器皿叫"琏"。永琏这个名字，显然暗含承宗器之意。乾隆帝经常夸赞永琏："为人聪明贵重，气宇不凡。"所以，乾隆帝即位不久，在乾隆元年（1736年）七月初二，就迫不及待地办理了立储大事。他召集重臣，秘密立储，将永琏之名写于密书，藏于乾清宫

[清] 郎世宁 《乾隆帝妃与嘉庆帝幼年像轴》

此图是典型的清代中期宫廷画作，富丽华美。所绘场景为楠木装修的室内，一妃嫔与一儿童立于楼下的窗前。此图描绘的是乾隆帝第十五子颙琰的孩提时代的生活场景。

"正大光明"匾额之后。可天有不测风云,乾隆三年(1738年)十月,永琏得了伤风,竟然一病不起,不久病逝,年仅9岁。乾隆帝闻此噩耗,悲恸不已,将乾清宫"正大光明"匾额之后的立储密旨取出,发表了一道上谕,正式追封永琏为皇太子,谥端慧,并为其修建了豪华的陵墓,厚葬其中。乾隆帝第一次立储失败了。

第二位是永琮。永琮(1746—1747年),乾隆帝第七子。永琮生于乾隆十一年(1746年)四月初八子时,生母同样是皇后富察氏。皇七子甚得乾隆帝喜爱,乾隆帝认为他"毓粹中宫,性成夙慧,甫及两周,岐嶷表异"。永琮一出生,乾隆帝便欣喜异常,不久,永琮就被内定为皇位继承人。可永琮只活了20个月,于乾隆十二年(1747年)十二月二十九日出天花夭折了。乾隆帝大放悲声,下谕旨:"先朝未有以元后正嫡绍承大统者,朕乃欲行先人所未行之事,邀先人不能获之福,此乃朕之过耶!"乾隆帝把永琮之死归咎于自己失德,可见其受刺激程度之深。这次立储又告失败。

第三位是永璜。永璜(1728—1750年),乾隆帝长子,生母为哲悯皇贵妃富察氏。富察氏出身卑微,仅是一名宫女,所以永璜没有高贵的出身,立储本来是没有希望的。但在永琮去世之后,永璜对储位产生了想法,因为他的年龄最大。乾隆十三年(1748年),乾隆帝、皇后东巡泰山,途中皇后不幸病逝。乾隆帝悲痛异常,连下谕旨,要求王公大臣为皇后服丧。也正是在这个时候,永璜出事了。他在办理孝贤皇后丧事期间,表现得不太得体,被乾隆帝大加斥责。原来,孝贤皇后病逝,永璜不但没有悲伤,反而窃喜,他认为"母后崩逝,弟兄之内唯我居长",继承皇位指日可待。乾隆帝得到奏报,大为震怒,下谕旨痛斥:"夫不孝之人岂可以承大统。朕以父子之情,不忍杀伊等,伊等当知保全之恩。"愤怒至极的乾隆帝甚至要杀掉永璜。永璜立储的希望就此破灭。

第四位是永璋。永璋(1735—1760年),乾隆帝第三子,生母为纯惠皇贵妃苏佳氏。纯惠皇贵妃是很得宠的,永璋也因此对皇位产生了想法。但很不幸,皇后的病逝,以及永璜的失礼,使得乾隆帝在痛斥永璜的同时,也把永璋连带其中。《清高宗实录》记载:"至三阿哥,朕先以为尚有可望,亦曾降旨于讷亲等。今看三阿哥,亦不满人意,年已十四岁全无知识。此次皇后

[清] 佚名 《弘历岁朝行乐图像》

此图描绘的是乾隆帝与家人共庆岁朝的场景。乾隆帝端坐廊下，子女和宫人分立两侧。庭院内宫灯高悬，松柏挺拔，修竹茂密，梅花盛开，一派喜庆祥和的气氛，生动地表现出乾隆帝与诸皇子的融融亲情。

[清] 嘉庆帝 《楷书五言诗》

这幅作品字迹工整,结构严谨,笔力遒劲,既体现出传统书法的精髓,又融入了个人独特的艺术风格。诗句质朴自然,情感真挚,通过简练的语言描绘出深远的意境。

木德锺松柏深山蕴秀生无心原挺正
有本自含贞茂密凝烟重葱茏映日晶
苍颜殊众植翠黛冠凡英直干三霄拂
天涛万壑鸣后凋性不改终岁色常荣
雨露益滋养雪霜难变更青阳敷化育
刚健体充盈赋得无心自贞直覆试题
辛未孟夏上澣御笔

得贞字五言八韵

之事，伊于人子之道毫不能尽，若谓伊年齿尚幼，皇祖大事之时，朕甫十二岁，朕如何克尽孝道之处，朕之诸叔及大臣内旧人，皆所亲见，亦曾如伊等今日乎。似此不识大体，朕但深引愧而已，尚有何说？此二人断不可承继大统。"永璋是没有希望继承皇位了。

第五位是永琪。永琪（1741—1766年），乾隆帝第五子，生母为愉贵妃珂里叶特氏。永琪出生时，珂里叶特氏还仅仅是一名贵人，名不见经传。珂里叶特氏在宫中并不得宠，一生中只有五阿哥一个孩子。虽然生母地位卑微，但永琪多才多艺，乾隆帝曾想立其为皇储。《国朝宫史续编》记载："朕观视皇五子于诸子中觉贵重，且汉文、满洲（文）、蒙古语、马步射及算法等事，并皆娴习，颇属意于彼，而未明言。"不幸的是，乾隆三十一年（1766年），永琪病逝。乾隆帝立他为储的愿望也破灭了。

第六位是永璂。永璂（1752—1776年），乾隆帝第十二子，生母为乾隆帝继皇后乌喇那拉氏。本来，作为皇后所生之子，永璂最有希望继承皇位。可他的母后在乾隆三十年（1765年）随帝南巡途中，自行剪发，忤逆了乾隆帝，乾隆帝因此把她幽禁于翊坤宫。直到她死去，乾隆帝仍然余怒未消，仅以皇贵妃之礼将其葬入别人地宫之中。永璂也因此大受牵连，不仅竞争储位没有了希望，就连自己应该得到的爵位都成了泡影。乾隆四十一年（1776年）丙申正月二十八日丑时，永璂抑郁而终，终年25岁。

立谁为储让乾隆帝颇为苦恼，一度消沉，直到乾隆三十八年（1773年），已过花甲之年的乾隆帝才痛下决心，相中了皇贵妃所生的十五阿哥颙琰，秘密立其为皇太子。那么，精明的乾隆帝为何相中了这个有些"蠢笨"的颙琰呢？有两点原因。

一是爱屋及乌。乾隆帝非常喜爱颙琰的生母，宠爱到什么程度呢？宠冠后宫。

二是听话。在乾隆帝看来，什么也没有比听话更为重要的了。而颙琰这个孩子，恰恰是乾隆帝众多皇子中最听话的。历史也证明了这一点，乾隆帝说什么是什么，即使颙琰继位之后也是这样，甚至在乾隆帝去世之后，嘉庆帝还对乾隆帝制定的政策奉行不替。

不喜欢送礼的皇帝

嘉庆帝确实是一位节俭的帝王，史料记载了他厉行节俭的言行。嘉庆帝以身作则，不允许臣子给他送礼，这是非常难能可贵的。

嘉庆四年（1799年）正月十五，正是春节期间，官员之间互送礼品。嘉庆帝抓住这一时机，下了一道圣旨，严禁官员给自己送礼："所贡之物，朕视之如粪土也。所有如意、玉铜瓷、书画、挂屏、插屏等物，概不许进呈。"嘉庆帝把那些珍宝视若粪土，这令王公大臣们大吃一惊，大家拭目以待，但并没有真正意识到问题的严重性。于是，嘉庆帝又在这一年的中秋节到来之际，下旨："嗣后，中秋节贡，著永远停止。"他干脆把中秋节的大臣进宝也给挡回去了。

但并不是所有人都听话，他们以为嘉庆帝是在做样子，所以违禁向嘉庆帝送礼的事情，屡有发生：

第一次是嘉庆四年（1799年）。这一年的八月十五来临之际，福州将军庆霖还是照例向嘉庆帝送宝物。嘉庆帝很重视，下旨严行申斥，并将其革职。嘉庆帝进一步阐明自己对珍宝的认识："珍宝玩品，饥不可食，寒不可衣，只属无用之物。"

第二次是嘉庆五年（1800年）。这一年，嘉庆帝的皇三子绵恺，按照宫中惯例，开始入学读书。对于皇家来讲，这是一件大事，所以会很重视。有的朝臣借机送礼。其中，肃亲王永锡就为此送了玉器等珍宝。嘉庆帝闻报后，大发雷霆，严厉地质问永锡："三阿哥上学，与彼何干？"接着，嘉庆帝采取了两条最严厉的惩治措施：一是革职，革掉了永锡辛辛苦苦挣来的所有职务，

[清] 佚名 《嘉庆帝朝服像》

嘉庆帝名爱新觉罗·颙琰，乾隆二十五年（1760年）十月初六生于圆明园天地一家春。清高宗乾隆帝第十五子，母为孝仪纯皇后魏佳氏。

并将他的两个儿子敬敏、敬叙的职务也一并革除;二是当着众王公的面,把永锡所进的珍宝"掷还"。永锡真的是太没有面子了。

嘉庆帝为什么不准官员向他送宝物呢?嘉庆帝认为官员送礼,大多要搜刮百姓,羊毛出在羊身上,百姓苦不堪言。《清仁宗实录》中记载了嘉庆帝的观点:"所送宝物,岂皆出自己资,必下而取之州县,而州县又必取之百姓,稍不足数,敲扑随之。"这就是嘉庆帝严厉禁止官员送礼的重要原因。

[清] 灰玉碗

此碗为玉质,灰白相间,具古朴典雅之美。口沿微外卷,造型别致,壁略浅而显得轻盈。器壁之上,琢刻弦纹两道,简约雅致。底部镌刻有"嘉庆年制"四字隶款。

嘉庆帝不信祥瑞

古人大多崇信祥瑞，尤其是帝王，更是崇信至极，乐此不疲。比如，雍正帝，从陵寝宝山长出灵芝，到民间谷子长出多穗，都是他深信的祥瑞。皇帝如此，王公大臣和平头百姓也都津津乐道。

可是，清朝有一位皇帝不相信祥瑞，那就是嘉庆帝。

嘉庆二十五年（1820年）七月十八日，嘉庆帝按惯例，从圆明园启程，前往承德木兰秋狝。七月二十日，嘉庆帝驻跸密云行宫，刚要喘口气，就接到了奏报，说直隶总督方受畴求见。嘉庆帝命人安排，因为直隶总督不比别人，一定有要事相奏。方受畴得到允许，立即递上早已准备好的奏本。

嘉庆帝展开奏本，细细阅读，只见上面写道："深州地方，秋禾多有双穗至十一穗者，此为皇上恩德爱民，实为罕有之祥瑞之兆。"同时，方受畴摘取了20多茎这样的多穗禾谷作为样本，进呈给嘉庆帝。方受畴本是一番好意，他想通过这件事情取悦于嘉庆帝，并在嘉庆帝启銮时，以此吉祥之物保其一路顺风、平安。

让方受畴没有想到的是，嘉庆帝不但不领情，反而出言相讥："国家以丰年为瑞，何必以双歧合颖诩为美谈；且此所进二茎，亦未免虚耗物力，概无庸摘取进呈。"嘉庆帝的这番话使方受畴很失望，没想到自己的苦心竟得到这样一个结果。

其实，早在嘉庆帝即位之初，他就多次表达出不信祥瑞的意思。比如，嘉庆四年（1799年）四月初十，嘉庆帝下谕旨痛斥钦天监的官员总以祥瑞来搪塞他。原来，从嘉庆元年（1796年）开始的白莲教起义，烽火遍及湖

[清] 沈贞 《杨遇春像轴》

杨遇春历仕乾隆、嘉庆、道光三朝,在嘉庆、道光两朝,名列将帅第一。他一生作战数百次,战法多变,临战时常冲锋陷阵,未曾负伤,与杨芳并称"二杨"。

北、四川、陕西等省,耗费了清朝很大的精力,让嘉庆帝顾此失彼,精疲力竭。钦天监却以所谓的祥瑞来粉饰太平,惹恼了嘉庆帝,于是他下旨切责钦天监。

惊险逃生

作为一位守成皇帝，一般不会有什么过激之举，仇人也少，让人不解的是，嘉庆帝遭遇了两次惊险。

第一次行刺事件发生于嘉庆八年（1803年）。

嘉庆八年闰二月二十日，嘉庆帝东巡返京，一路的劳顿让他很疲惫，因为这次出行有谒陵活动，他准备进宫中斋戒养神。

他的銮驾从神武门进入紫禁城，将要进入顺贞门时，突然有人持凶器冲向銮驾。但是此人的行动稍微慢了一些，此时的嘉庆帝已经进入顺贞门了。这个人是谁？他怎么敢刺杀嘉庆帝？

刺客很快被抓住，经过审讯，此人叫陈德，47岁，北京人。其父母原本是官宦人家的家奴，他幼时与父母随主家迁往山东，成年后也一直以在山东有钱人家当差为生。陈德23岁时娶妻生子，31岁时因父母先后病故，他带着家人回到北京投靠亲戚，辗转在大户人家当差。案发前，陈德在一户孟姓人家做厨役，其间他的媳妇不幸病故，留下80岁瘫痪在床的岳母和一对未成年的儿子，日子过得十分艰难。当年二月，陈德又被孟家解雇，他只好投亲靠友，受人接济。

事情发生后，嘉庆帝震怒，他有两点疑问：一是陈德如何能够进入宫廷；二是保卫人员为何如此疏忽，让自己险遭不测。

嘉庆帝怀疑陈德受人指使，不然不会有如此胆量，他命有关部门彻查此案。于是，陈德遭受"彻夜熬审""拧耳跪炼""掌嘴板责""刑夹押棍"等酷刑，持续了四天四夜，但陈德始终不说受谁指使，只说纯属个人行为。

实际上，陈德所供属实。陈德家境困难：妻子病故，岳母瘫痪在床，儿子年幼，这让他举步维艰。于是，他听信了巫师的签语，认为自己只要行刺嘉庆帝就可以有"朝廷福分"。他铤而走险，做出了行刺之事。

陈德的莽撞，给自己和家人带来了毁灭性的灾难。嘉庆八年闰二月二十四日，嘉庆帝下旨将陈德凌迟处死，陈德的两个幼子陈禄儿和陈对儿被处以绞刑。实际上，按照大清律，陈德的两个幼子未满16岁，应发配边疆为奴。但嘉庆帝为了斩草除根，还是下旨将两个年幼的孩子残忍地杀害了。据《清朝野史大观》记载，陈德就刑时从容自若。在菜市口刑场，陈德被绑在木桩上，两个儿子被押来向他叩头，他闭目不视。行刑开始，"割陈德耳鼻及乳，从左臂鱼鳞碎割，次及右臂，以至胸背。初尚见血，继则血尽，但流黄水而已"。陈德受尽了难以想象的痛苦。

同时，陈德事件还使许多无辜的人受到了牵连。陈德的朋友王四、黄五福等都被追责，黄五福还被治罪杖一百、徒三年。当班的肃亲王永锡、副督御史万宁、副督统萨敏、神武门护军章京贤福等60多人，被治罪。

这是第一次，那么第二次呢？

嘉庆十八年（1813年）九月十五日，北京天理教首领林清发动起义，在京南黄村组织武装，以200人潜入城内，在入教太监的引导下，里应外合，分别由东华门、西华门攻进紫禁城。一路人杀到苍震门，聚集在隆宗门外，他们冲到慈宁宫附近，形势岌岌可危。在这危急时刻，留守城内的旻宁沉着指挥，用鸟枪等武器击败义军。那么，嘉庆帝怎么样了呢？他又一次幸免。因为他根本不在紫禁城，他在由承德返回紫禁城的路上，此时刚刚走到白涧行宫。这一次，嘉庆帝虽然没有受到生命威胁，但他仍然感到了莫大的恐惧：如果自己在紫禁城内，将会有怎样的危险呢？

经过这两次险情，嘉庆帝哀叹道："这真是闻所未闻的事情。"虽然他有些鲁钝，还是知道应该下个"罪己诏"，检讨一下自己。

凄凉过万寿

嘉庆帝一生节俭、低调。在清朝，宫廷最重视三大节了。三大节，即元旦、万寿、冬至。每到节日，内外臣工须具表、笺以庆贺。这是朝廷最隆重的节日，热闹得很。可是，嘉庆帝过万寿节的时候，却是冷冷清清，一点儿也不热闹。以嘉庆帝三个整寿为例，看看其冷清的万寿节。

嘉庆帝即位之后，有三个整寿的万寿节：

一是嘉庆四年（1799年），嘉庆帝四十大寿。嘉庆帝生日为每年的十月初六。这一年正月初三，乾隆帝崩逝，按照27个月的服丧期，本年的十月初六还在大行皇帝的丧期之内。但是清制"以日代月"，所以实际的丧期只有27日。这样说来，嘉庆帝生日的时候，完全可以大操大办，但是嘉庆帝没有心情。《清仁宗实录》记载："不御殿受贺。"

二是嘉庆十四年（1809年），嘉庆帝五十大寿。嘉庆帝见自己的万寿节将近，便提前向王公大臣打招呼，下旨要简办生日。嘉庆帝尤其不准大臣给他送礼品："万寿正日，准各恭送如意一柄，其珠玉陈设等件，一概不准进呈。"嘉庆帝的五十大寿，就这样冷冷清清地过去了。

关于呈递如意，嘉庆帝规定得很详细，哪些官员可以呈递，哪些官员不许呈递，都做了具体规定。比如，亲王、郡王、贝勒可以呈递，而贝子只有在内廷行走的，才可以呈递。其他品级的官僚，也都规定得很严格，不许擅自呈递。

三是嘉庆二十四年（1819年），嘉庆帝六十大寿。嘉庆帝更是提前一年进行警告，因为他很清楚，六十大寿对一个人来讲很重要，一般百姓之家都要

［清］ 佚名 《颐琰春苑展书图轴》

　　该画描绘了嘉庆帝在室外读书的情景，画面清新明丽，人物布局得当，手法写实。

大大庆贺一番，何况是万乘之尊的皇帝呢。嘉庆帝在嘉庆二十三年（1818年）二月下旨说："来年朕寿登周甲，所有金珠玉器陈设，仍一概不准进呈。"

其实，我们分析嘉庆帝之所以冷清过万寿节，还有另外的原因，那就是他受到心情的影响。比如，嘉庆十八年（1813年），刚刚处置完天理教教首林清起事的非常事件，他的54岁生日就到了。嘉庆帝很烦闷，下旨："此次寿辰，实无心绪。"因此，这一年的万寿节过得极为冷清。同样，万寿节第二天就是皇后的千秋节，嘉庆帝下旨一律从简。万寿节与千秋节只差一天，按理应该热闹非常，却因为嘉庆帝心绪不好而冷清至极。

嘉庆帝虽然自己的万寿节过得冷冷清清，但是他还是很想借万寿节的机会，给百姓做点什么。于是，在他六十大寿来临之际，他宣布普免天下历年正耗民欠，并缓征带征钱谷，折合白银共计21296800余两，可谓惠及天下百姓。

暴亡后的尴尬

嘉庆二十五年（1820年）七月二十五日嘉庆帝在承德避暑山庄突然去世，终年61岁。本来，嘉庆帝的身体很好。他在遗诏中说："朕体素壮，未尝疾病。"

这是实话，他的身体的确不错。嘉庆帝自己也期待能够像他的父皇乾隆帝那样，活到70、80、90岁，甚至规划每到十年整寿的时候，为百姓蠲免一次钱粮。

据史料记载，嘉庆帝是一位很会养生的帝王。他在《养心室记》中写道："夫饮食有时，起居有节。"并且他还注意节制欲望，"远屏声色"。可见，嘉庆帝在养生保健上是有自己独到见地的。

但嘉庆帝很肥胖，他的儿子道光帝也说嘉庆帝"天体丰腴"。这样肥胖的身体，是否会给他的健康带来巨大影响呢？

嘉庆二十五年（1820年）七月十八日，嘉庆帝自圆明园启程，前往避暑山庄。一周后，他到达山庄，二十五日不幸病逝。

从行程上看，嘉庆帝的确死得很突然。七月二十五日，嘉庆帝在毫无预兆的情况下，猝然离开了人世。嘉庆帝死后，热河行宫立即封锁消息，避暑山庄大门紧闭，限制人员出入。七月二十七日，留京王公大臣才得此噩耗。八月初二，道光帝向内阁发布上谕。到底是什么病使得嘉庆帝突然离世呢？说法众多。

一个说法是遭雷劈而亡。嘉庆帝到达避暑山庄后，率领满汉大臣和八旗劲旅，到木兰围场打猎。回宫路上恰遇变天，雷电交加，忽然，一个炸雷击中嘉庆帝。这种说法很流行，因为当时正值雨季，山庄附近雷电又多，嘉庆帝身宽体胖，很容易被雷电击中。还有一种说法，是被人刺杀身亡。有人附会说，嘉庆帝是被和珅的党羽刺杀身亡的。嘉庆帝亲政伊始，就把权臣和珅逮杀，并查抄了他的家产。但和珅在朝中经营多年，党羽遍及天下，他们恨死了嘉庆帝，总想伺机报复。这次，嘉庆帝出猎避暑山庄正好给他们提供了一个难得的机会，刺客终于取了他的性命。

还有很多其他的说法，但这些说法都没有史料依据。经过分析，我们推测，嘉庆帝的暴亡极有可能跟天气太热，他中暑后突发心脑血管疾病有关。《清仁宗实录》记载"此次跸途，偶感喝暑"，证明嘉庆帝中暑了。不过，单纯的中暑不会死人，一定是由于他年事已高，突发心脑血管疾病而暴亡。

清朝的皇帝即位后，要做两件神秘的事：一是选定万年吉地，就是找一处风水宝地，作为自己将来的葬身之地；二是秘密准备一口棺材。满族的棺材形状很特殊，棺头有葫芦，故而又叫葫芦材，也叫旗材。这些棺材的材质是有区别的：皇帝、皇太后、皇后、皇贵妃用金丝楠木，贵妃以下则用杉木。由于棺材的漆饰需要很长时间，所以必须提前准备。

嘉庆帝在承德突然离世，大家手忙脚乱，除了找不到立储密旨，还没有盛放尸体的棺材。当时，酷暑难耐，尸体很快就会腐烂，所以必须马上找到一口合适的棺材，免得失去皇家的尊严。

这件事，最着急的就是嗣皇帝旻宁了。他焦急万分地说："梓宫为万世闳藏之器，此间并无合制良材。"也就是说，这样神秘而重要的东西，在承德是没有的。怎么办呢？道光帝赶忙下达六百里加急特谕，命令留京王公大臣设法找到一口合适的棺材。

道光帝很快得到了消息。嘉庆二十五年（1820年）七月二十七日，留京的王公大臣奏报，内务府存有一副乾隆年间的板材，是楠木材质，正好符合要求。道光帝得到奏报，马上下令将板材运抵承德："昼夜行走，能早一刻，务赶紧一刻。即将帮盖底拆平，用毡包裹，俟到此间，再行合成，均无不可，总以迅速为要，万勿刻迟。"为了方便，道光帝令三弟绵恺、五弟绵愉迅速赶往热河奔丧。

嘉庆帝的尸体终于在其死后7天得以仓促大殓，大殓就是尸体被安放在棺材之中。堂堂大清皇帝，居然在去世后一个星期都找不到棺材，真是奇怪。

[清] 管念慈 《热河行宫全图》（局部）

全图以俯瞰全景的形式，描绘清帝夏季行宫（避暑山庄）及周围的"外八庙"，笔触细腻，构图合理，行宫宫殿群被刻意放大。

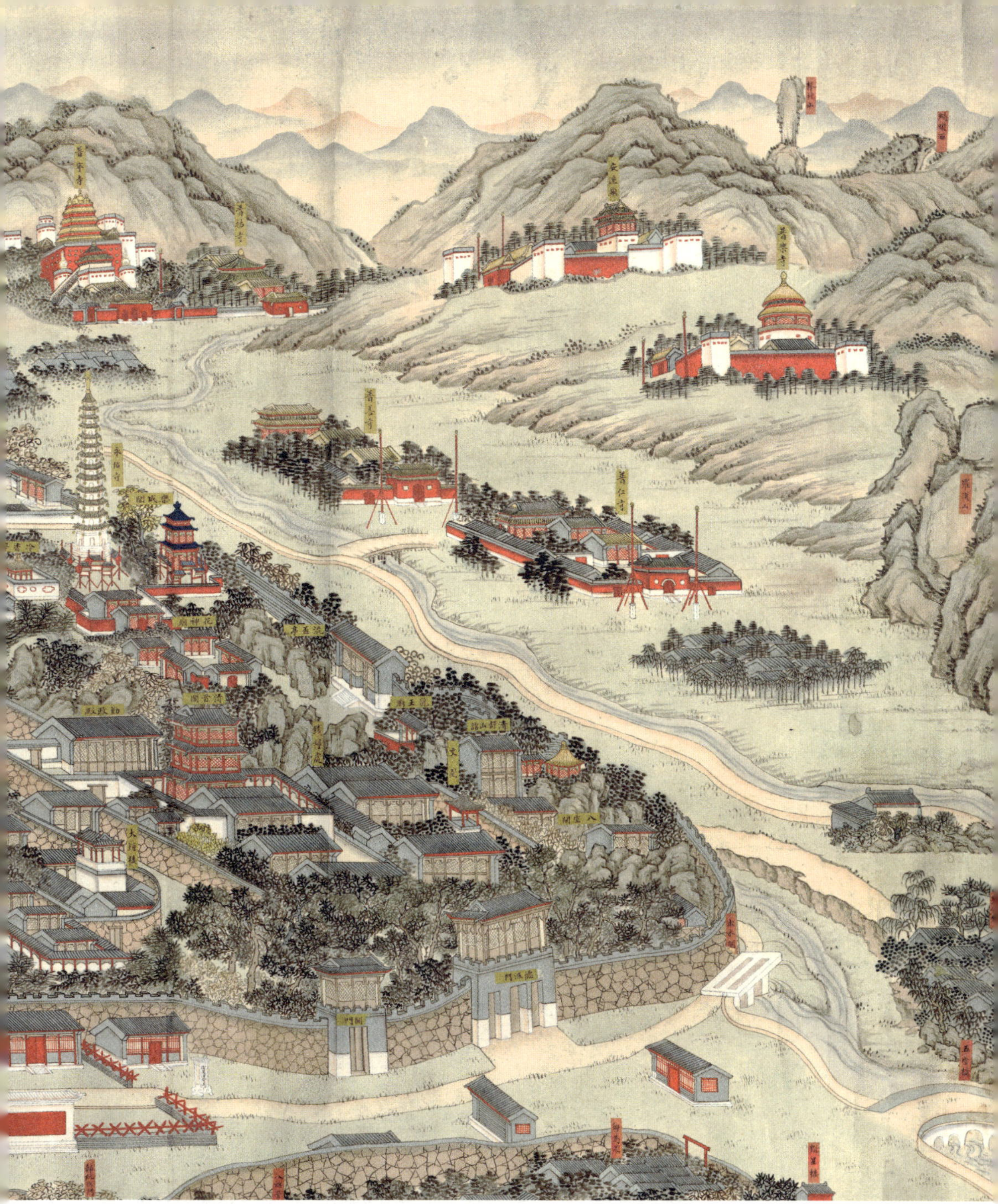

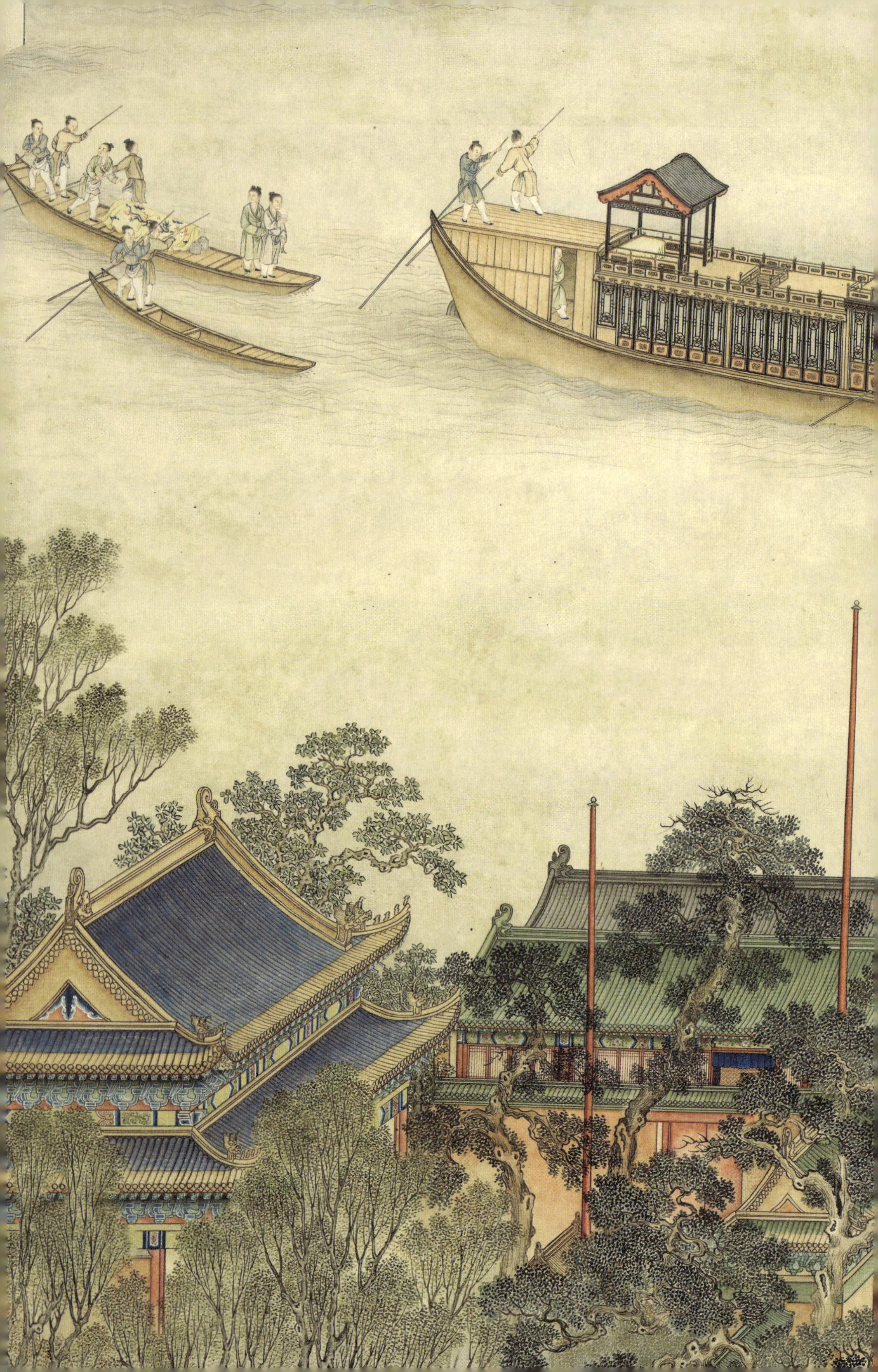

捌

道光帝旻宁

文武双全被立为储君

道光帝旻宁是清朝入关后第六位皇帝。他出生于乾隆四十七年（1782年），他的容貌在《清宣宗实录》中被这样描述："神智内足，天表挺奇，宸仪协度，顾身隆准，玉理珠衡。"当然，这里面肯定有溢美之词，但基本上还是符合实际的。

道光帝能够成为皇太子，绝对不是靠他的漂亮外貌。道光帝之所以脱颖而出，成为皇储，有以下几个方面的原因：

一是出身尊贵，生母为皇后。道光帝的生母是嘉庆帝的皇后喜塔腊氏，也就是说，他是皇后所生的皇子，是清朝十二帝当中，唯一一位嫡出的皇太子。这令道光帝骄傲无比，也是清朝所有皇帝梦想的事情。其实，道光帝是嘉庆帝的皇次子，他的哥哥是乾隆四十四年（1779年）十二月出生的，生母是和裕皇贵妃刘氏，但是皇长子只活了三个月，还没来得及取名就夭折了。过了三年，也就是乾隆四十七年（1782年）八月初十，皇后生下了嘉庆帝的皇次子旻宁。所以，旻宁实际上是皇长子。这样，旻宁不仅是皇后所生，还是嘉庆帝的长子。他被立为皇太子，并在多年后成为清朝唯一一个以嫡长子身份继承皇位的皇帝。

二是才思敏捷，富有文采。清朝皇帝十分注重培养皇子的文化修养，规定他们6岁就要入上书房读书了，而且要为他们请来国学大师教授诗文。史载，道光帝"六龄就傅，聪明天亶，目下十行"。这段描述，说明了道光帝小的时候不仅头脑聪明，而且反应敏捷，试想能够一目十行的人有几个呢？王先谦在著文中，引用了道光帝自己的话，说道光帝著有诗集《养正书屋诗文全集》，

[清] 佚名 《道光帝朝服像轴》

道光帝身着朝服，龙袍熠熠生辉，尽显皇家气派。他面容严肃，目光如炬，显露出君主的威严与睿智。

其中收录了道光帝政务之余的诗作40卷，计有诗文2926首。

三是小而勇武，被乾隆帝看中。乾隆帝是道光帝的爷爷，乾隆五十六年（1791年），中秋节刚过，年仅10岁的旻宁随爷爷去木兰围场，参加一年一度的木兰秋狝。八月二十二日，10岁的旻宁骑一匹快马，飞快地追逐一头野鹿。只见他身手敏捷，张弓搭箭，一箭射中飞奔的小鹿，引来在场人们的一阵喝彩。乾隆帝得报，喜出望外，挥毫写下一首诗《威逊格尔行围志事》。诗中这样写道："老我策骢尚武服，幼孙中鹿赐花翎。是宜志事成七律，所喜争先早二龄。"乾隆帝高兴的是，这个孙子比自己当年12岁时在承德打猎，被爷爷康熙帝看中，还要早两年。所以，乾隆帝暗暗喜欢上了旻宁，庆幸皇室后继有人。

四是有胆有识，被父皇赞许。道光帝是嘉庆帝最喜爱的皇子，因为他在嘉庆十八年（1813年）立了大功，让嘉庆帝感动不已。这年的九月十五日，京畿的天理教义军杀掉紫禁城守门护军，冲进紫禁城。当时，嘉庆帝不在宫内。旻宁正在宫中读书，听到奏报后，迅速拿起武器瞄准义军射击，击退了义军的进攻，确保了皇宫的安全。这件事情被奏报给正在回銮途中的嘉庆帝，嘉庆帝感动异常，回宫后，下旨重赏旻宁，赐封他为智亲王，增俸银每年一万二千两，旻宁储君的地位彻底确立了。

其实，旻宁被秘密立为皇太子的时间是嘉庆四年（1799年）四月初十，嘉庆帝刚刚亲政，便按照大清家法密立年仅18岁的旻宁为皇储。这个时候，旻宁的母后已经病逝两年，而他也已经成婚三年了。

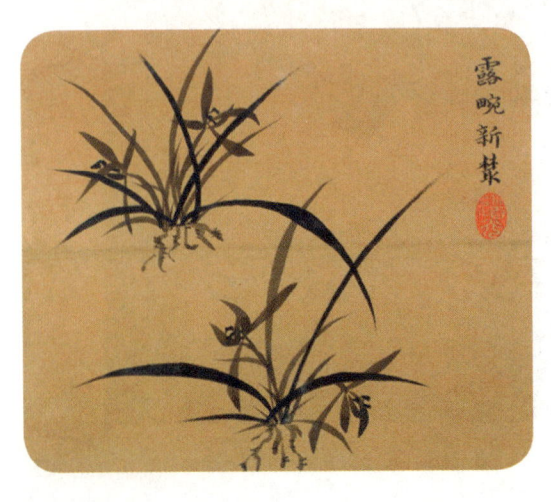

［清］道光帝 《灵芝兰花图》（部分）

旻宁以其独特的笔触，表现出兰花的风姿。图中兰花清雅，色彩和谐。

[清] 道光帝　书法对联

道光帝的书法黑重浓茂，端正规矩，似馆阁体，显露出深厚的笔下功夫，气韵浑穆而大气。

鹤算千年寿

松龄万古春

好惊险的开端

旻宁的继位是一个谜。史料表明,旻宁继位过程非常惊险。为什么这样说呢?因为旻宁继位之初,存在着很多隐患。

一是事发突然。嘉庆帝出巡承德,没想到暴亡于那里,七月二十四日生病,第二天就死了。事发突然,旻宁没有任何心理准备。

二是找不到遗诏。这是最关键的事情了。虽然早就传闻嘉庆帝在嘉庆四年(1799年)已经秘密立了储君,可毕竟需要文字证据。所以,找到立储的诏书最为关键。可事情就是不顺利,怎么也找不到。按说,这种诏书一般备两份:一份放在乾清宫"正大光明"匾额的后面,这是当年雍正帝留下的规矩;另一份则由皇帝随身携带,以防不测。可事情发生后,大家立即在嘉庆帝身上找诏书,就是找不到。这不把大家急坏了吗?

三是乾清宫"正大光明"匾额的后面也没有。这说明嘉庆帝根本就没有写所谓的秘密立储诏书。这不麻烦了吗?

四是王公大臣无所适从。大家想一想,没有立储诏书,大臣们怎么办?于是,大臣们分成了泾渭分明的两个派别:一派以禧恩为首,坚决拥护旻宁继位;一派以军机大臣托津、戴均元为首,"非常犹豫",其实就是坚决反对旻宁继位。也对啊,没有遗诏,你凭什么继位?这就存在隐患了。嘉庆帝健在的皇子共四位,他们是皇次子旻宁(原名是绵宁)、皇三子绵恺、皇四子绵忻、皇五子绵愉。有这么多皇子呢,由谁来继位,必须考虑清楚。

五是准太后的态度很重要。大家想一想,皇帝去世了,大清朝地位最高的就是皇太后了。虽然这个时候,皇后钮祜禄氏还没有正式成为太后,但那是早晚的事情。所以，准太后的态度至关重要。她会支持旻宁继位吗？这个准太后有自己的亲生儿子——绵恺和绵忻。前面说过，嘉庆帝很笨，既然立了旻宁为太子，为什么还要册立钮祜禄氏为皇后呢？

这么看来，旻宁继位很危险啊。那怎么办？旻宁是谁呀，他精明着呢！他立即采取了果断措施。

第一，逼准太后表态。七月二十六日，也就是嘉庆帝死后第二天，旻宁就紧急派人赶往圆明园，找到准太后，转达自己的意愿，"命内务府大臣和世泰带领首领太监人等驰驿前赴圆明园"，封锁宫禁。准太后会怎么办呢？她当然很犹豫，也很矛盾。于是，她权衡再三，下达了这样一份颇有深意的懿旨："皇次子智亲王仁孝聪睿……但仓促之间，大行皇帝未及明谕。为此特降懿旨，传谕留京王大臣驰寄皇次子，即正尊位。"这段话一看就有问题，"未及明谕"是没有立储诏书的意思，言下之意，旻宁继位名不正言不顺。

第二，制造假象。旻宁一面逼准太后表态，一面制造舆论，说秘密立储诏书找到了。据资料记载："一名内侍从身上取出一个上锁的小金盒，没有钥匙，托津当众用力拧断金锁，打开金盒，里面正是嘉庆帝密书的传位诏书。"怎么可能呢，这完全是旻宁一手策划的。

但不管过程怎么惊险，旻宁以他的勇气和智慧，还是顺利继承了皇位。

[清] 唐岱，沈源 《圆明园四十景图册》（部分）

此图册描绘了圆明园内四十处著名景点的风貌，展现了皇家园林的壮丽与和谐。

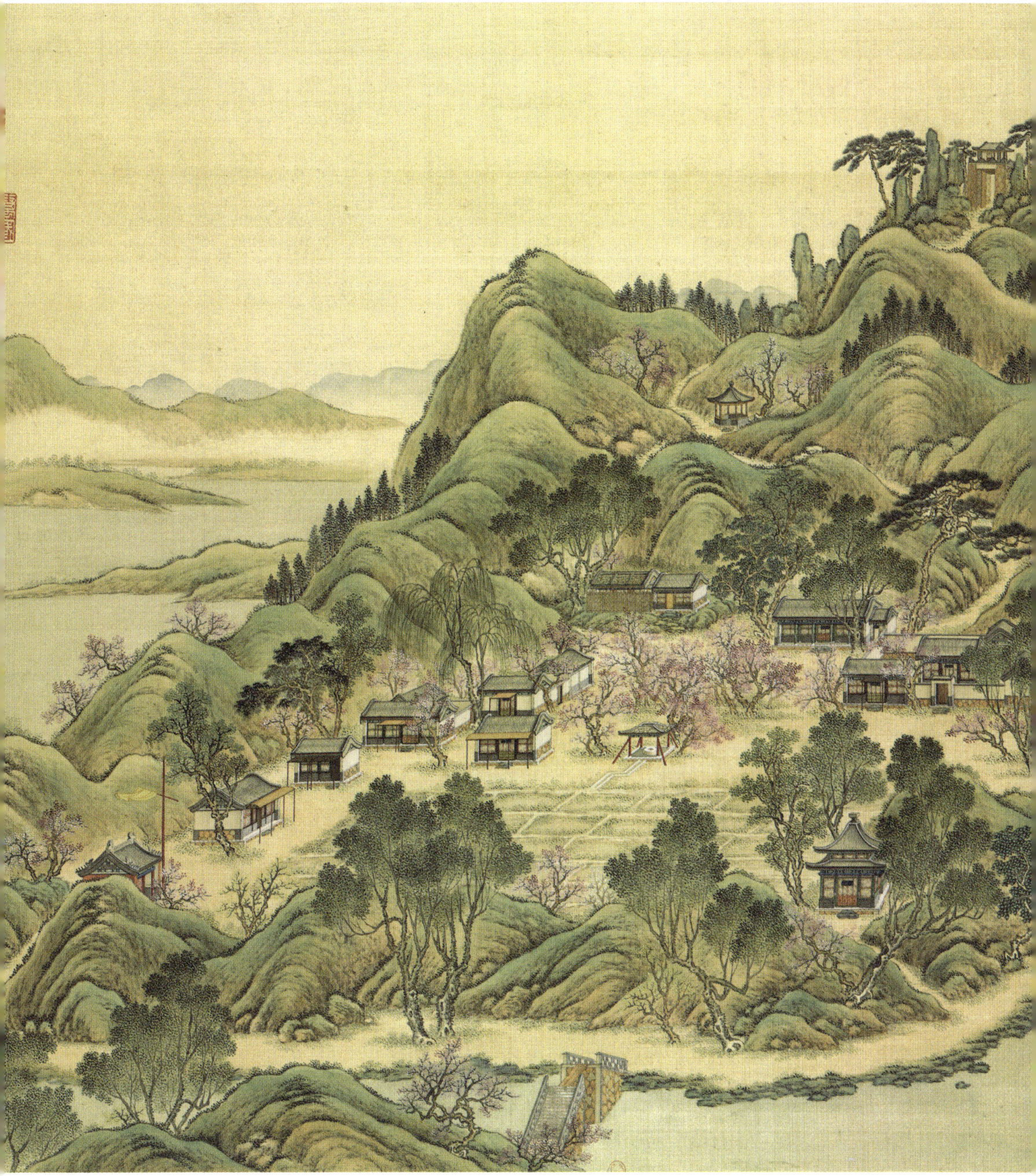

虚晃一枪

道光帝一继位，就先烧三把火。他宣布实行改革和新政，并马上公布了自己的执政纲领——《声色货利论》。在这个执政纲领里，道光帝力陈他的治国理念：节俭、新政等。他要大张旗鼓地实行改革了。

道光帝在各个领域实行改革。首先从宫廷开始节俭。比如：皇后过生日，道光帝只赏了一碗打卤面；公主出嫁，大大减少嫁妆；等等。

有一个有趣的故事。据《道咸以来朝野杂记》记载，皇帝的衣服旧了照样穿，有时还穿打补丁的裤子。大臣们也都换上了旧衣服，跟着皇帝学。这里面学得最好的是大学士曹振镛。据《晚清帝国风云》记载，曹大学士朝会上穿的裤子，两个膝盖都打了补丁，而且曹大学士每天上朝，都赶着一辆破旧的驴车。

在道光帝带领下，改革风生水起。道光帝宣布要"清理陋规，整顿吏治"，也就是说，他要在政治体制内改革，整顿官场，惩治腐败。这是真的吗？反正文件是下发了。

可后来的结果，让人大失所望。

一是节俭是假的。道光帝不是带头穿补丁裤子吗？不好意思，我们知道，皇宫里面的衣物堆积如山，清宫有专门的机构为帝王后妃们制作衣物，比如江宁织造、杭州织造、苏州织造，最好的衣物都是由这些机构进贡的。不要

[清] 佚名 《旻宁戎装像》

画中，旻宁的戎装精致且富有特色，色彩鲜艳而不失庄重，彰显出皇帝的尊贵身份。他的面容刻画得十分精细，眉宇间显露出坚定和果断，眼神深邃。此幅画构图简单，笔触细腻且富有韵律感，人物表情刻画得栩栩如生。

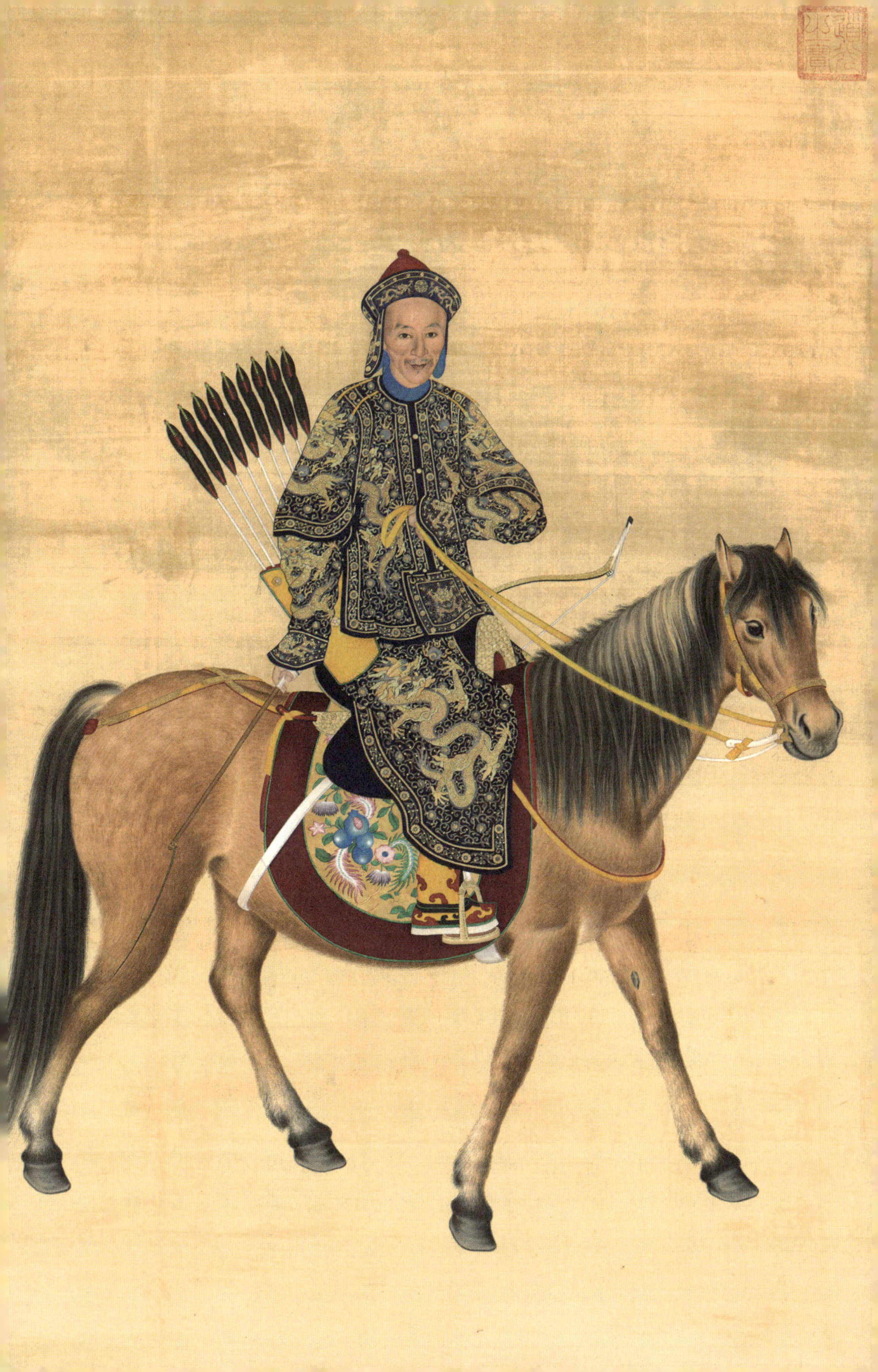

[清] 佚名 《道光帝行乐图》

此图描绘了清道光帝与众皇子、公主在圆明园欢聚行乐的场景。画中的道光帝气度优雅,手持鼻烟壶,坐于亭中,慈祥地注视着自己的孩子玩耍。

说补丁裤子,就是没有穿过的新衣裳也不知道有多少呢。后来道光帝进行了一番调查,他那条补丁裤子,光补补丁就花费了 4 两白银,比一个七品县官的月工资还要高。这让道光帝很尴尬。

还有一件事情,充分证明道光帝节约就是个幌子,那就是奢侈建陵。本来按照制度,道光帝一继位就要在东陵建陵,他也这么做了。道光七年(1827年),豪华的陵墓建成了,耗费了几百万两白银。可谁都没有想到,接下来,道光帝居然借口地宫渗水,拆毁了已经建好的豪华陵墓,又在西陵界内修建了非常奢靡的慕陵,这座慕陵又耗费了好几百万两白银。两者相加,

道光皇帝花费了巨额资金建陵墓。这叫节省吗?

　　二是改革是假的。谁不知道改革得费力气啊,不仅要勇气,还要流血,不然改革怎么可能成功呢?大家想一想,改革就要牵涉到既得利益集团,他们的势力很大,不动真格的、不流血是不会成功的。道光帝可好,他一遇到困难就退缩了。

　　他征求王公大臣的意见,问他们是否愿意改革。直隶总督、四川总督、吏部、户部、礼部、兵部、刑部、工部,几乎都反对。道光帝一看阻力这么大,马上改口说:"哎呀,这个事我没调查清楚。"于是,他下令停止改革。怎么办?他再次下达谕旨:"一切悉遵旧制。"照旧就是了。

　　这样看来,道光帝在位30年,毫无建树是有原因的。开始的时候,他信誓旦旦地要改革旧制,要惩治腐败,那不过是试探而已,虚晃一枪就结束了。

四 惩亲弟弟

道光帝有一个弟弟叫绵恺，乾隆六十年（1795年）六月二十二日生，比道光帝小13岁，是嘉庆帝的皇后所生，和道光帝是同父异母的兄弟。嘉庆帝死后，道光帝即位，晋封绵恺为亲王。之后，绵恺分府出宫。

绵恺出宫以后，却屡遭皇兄惩戒，历史上有4次记录：

第一次是道光三年（1823年）正月，《清史稿》中这样记载："旋以福晋乘轿径入神武门，坐罢，罚王俸五年。上奉太后幸绵恺第，仍命内廷行走，减罚王俸三年。"就是说绵恺的福晋钮祜禄氏给他惹了祸。在宫中参加完活动后回王府，理应走偏门，福晋却大胆走了皇帝走的中门，被人发现后，奏参给道光帝，道光帝下旨罚绵恺五年王俸。绵恺的生母，当今太后闻知后，赶忙为儿子求情，才得以部分宽免。

第二次是道光七年（1827年），绵恺触犯了宫中的规矩，私自与太监交往，这是大清家法不允许的。开始，绵恺看中了太监张明得，私相往来，结果张明得到了升平署，两人的关系也就断了。后来，绵恺又看上了升平署的太监苑长青，并把他带出了宫廷，在王府中私养起来。这件事被告发了，绵恺不认账，内务府便在宫外抓住了苑长青。道光帝得到奏报大怒，将绵恺由亲王降为郡王。但是绵恺毕竟是皇上的弟弟，道光八年（1828年）十月，道光帝想起往事，往昔和他在一起的快乐时光历历在目，便又赏还了他的亲王身份，但下谕旨要"加意检束"。

第三次是道光十三年（1833年）五月，因为绵恺办理孝慎皇后丧事的时候，随意扩大了丧仪，"百姓如丧考妣，四海遏密八音"。道光帝非常生气，下旨惩戒绵恺："于义未协，退出内廷，罚王俸十年。"孝慎皇后是道光帝的第二位皇后佟佳氏，嘉庆十三年（1808年）就奉旨与旻宁成婚，道光帝即位后，她做了13年皇后，为道光帝生育了一位公主。道光十三年（1833年）四月，皇后患病，二十九日病逝。道光帝立即委派亲王绵恺办理丧事，绵恺为了表示自己对皇兄的忠心，想通过大办皇后丧事来取悦道光帝。可是道光帝是一个很保守的帝王，不想大办皇后丧事，便痛斥绵恺办事不着边际，做出惩戒绵恺的决定。绵恺很失望，没想到自己的一片热情却换来了皇帝的惩罚。

第四次是道光十八年（1838年）五月，民妇穆氏向都察院控诉，其夫穆齐贤被绵恺囚禁。都察院一看涉及绵恺，便把这件事报告了道光帝。道光帝十分重视，命定郡王载铨和军机大臣穆彰阿查处这个案子。穆彰阿总结出绵恺的三宗罪：一是收养戏子全顺、全禄，二是任意苛罚下属俸饷，三是在王府和寓园囚禁包衣、太监等下人达82人。得到报告后，道光帝十分生气，一怒之下免去了绵恺的一切差事，并革去其王爵。不久，道光帝还是照顾了这个弟弟——"复降郡王"，算是给皇太后一点面子。

可是，绵恺经过这么多事情已经心灰意冷，对前途失去信心。随后，绵恺患病，半年后病故，年仅44岁。

［清］沈振麟《旻宁耀德崇威图像》

道光帝即位时，正值朝廷内外多事之秋。他秉承嘉庆帝的政治理念，推行了一系列改革措施，包括整顿官僚机构，加强道德教育，减轻赋税负担等，以巩固清朝的统治。

[清] 绵恺 《游狮子园诗轴》

这幅书法作品线条流畅有力，既古朴典雅，又不失灵动飘逸。字体结构严谨，展现出和谐而统一的美感。

狮峯开朕境佳气绕层巅
幽静乔林望碧鲜密间横远岫槛外俯流
泉共仰　奎章焕辉煌栋宇边旧
识名园路今来八月时山高秋色爽松老
岁寒姿古径风光秀幽斋景物滋永
怀欣寓目觅句得归迟

嘉庆癸酉仲秋
赐游狮子园恭纪
子臣绵恺敬书

两悼父皇成泡影

嘉庆二十五年（1820年）七月二十五日，正在承德避暑的嘉庆帝暴亡。道光帝一面筹划继位，一面筹办大行皇帝的丧事。八月十二日，嘉庆帝的梓宫自避暑山庄启行，11天后才到达北京，停灵于乾清宫。九月初十，梓宫再移到景山观德殿。道光元年（1821年）三月十一日，嘉庆帝梓宫奉移昌陵，三月二十三日葬入地宫。

在嘉庆帝奉安大典中，道光帝想到自己得位于父皇，想到父皇的灵柩一旦葬入地宫，将永远不能再见，所以在三月二十二日这一天，道光帝来到梓宫前大哭一场。三月二十三日，是嘉庆帝大安的正日子，道光帝亲自扶着嘉庆帝的梓宫进入地宫。当他看到将要封掩地宫的墓道时，再一次放声痛哭。

为了表示自己对父皇的孝心，道光帝早就下旨，在嘉庆帝去世一周年的时候，他一定要亲自去陵寝扫墓祭奠。可是天有不测风云，道光帝这个简单的愿望居然没能实现。

这一年的七月，雨水出奇得多。从十八日开始，雨就下个不停，京城地区大雨滂沱，真是很闹心。一直到十九日，大雨还在下。看着再也不能等了，道光帝便在二十日这天冒雨出发。可是雨越下越大，道路积满了水，泥泞难走。道光帝在万不得已之下，不得不掉头回宫。

回到宫中，道光帝焦急地等待，将近中午的时候，雨终于停了。道光帝大喜，认为机会来了，于是他制订了一个严密的计划，要在二十二日出城，日夜兼程赶往昌陵，祭奠父皇。

七月二十二日，道光帝陪护皇太后，从紫禁城出发，去祭奠父皇。刚出来的时候，天气还是很好的，没想到车队一过卢沟桥，又变天了，不一会儿，大雨就下来了。道光帝失声大叫，真是天不作美。道光帝并没有失去信心，坚持要等。可是他很快就得到报告，良乡以南已是一片汪洋，再也不能前进了。道光帝长叹一声，这个周年看来是不能在陵前尽孝了。二十四日，道光帝回到宫中，大祭礼不得不请绵忻代为行礼。道光帝真是伤心极了。道光二年（1822年），嘉庆帝二周年祭日，道光帝没有安排前往昌陵的活动，而是派绵恺前去行礼。道光三年（1823年），嘉庆帝三周年祭日，道光帝派皇长子奕纬前往行礼。总之，嘉庆帝的三个周年祭日，道光帝都没有参加。

这也难怪，嘉庆帝死于七月底，正是北方多雨的季节。看来，道光帝要尽孝还要想个两全之策。嘉庆帝的三周年祭日刚刚过去，道光帝下旨："皇考仁宗睿皇帝三周年忌辰，恭查旧例，均系亲诣行礼。朕因秋稼尚未登场，于万不得已之中，稍为变通，特降旨改期，于九月十七日启銮。"也就是说，道光帝要等到秋高气爽的季节再前往昌陵祭奠父皇。

折磨人的临终决定

对皇帝来说，最大的事情莫过于立储，立储不仅非常重要，而且很难下决定。皇帝多子，在储君的选择上是很困难的。道光帝同样面临着这样的问题。道光帝认为自己这一生中，最对不起三个人，看看都是谁。

第一个是他的大儿子奕纬。按理说，他应该感谢这个儿子。为什么呢？因为如果没有这个儿子，他极有可能被废掉太子之位。旻宁结婚之后十几年都没有生育。嘉庆帝也很纳闷，儿子都结婚13年了，妻妾成群，为什么不生育呢？如果总不生育，将来大清不就后继无人了吗？怎么办？嘉庆帝陷入迷茫。恰在这个时候，传来了好消息，旻宁的一个妾生育了，而且是儿子。大家说，奕纬是不是道光帝的福星呢？可道光帝不喜欢这个孩子。直到道光十一年（1831年），奕纬去世，道光帝都没有给他封号。而且，传说奕纬是道光帝一脚踢死的。这样看来，道光帝对大儿子的确有愧疚之情。

第二个仍然是他的儿子，皇六子奕䜣。奕䜣非常优秀。首先，这个孩子长相好，天庭饱满，地阁方圆，很有气质；其次，他身体好，功夫也好，论打猎的本领，皇子中谁都比不过他；再次，他聪明，奕䜣反应快，聪明伶俐；最后，他出身好，他的母亲是静贵妃，这个女人很得道光帝喜爱，在道光帝后宫之中，她是唯一没受过处分的妃子，经常被召幸，因而生育了很多子女。所以我们看，对道光帝来讲，奕䜣肯定是很好的接班人选。可是，道光帝最终没有选奕䜣，直到他临终之际，仍觉得对不起这个儿子。

第三个是皇后钮祜禄氏。要说这个女人一直很得宠，晋升也很快，由妃子到贵妃到皇贵妃到皇后，一路顺风顺水。可是，大家知道有一句话叫"高

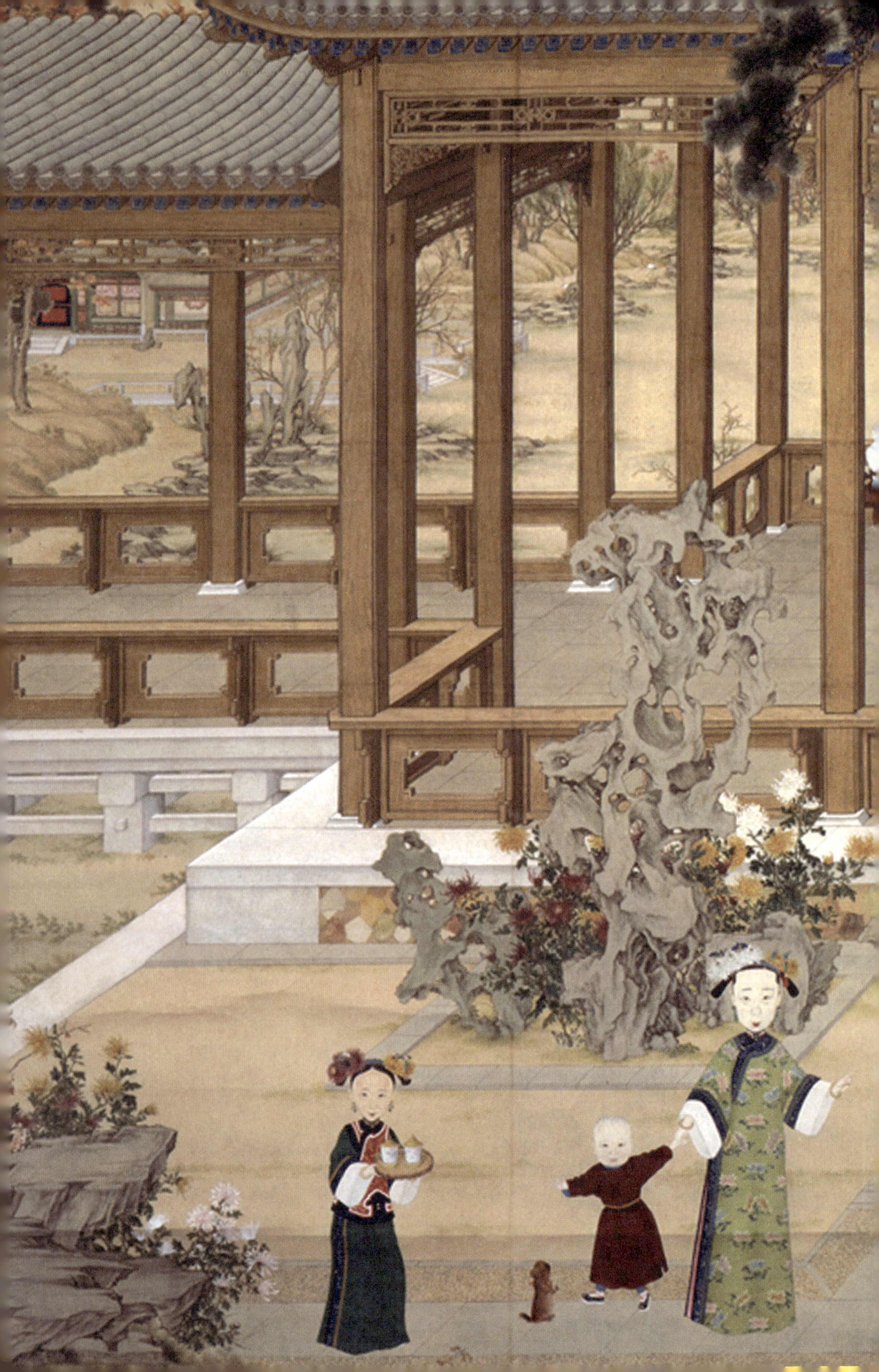

[清] 佚名 《喜溢秋庭图》

此画描绘的是秋日里道光帝携后妃、子女在庭园中赏花嬉戏的温馨场景，仿佛一幅和睦美好的家庭生活照。园中菊花盛开，呈现出浓厚的秋日氛围。在亭中安坐的是道光帝与皇后，他们在享受着这份宁静与和谐。

处不胜寒",皇后后来遭到后宫一些人的嫉恨,陷入宫斗之中。道光二十年（1840年）正月十一日,人们还在欢度春节时,皇后暴亡于宫中。这件事,宫里讳莫如深,有一种说法是喜怒无常的道光帝派人杀了她,并要刽子手砍下她的脑袋。如果是这样的话,道光帝一定会自责。后来道光亲自给她上谥号"孝全皇后",并且一连半个月天天到孝全皇后的棺材前哭泣。

有了这么多感情因素,道光帝在选择接班人的时候,就显得异常艰难。奕詝和奕䜣这两个人,到底选择谁做太子,让道光帝纠结了十几年。选来选去,他自己也不明白,为什么会选中奕詝做接班人。选择奕詝做接班人,主要有两点原因。

恭亲王奕䜣

奕䜣是咸丰帝同父异母兄弟,生母为孝静成皇后博尔济吉特氏,清末政治家,洋务运动主要领导者,清朝十二家铁帽子王之一。

第一,奕詝不忍杀生。关于他,有个故事叫"藏拙示仁",就是奕詝知道自己论功夫肯定败给弟弟奕䜣,于是打猎时束手不动,道光帝问起的时候,他回答说是不忍心杀生,这是他的老师杜受田指导的。第二,缄口不语。传闻道光帝晚年召见两个儿子,询问他们的志向,想以此为参考确定储君。奕䜣滔滔不绝地讲了很多,而奕詝自知不敌,便以退为进。杜受田告诫他:"阿哥如条陈时政,知识不敌六阿哥。唯有一策:皇上若自言老病,将不久于此位,阿哥就伏地流涕,以表孺慕之诚而已。"在道光帝面前奕詝一言不发,却跪在地上流泪,表示自己的孝心。他再次打动了道光帝,最后他被确立为太子。

两次迁陵玄机

一位皇帝一生只能建一座陵寝,这是毋庸置疑的事情。可是令人意想不到的是,道光帝一生却为自己建过三次陵寝,也就是说,他曾经两次迁陵。

第一次建陵。道光帝做皇子时,于嘉庆元年(1796年)娶了比自己大一岁的钮祜禄氏为福晋,这是他的第一任妻子。可是钮祜禄氏并不长寿,到嘉庆十三年(1808年)就病逝了,年仅28岁,这时的旻宁27岁。旻宁很思念钮祜禄氏,便遵照父皇之命,在京城附近的王佐村为钮祜禄氏修建了园寝。嘉庆十六年(1811年)十一月十七日,以王子福晋之礼将钮祜禄氏葬入王佐村园寝。事隔10年,旻宁继承了皇位,追封钮祜禄氏为孝穆皇后。接着,道光帝与王公大臣讨论他的万年吉地大事。道光帝想在王佐村建陵,做法就是扩建孝穆皇后的园寝,王公大臣赶忙照办。

可是,在实际操作时发现了问题。一个是面临破坏祖制的风险。早在乾隆年间,乾隆帝就制定了东西陵分葬的昭穆之制,也就是父子分开来埋葬,东陵葬父亲,西陵葬儿子。这是大清家法,不能违背。道光帝如果在王佐村建陵,那就既不在东陵,也不在西陵,严重违背了乾隆帝的诏旨。为此,王公大臣纷纷上书,劝道光帝改变做法。二是侵占百姓的利益。王佐村园寝要想建成皇帝陵,必然要扩大规模。经过王公大臣踏勘,此地若要建成皇帝陵就要迁走一座村庄,并要迁走很多座百姓的坟。这就严重侵害了老百姓的利益。朝野上下议论纷纷,很是不满。道光帝一看阻力很大,便不得不下了一道谕旨:"万年吉地仍按昭穆相建,于东陵界内选择万年吉地。"王佐村园寝就此废弃。

[清] 霁红釉玉壶春瓶

清代官窑经典之作。其釉色鲜艳厚重，造型优雅独特。瓶身线条流畅，圈足外撇，展现出非凡的艺术魅力。

[清] "慎德堂制"款粉彩梅花纹盖碗

道光年间瓷器精品。其碗盖以覆盘式呈现，内外壁施以白釉与粉彩装饰，主题纹样为折枝梅花，辅以如意云头纹。

第二次建陵。道光帝做出了在东陵建陵的决定后，便于道光元年（1821年）开始选址筹建。在建陵的问题上，道光帝有一个宗旨："总以地臻全美为重，不在宫殿壮丽以侈观瞻。"就是说，陵寝的风水是第一位的，而建筑大小并不重要。

道光帝选中了东陵的绕斗峪，便把绕斗峪更名为宝华峪，开始了大规模的陵寝营建工程。历经6个寒暑，宝华峪陵寝完工了。道光皇帝极为高兴，大大奖赏了承办大臣，包括绵课、戴均元、英和、穆彰阿等。道光七年（1827年）九月二十二日，王佐村地宫中的孝穆皇后被迁葬于此。

让人意想不到的事情发生了。道光八年（1828年），东陵守护大臣上奏，宝华峪地宫之中出现了渗水。渗水非常严重，地宫内积水最深处竟然达一尺七寸，将棺床上孝穆皇后的棺材都淹了二寸。道光帝极为震怒，他做了两个决定：一是严惩承办大臣，对他们施以罚款、免官、流放等惩罚措施；二是再选吉地，废掉这处已经建好的陵寝。就这样，已经营建多年的豪华陵寝被废掉了，孝穆皇后第二次被抬出地宫。

第三次建陵。既然废弃了东陵宝华峪陵寝，道光帝要在哪里建陵呢？有人建议，还在东陵界内选择吉地，因为这是大清家法。但让人意想不到的是，道光帝居然不想在东陵建陵了。他这次不顾一切，竟然派出大批风水先生，在密云、房山、蓟州、易州等处肆行选择万年吉地。最终，他相中了西陵界内的龙泉峪，作为自己的万年吉地。

龙泉峪工程自道光十一年（1831年）十一月初八开工建设，到道光十五年（1835年）工程结束，历时四年多的时间，耗银240多万两，陵寝被定名为"慕陵"。道光帝把孝穆皇后的梓宫迁葬于此。这样算来，孝穆皇后的棺材前后被葬了三次，真是前所未有之事。

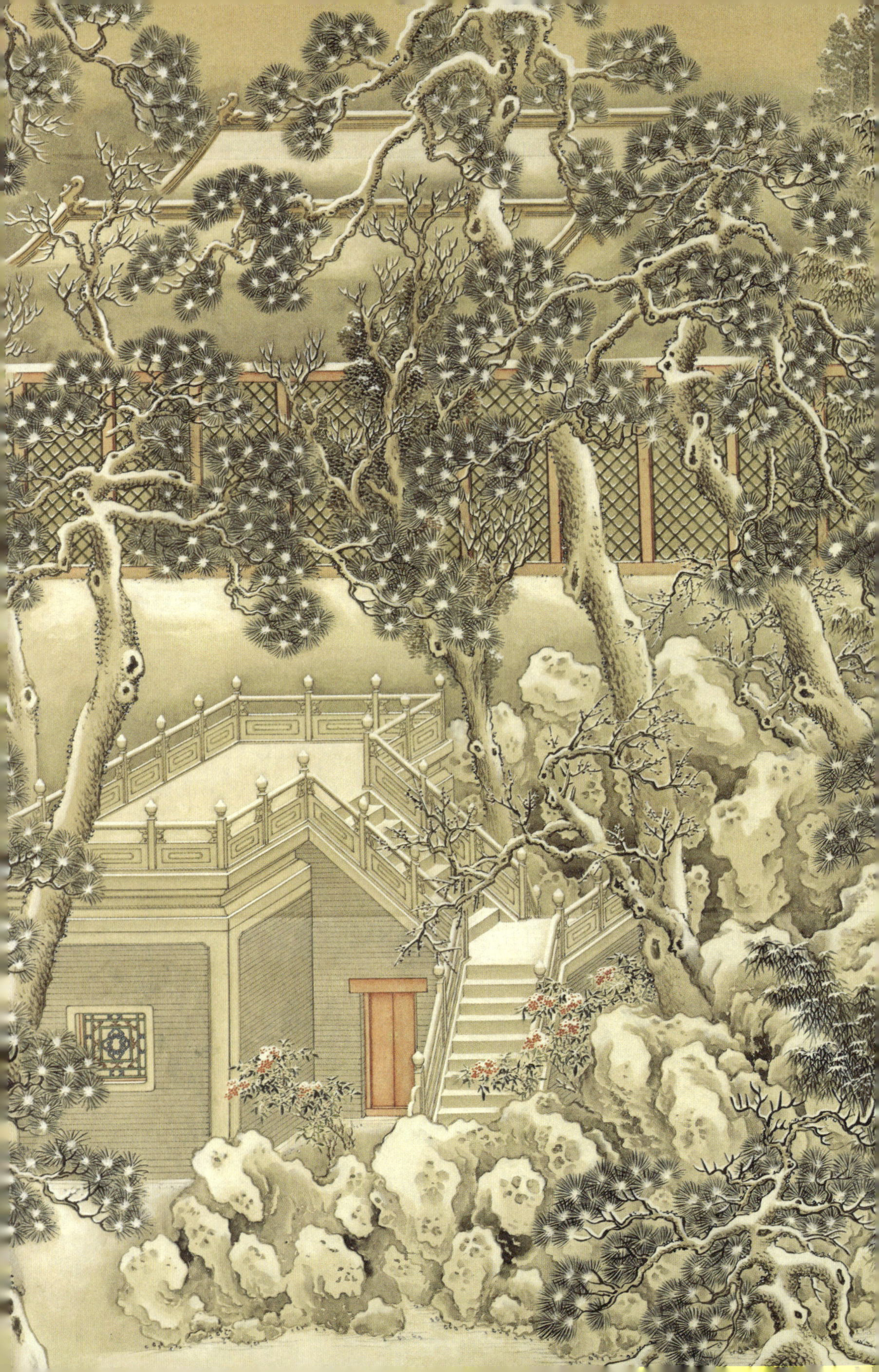

玖

咸丰帝奕詝

麻子加瘸子

一个有生理缺陷的人会被相中做继承人吗？很难，被相中做皇帝就更难了。尽管如此，还是有被相中的。比如，康熙帝满脸麻子还能当皇帝，而且做得很好。令人没想到的是，清朝中晚期，又一个有生理缺陷的人被相中了，这个人便是咸丰帝。

《道咸以来朝野杂记》里有这么一句话，"跛龙病凤掌朝堂"。这个"跛龙"就是瘸子龙的意思，说的就是咸丰帝。那么，咸丰帝是怎么瘸的呢？据资料记载，是两次事故造成的。第一次是在其即位之前，资料记载："文宗体弱，骑术亦娴，为皇子时，从猎南苑，驰逐群兽之际，坠马伤股。经上驷院正骨医治之，故终身行路不甚便。"该记载说得很明确，他还是皇子的时候，体弱多病，

[清] 墨晶狮纽"咸丰之宝"

墨晶狮纽"咸丰之宝"是咸丰时期的珍贵玺印，墨晶质，狮纽方形玺，汉文篆书，展现出古朴典雅的艺术风格。

[清] 咸丰帝 书法

咸丰帝的字体融合多家之长，既有颜真卿之雄厚，又显柳公权之灵动，展现了其独特的书法风格。

先泽志钦承宵衣

民依心切念春雨

[清] 青花竹石芭蕉纹玉壶春瓶

该瓶造型优美，线条流畅，胎质纯净细腻，纹饰清晰生动。瓶身绘制有竹、石、芭蕉等图案，寓意吉祥。外底署楷书"大清咸丰年制"。

虽骑马技术娴熟，但是一次到南苑打猎的时候，一不小心从马背上掉了下来，摔断了腿，造成了终身残疾。

第二次，则是其即位之后的事了。咸丰二年（1852年），咸丰帝去慕陵祭祀他的父皇道光帝，可就在回京途中，又一次失足落马。这一次，他摔得不轻，他的右腿又一次骨折。为此，随驾前往的正红旗汉军副都统托云保，因护驾不力受到了惩罚。

此外，咸丰帝还是个麻脸。清朝自从顺治帝因为出天花去世之后，就非常重视这个问题。康熙帝即位之后，特地在太医院设立痘疹科，并且引进了先进的种花技术，比如鼻孔吹花技术，就是把花苗从鼻孔吹进去。小皇子和小公主很小的时候就接受了种花，所以死于天花的皇子不多了。那么，咸丰帝为什么还会脸上长麻子呢？难道他没种花？据资料记载，咸丰帝两岁时，接受了种花，但那个时候，种花技术并不成熟，仍然具有一定的风险。虽经御医精心治疗，他的性命是保住了，可脸上留下了无法抹平的麻点。

像这样既是瘸子又是麻子的人做了皇帝，历史上是少有的。

[清] 佚名 《咸丰帝朝服像》

咸丰帝所戴的朝冠为白罗面轻凉绒缨朝冠,其服饰精致华丽。他端坐于龙椅上,颇具帝王威严。

咸丰帝的兄弟

咸丰帝有兄弟八人，他们分别是：

大哥奕纬，生母为和妃那拉氏。他生于嘉庆十三年（1808年）四月二十一日，道光十一年（1831年）四月卒，享年24岁，谥号"隐志"。咸丰帝即位后，追封他为多罗郡王。

二哥奕纲，生母为孝静成皇后博尔济吉特氏。他生于道光六年（1826年）十月二十三日，次年二月殇。咸丰帝即位后，追封他为顺郡王，谥号"和"。

三哥奕继，生母为孝静成皇后博尔济吉特氏。他生于道光九年（1829年）十一月初七，同年十二月殇。咸丰帝即位后，追封其为慧郡王，谥号"质"。

五弟奕誴，过继给惇亲王绵恺，生母为祥妃钮祜禄氏。他于道光十一年（1831年）六月十五日生，咸丰十年（1860年）正月被晋封为亲王，光绪十五年（1889年）正月十九日卒，年59岁，谥号"勤"。

六弟奕䜣，生母为孝静成皇后博尔济吉特氏。他生于道光十二年（1832年）十一月二十一日。咸丰帝即位，奉宣宗遗诏封奕䜣为恭亲王。光绪二十四年（1898年）四月初十去世，年67岁，谥号"忠"。

七弟奕𬣞，生母为庄顺皇贵妃乌雅氏。他是慈禧太后的妹夫。他生于道光二十年（1840年），11岁时被封为郡王，同治十一年（1872年），被封为醇亲王。其次子载湉为光绪皇帝。光绪十六年（1890年）十一月二十一日卒，年51岁，谥号"贤"。

八弟奕詥，生母为庄顺皇贵妃乌雅氏。他生于道光二十四年（1844年）正月二十六日。咸丰帝即位后，封其为多罗钟郡王。同治七年（1868年）

悵鄒王畫山水意
尚閒遠惟有墨無
筆氣韻不足既就
局改正加以皴法施
以烘染囙令再做為
之并命題句
甲寅孟秋御識

御筆加水到繪成
如有韻石經
點後自無瑕
煙嵐墨嶂萬
千樹竹屋茅
亭三兩家游
藝從茲永
訓示臨摹何處悟
津涯
臣英諴恭題

案頭學畫愧
塗鴉皴染欣
蒙

臣英諴恭畫

十一月初四卒，年25岁，谥号"端"。

九弟奕譓，生母为庄顺皇贵妃乌雅氏。他生于道光二十五年（1845年）十月十六日。咸丰帝即位后，封其为孚郡王。光绪三年（1877年）二月去世，年33岁，谥号"敬"。

咸丰帝的这些兄弟，性格各异，成就不同。其中，五弟奕誴禀性粗荒，书读得也不好，父皇多有厌恶，却深得百姓喜爱，有"亲民王爷"之称；六弟恭亲王奕䜣不仅才华横溢，而且极富心计，身体也不错，是道光帝很中意的皇子，在晚清政坛上颇为活跃；七弟奕譞是慈禧太后的妹夫，历练老成，处世圆滑，懂得进退，深得慈禧太后的信赖，其王府中出了两位帝王。

［清］ 奕誴 《奕誴山水轴》

这幅画以其独特的山水构图和细腻的笔法著称，展现了山水的静谧与深远，富有诗意。

咸丰帝的子女

清朝的皇帝从努尔哈赤开始，后妃很多，子女自然也就很多。经统计，努尔哈赤有子女24人，其中子16人，女8人；皇太极有子女25人，其中子11人，女14人；顺治帝有子女14人，其中子8人，女6人；康熙帝有子女55人，其中子35人，女20人；雍正帝有子女14人，其中子10人，女4人；乾隆帝有子女27人，其中子17人，女10人；嘉庆帝有子女14人，其中子5人，女9人；道光帝有子女19人，其中子9人，女10人。这是咸丰帝之前的皇帝，可以说都是子女成群。但是到咸丰帝即位，他的子女锐减为3个，他们是：

皇长子载淳（1856—1875年），即同治帝，生母为懿嫔叶赫那拉氏，即慈禧太后。懿嫔的父亲惠征是一个四品官。咸丰五年（1855年）六月，懿嫔怀孕了，咸丰帝特降旨，让懿嫔的母亲富察氏带两名家妇来储秀宫照顾女儿。同时，内务府送来"精奇"妈妈里10名、"灯火""水上"妈妈里20名，由懿嫔逐一挑选各2名，进宫伺候她，又另派姥姥2名在储秀宫上夜守喜。第二年三月初九，咸丰帝旨派大夫分两班，每班3人在内廷值夜，以保母子平安。三月二十三日下午二时，懿嫔生下了大阿哥，母子平安。总管太监立即将喜讯奏报咸丰帝："懿嫔母子脉息均安，万岁爷大喜！"咸丰帝非常高兴，赶忙晋升她，"懿嫔著封为懿妃。"就是这个孩子，彻底改变了懿嫔的命运，也改变了中国的命运。

皇次子悯郡王，生于咸丰八年（1858年）二月初五，死于咸丰八年（1858年）二月初五，咸丰帝第二子，母为玟贵人徐佳氏。徐佳氏是正黄旗

[清] 佚名 《同治僧装像》

画中的同治帝神态安详，僧袍飘逸，宛如世外高人。这幅画作笔触精细，色彩和谐。

人，领催徐诚意之女，道光十八年（1838年）八月初五生，初封玟常在，咸丰四年（1854年）晋玟贵人，咸丰五年（1855年）四月二十四日降为玟常在，五月十七日敬事房传旨降为官女子。这真是一件奇怪的事情，她怎么会在这么短的时间之内，被连降两级呢？查阅史料，原来有原因："昨因玟常在在凌虐使女，并伊与太监孙来福任意谈笑，已将伊人之位分裭革，从重惩处，降为宫女子，并将孙来福重责发遣矣。六宫规矩理宜严肃，嗣后若再有任性凌虐使女，与太监诙谐无所不至者，朕必照此办理。若太监再有似此无规矩者，朕岂能尚如此轻办，必即将太监正法。"也就是说，被连降两级是她虐待宫女和与太监眉来眼去造成的。咸丰六年（1856年）五月二十五日，她又被封为玟常在，不久，晋玟贵人。咸丰八年（1858年）二月初五丑时，她生育了咸丰帝的第二个皇子。三月初九敬事房传旨，晋玟贵人为玟嫔。咸丰帝去世后，同治帝尊封她为玟妃。同治十三年（1874年），同治帝又尊封她为玟贵妃。光绪十六年（1890年）十一月初八玟贵妃逝世，年53岁。她所生的皇次子尚未取名即殇，同治帝即位，追封其为悯郡王。

固伦荣安公主（1855—1874年），咸丰帝唯一的亲生女儿，同治五年（1866年）九月指配符珍，同治九年（1870年）九月被封为固伦公主，同治十二年（1873年）八月下嫁，同治十三年（1874年）十二月二十九日去世。生母为庄静皇贵妃他他拉氏。她因为给咸丰帝生育了第一个孩子，被封为丽嫔，并很快被晋为丽妃。同治帝即位后，她被尊封为丽皇贵妃。她的身体一直不好，光绪十六年（1890年），她病逝，年54岁。

固伦荣寿公主（1854—1924年），咸丰帝奕詝的养女，恭亲王奕䜣的长女，生于咸丰四年（1854年）二月初二。咸丰十一年（1861年）十二月，慈禧太后特诏封她为固伦公主。生母为奕䜣嫡福晋瓜尔佳氏。同治五年（1866年）九月，诏依和硕公主例下嫁志端，同治十年（1871年）十月，志端去世。光绪七年（1881年）十月，她被晋封为固伦公主，赐乘黄轿。光绪二十年（1894年）正月，她被赐食公主双俸。1924年，她去世了。

虽然咸丰帝的后妃竭尽全力，也只给他生育了3个儿女。尽管如此，这也是清代帝王最后的生育了，之后的三位帝王都没有再生育。

居然和"狗"抢骨头吃

今天的史学家对咸丰帝评价极低,为什么?因为他是一个酒色之徒。就像古代一位君王所说:"寡人有疾,寡人好色。"咸丰帝好色到什么程度?有资料说他面黄肌瘦,最后酒色过度而死。但咸丰帝即位之初,并非这么堕落,而是一个积极上进的青年。由于内有太平军,外有英法联军的双重打击,咸丰帝回天无力,便开始堕落。

史料表明,咸丰有几个爱好:爱看戏,爱画画,爱女人。

[清] 佚名 《升平署戏曲人物画册》

这套画册是清代宫廷戏曲文化的珍贵遗产,以精细的笔触展现了各种戏曲人物,色彩艳丽,画面精致,既具艺术价值,又体现了当时宫廷戏曲的繁荣。

先说看戏。咸丰帝爱看戏,而且爱看低级趣味的戏。咸丰六年(1856年)的档案,记载了咸丰帝喜欢看的一出戏,叫《小妹子》。这是一部思春戏,原来是昆腔,曾经被收入清刻本《缀白裘》。这部戏的中心情节很简单,是一个被抛弃的妇人,哀怜地说出对负心郎的怨恨:"当初呀,我和你未曾得手的时节,恁说道如渴思浆,如寒思衣,如饥思食。你便在我的眼前,说姐姐又长,姐姐又短,又把那甜言蜜语来哄我。"这段戏词咸丰帝倒背如流,当戏子说错时,他马上就能指出来,还不时上台与戏子互动。当咸丰帝逃到承德的时候,还特别招募戏子演这出戏。直到去世的前一天,他还传戏子来唱戏。

接着说画画。咸丰帝喜欢画画,尤其喜欢画马。咸丰帝画的奔马,恣意奔放,非常有气势。民国有人评论说,咸丰帝画的奔马,一点儿也不比名家画得差。不过,咸丰帝的传世画作并不多,这恐怕与他不永有很大关系。

最后,我们说说咸丰帝喜好女色。

选秀女。咸丰帝对这件事可是不含糊,早就等着呢。制度规定,选秀女由户部主持,三年一次。可是当国家有大事发生,也可以推迟进行,或者取消。咸丰三年(1853年),太平天国快速发展,咸丰帝应该把主要精力放在镇压起义军上面,推迟选秀女的时间。咸丰帝心说早就等着这件事呢,可别推迟,于是选秀女按期举行。

都说咸丰帝有"四春"娘娘,她们住在圆明园,都是汉女,长得分外妖娆。这"四春"是:杏花春、武陵春、海棠春和牡丹春。出于好奇,我查阅了一些史料,真是有了意外收获。原来,咸丰帝的"四春"娘娘是真的,在档案中有记录,不过这"四春"不是汉女,而是满洲女子。还有人说,早年的兰贵人即慈禧太后是"第五春",就是"天地一家春",因为慈禧太后曾经住在圆明园中的天地一家春。

咸丰帝还喜欢小脚女人。据资料记载,他喜欢山西的一位寡妇,姓曹,人称曹寡妇。据说,曹寡妇"色颇艳丽,足尤纤小",咸丰帝居然把这位曹寡妇带进宫中,日夜淫乐。

最让人难以相信的是他还喜欢妓女。据史料记载,咸丰帝喜欢上了一个妓女,叫朱莲芬。据说,她长相俊美,也很有才,不仅饱读诗书,还精通戏曲音乐,吹拉弹唱无所不精。这样的女子一旦沦落风尘,当然为达官贵人所追捧了。朱莲芬就被好多官宦追捧，其中一位陆姓御史就很喜欢她，经常出入她的"安乐窝"。后来，陆御史发现朱莲芬被人包占了，十分恼火。陆御史并不气馁，直到打听出来朱莲芬是被当朝皇帝包占了之后，居然还是不放弃。更可笑的是，陆御史居然想了一个取巧的办法：他写了一封万言书，洋洋洒洒，规劝皇上以国事为重，不要耽于酒色。大家想一想，咸丰帝看了之后，会做出怎样的反应呢？

咸丰帝看了这篇奏折之后，哈哈大笑，朱批道："如狗啃骨，被人夺去，岂不恨哉？钦此。"真是让人哭笑不得，皇帝居然和臣子抢妓女，荒唐至极。

[清] 圆明园烫样：天地一家春

圆明园烫样"天地一家春"是清代皇家建筑的精致缩影，以纸板精细烫制而成，展现了寝宫、戏楼、花园等建筑群的和谐布局。

最聪明的滑铁卢

"滑铁卢"这个词代表着失败。咸丰帝是一个聪明的帝王。他的智商、情商都很高,不然怎么会以一个残疾人的身份,打败了强大的竞争对手,成为道光帝的接班人呢?就是这么一个聪明的帝王,于咸丰十一年(1861年)七月十七日,病逝于承德避暑山庄。临终之际,咸丰帝绞尽脑汁,机关算尽,终于为自己去世之后布了一个局。他自认为这个局非常完美。那么,咸丰帝是如何布这个局的呢?

咸丰帝只有一个皇子活了下来,就是大阿哥载淳,毫无疑问,必须把皇位传给他。本来老皇帝去世,新皇帝继位,新老交接,权力自然会落在新皇帝的手里。可咸丰帝的儿子太小,年仅6岁,他自己无法行使皇帝的权力。怎么办呢?咸丰帝不愿意重蹈当年顺治帝时多尔衮专权的覆辙,也不愿意看到康熙帝时辅政大臣鳌拜擅权的局面重演。于是,他别出心裁,采取了互相制衡的办法。

由赞襄政务王大臣辅政。咸丰帝精心选择了八位大臣,都是自己的心腹,有宗室载垣、端华、肃顺,以及景寿、穆荫、匡源、杜翰、焦佑瀛,共八位。咸丰帝临终托孤,所以这八人被称为"顾命八大臣"。这八个人,掌管着朝

[清] 佚名 《历代帝王贵妃大臣朝服像(怡亲王爱新觉罗·载垣)》

载垣是清圣祖六世孙,怡贤亲王爱新觉罗·允祥五世孙,世袭和硕怡亲王爵位,十二家世袭铁帽子王之一,咸丰帝"顾命八大臣"之首。

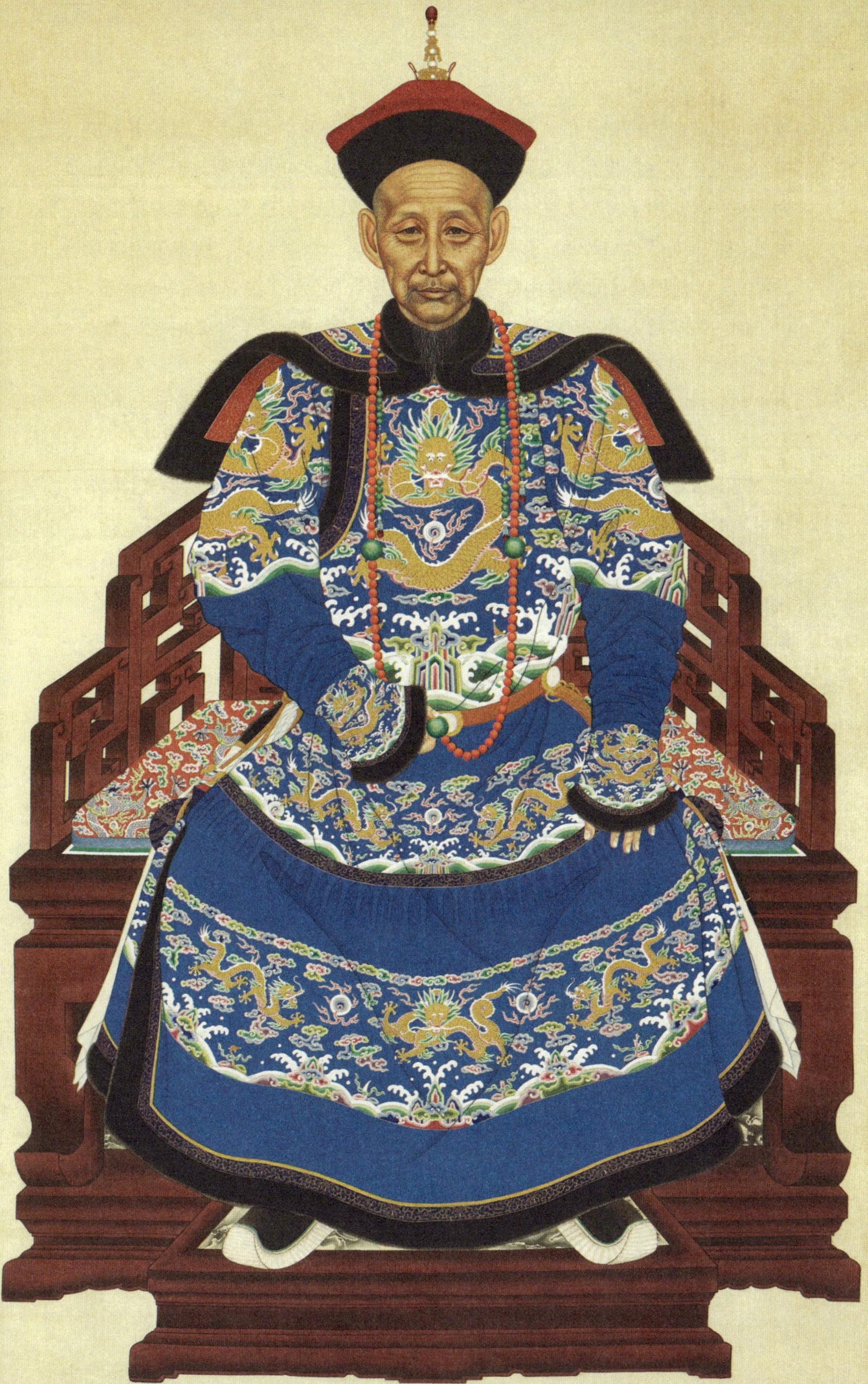

政，一切政命均出于他们。可见，顾命大臣被赋予的权力极大。但咸丰帝担忧，这八个人一旦像当年鳌拜那样，自己的安排就会全盘皆输。于是，他思虑再三，又想出了一个办法。那就是让自己的女人参与进来，就是安排慈安太后、慈禧太后参与政事，以此来制衡八大臣。怎么参与呢？咸丰帝绝对是动脑筋了。他把自己的两枚闲章"御赏""同道堂"交给了慈安太后和同治帝，由于同治帝年龄太小，便由他的亲生母亲慈禧太后保管。干什么用呢？当然是盖章用，但不是在书画上盖章，而是在圣旨上盖章。他规定，凡是八大臣拟出的谕旨，不盖上这两枚章，就不能生效。于是，慈安太后在谕旨的开头盖章，慈禧太后在谕旨的结尾盖章。

咸丰帝认为，这么一来，谁也别想专权。可咸丰帝万万没想到，这个安排很快被一场血雨腥风的政变击得粉碎，政局急转直下，出现了变化。

一、八大臣灰飞烟灭。权力极大的八大臣在咸丰帝宾天后仅仅两个半月，就被逮捕法办，成为任人宰割的鱼肉。为什么会这样呢？轻视是主要的原因。他们轻视了慈安太后和慈禧太后的能量，还沾沾自喜，"自顾命后，至今十余日，所行均惬人意"，自以为是；轻视了恭亲王的力量，没有高度警惕他与慈禧太后的联手，"肃顺颇蔑视之，以为彼何能为，不足畏也"。另外，他们忽视了兵权，大敌当前，他们却主动交出了兵权。所以这八个人，最终的结局是：载垣、端华被赐令在宗人府空室自尽；肃顺最惨，"又不肯跪，刽子手以大铁柄敲之，乃跪下，盖两胫已折矣，遂斩之"；至于其他几个人，则是被轻而易举地处理掉了。至此，咸丰帝临终精心安排的局灰飞烟灭。

二、恭亲王风生水起。恭亲王奕䜣前期发展并不顺利。本来，他是位非常优秀的皇子，可道光帝错误地选择了奕詝作为继承人，这就使得奕䜣大为沮丧。接着，到咸丰帝即位，奕䜣的处境就极为尴尬。咸丰五年（1855年），咸丰帝终于找个借口，处分了他，"上责王礼仪疏略，罢军机大臣、宗令、都统"。咸丰帝在安排顾命大臣的时候，八个人中没有自己的亲弟弟恭亲王奕䜣。但奕䜣并没有就此沉沦，他紧紧抓住咸丰帝病逝，两宫太后与八大臣势同水火的机会，利用一切有利于自己的政治势力，比如洋人的支持，使自己很快成为"北京派"的核心。奕䜣利用赴承德叩谒梓宫的有利时机，与慈禧太后密谋政变事宜："邸力保无事，又坚请速归。"可以这样说，这次政变之所以成功，有一半功劳要归于奕䜣。有他的精心策划，政变才得以成功。政变成功后，奕䜣的收获最多："加号'议政王'，赐食亲王双俸，复授军机大臣，兼任宗令，管宗人府银库。"我们看到，奕䜣此时集政权、军权、族权、财权于一身。失落多年的他，此时找回了自我，大权在握，人生得意从此开始。

三、那拉氏一夜蹿红。那拉氏就是慈禧太后，她本是一个名不见经传的贵人，但是天赐良机，她怀孕生子，为咸丰帝养育了其唯一成活的儿子。所以，她的位份也就提升为贵妃，到咸丰帝去世时，这个位份并没有改变。改变那拉氏命运的是两件事：一件是她的儿子即位，她被尊为皇太后，"皇太子践祚，尊为圣母皇太后，号'慈禧'"，成为皇太后，她就有了以后夺取政权的资本；另一件则是她策划了政变。慈禧太后是一个有野心的女人，早在咸丰帝活着的时候，她就干预政事，"后窥状渐思盗柄，时于上前道政事"。这样，慈禧太后与同样掌有权柄的肃顺等人必然会产生矛盾。肃顺等人欲除之而后快，"大学士肃顺，曾密疏请文宗行钩弋故事"，肃顺要咸丰帝在临终之际，下旨除掉慈禧太后。慈禧太后与肃顺有了不共戴天的仇怨。所以这场政变，她最积极。慈禧太后以利益为诱饵，说服慈安太后，以得到她的支持；利用奕䜣，与之密谋，策划大计；利用兵部侍郎胜保，得到了军事上的支持；利用周祖培与肃顺的矛盾，撺掇御史董元醇上折，鼓吹太后垂帘听政。周祖培是大学士，是一个很有分量的重臣。她利用一切社会力量清除异己，为自己垂帘听政扫清了障碍。终于，政变成功，八大臣灰飞烟灭。到咸丰十一年（1861年）十一月初一，她如愿以偿地实现了她的政治抱负，"随孝贞显皇后御养心殿垂帘训政，时年二十七"。这时离咸丰帝逝世仅隔103天，从此她就由一位贵妃升格为大权在握的太后，成为大清国炙手可热的政治明星，真可谓一夜蹿红。

所以，在咸丰帝病逝仅仅几个月后，政治形势就发生了天翻地覆的变化。咸丰帝绞尽脑汁策划的三权分立、互为制衡的局面不复存在了。

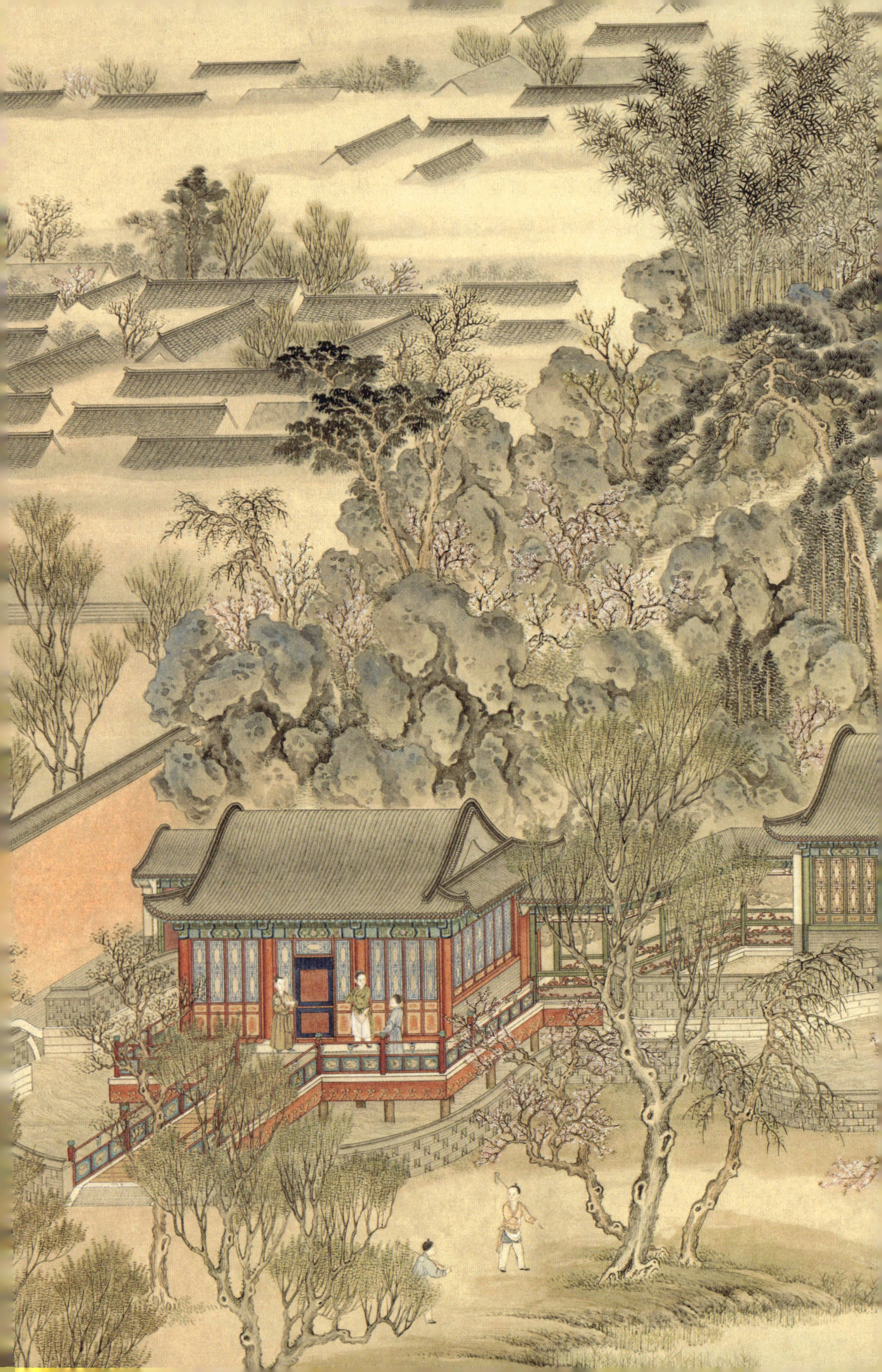

拾

同治帝载淳

以救命稻草的形式出现

这里说的是咸丰帝的大阿哥载淳，也就是后来的同治帝。这个孩子出生于咸丰六年（1856年）阳春三月，母亲是大名鼎鼎的慈禧太后，当时的封号为懿嫔，姓叶赫那拉。有趣的是，这个孩子居然成了很多人的救命稻草。

首先，他是咸丰帝的救命稻草，这完全是从生育这个角度上说的。如果皇帝有很多皇子，那就谈不上救命稻草了。

咸丰帝有后妃18人，他生育了几个子女呢？据资料显示，咸丰帝后妃不少，可咸丰帝仅仅生育了三个子女：其中皇子两个，懿贵妃生育一个，玫贵妃生育一个；公主一个，是丽妃所生。可惜，玫贵妃所生的皇二子很快就夭折了。这样，懿贵妃为他生育的这个大阿哥，不管素质如何，都是咸丰帝唯一合法的接班人。载淳也就成了咸丰帝唯一的救命稻草。

其次，他是慈禧太后的救命稻草。当年，她进宫的时候，被封为兰贵人，那是后三等的级别，也就比宫女稍强一些而已。当她怀孕的时候，被晋封为懿嫔；而当她生下大阿哥载淳的时候，地位马上就发生了变化，由懿嫔升为懿妃；第二年，她又因为载淳晋升为懿贵妃。咸丰十一年（1861年）七月十七日，咸丰帝病逝，载淳继位，懿贵妃母以子贵，一跃成为皇太后，地位

[清]　佚名　《同治帝朝服像》

清穆宗同治帝享年19岁，是清朝最短命的皇帝。此图藏于故宫博物院。

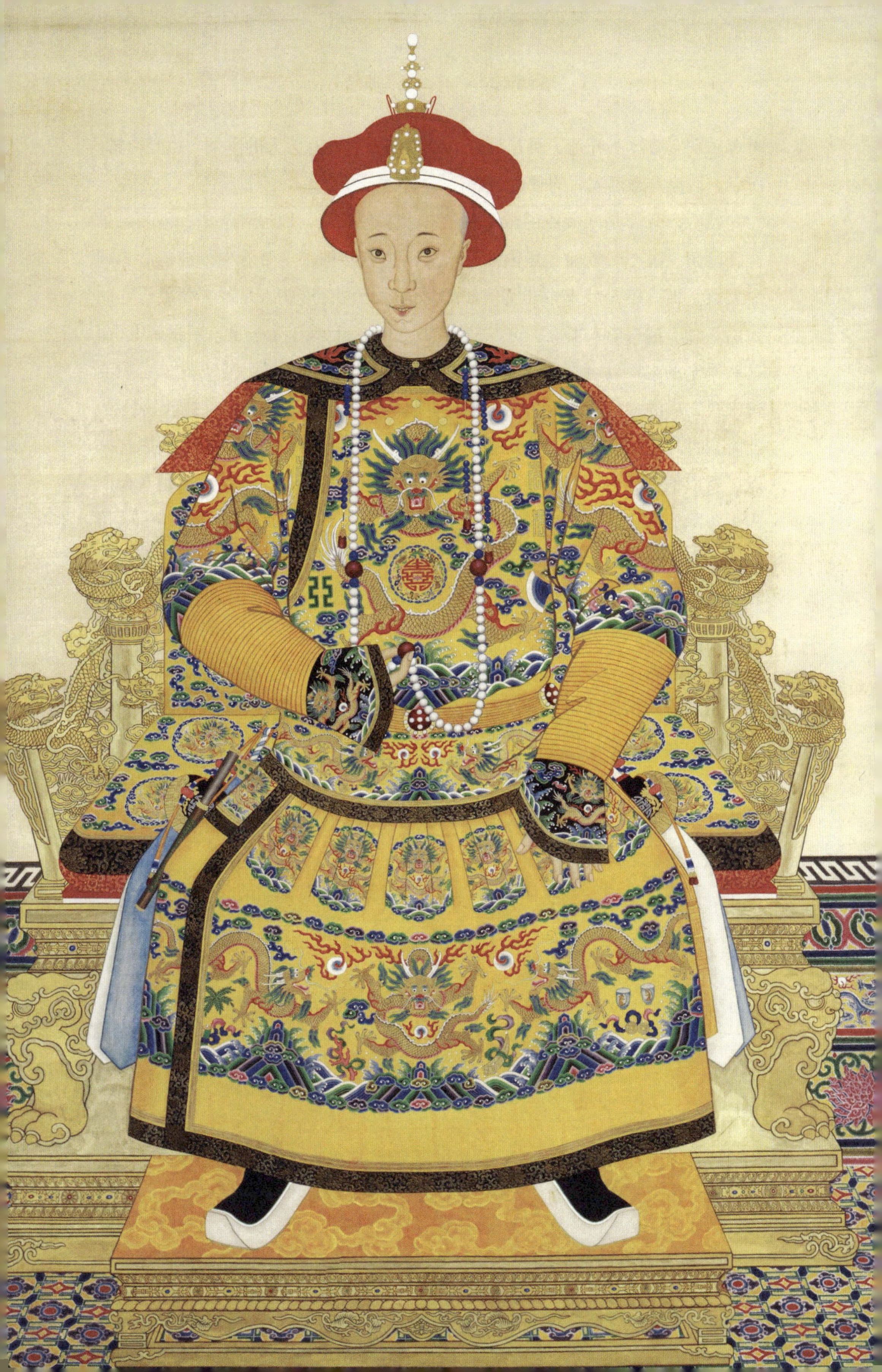

至尊。别看载淳不咋地，可是没有他，慈禧太后纵有天大的本领，也是白搭。所以，载淳是慈禧太后的救命稻草。

最后，载淳是八大臣的救命稻草。大家想一想，载垣、端华、肃顺、景寿、穆荫、匡源、杜翰、焦佑瀛等八大臣，能够被咸丰帝看中，被任命为顾命大臣，那一定是咸丰帝非常信任的。也就是说，这些人是咸丰朝最得宠的大臣。对于这八个人来说，这本是好事，可是一旦咸丰帝去世，新皇帝继位，这些得宠的老臣就会遭遇不测。清朝宫廷的历史证明了这一点，比如：顺治帝亲政之后的多尔衮，遭到开棺戮尸；康熙帝亲政之后的鳌拜，被囚禁致死；乾隆去世之后的和珅，被嘉庆帝杀掉；等等。很显然，八大臣也会顾虑这一点，所以他们也想寻找一根救命稻草，载淳就承担了这个角色。但是八大臣为了解除后顾之忧，曾在咸丰帝面前提出了一个要求，那就是要咸丰帝效仿汉武帝立子杀母的做法，杀了载淳的母亲。汉武帝刘彻晚年立钩弋夫人赵氏之子刘弗陵为太子，之后就找了个借口，除掉了刘弗陵的生母钩弋夫人赵氏。赵氏死后，汉武帝在清闲无事时询问身边的人，对赵氏之死有什么看法。身边的人回答说："皇上说将要立她的儿子，为什么除去她呢？"汉武帝说："这不是尔辈愚人所能懂得的。从古到今，国家起内乱往往是因为人主年小而母亲年壮。女主人独断骄横，淫荡放肆，没有人能阻止她。所以，要杀掉她。"可是，柔弱善良的咸丰帝不是汉武帝，他没杀载淳的母亲。这样，八大臣的救命稻草就变成了他们的克星。果然，咸丰帝去世之后几个月，这八个人的命运就发生了逆转。

同治帝的几位老师

同治帝6岁入学，也就是说，他一坐上皇帝宝座，就开始了他的学习生涯。其实遍查史料，发现小载淳上学的时间比这还要早。《清史列传》记载："大学士彭蕴章以鸿藻应，得旨，来京供职。仍在上书房行走，十一年三月，特诏充大阿哥师傅。"这就是说，彭蕴章推荐李鸿藻进宫担任载淳的师傅。

当时，载淳的学习地点在弘德殿。上书房的制度极严，读书的时间为"卯入申出"，也就是从早晨五点至下午三点，共计10个小时。这么长的学习时间，令载淳苦不堪言。而且，他所学的功课也非常多，包括蒙古语、满文、汉语、拉弓、射箭、打枪、骑马等。这么多的学习内容，是由不同的老师教授的：骑马、射箭，由御前大臣和乾清门侍卫来充当师傅，因为这些人经常出入内廷，比较方便和安全；蒙古语和满文，则要请知识渊博之人来教授。

那些授课的师傅既不站着，也不跪着，而是和皇帝一样坐着，但是并非和同治帝平起平坐，而是在宝座的右边给师傅单设一个座位。这样，既方便授读，又能分出尊卑。

为同治帝挑选汉语师傅是最费心思的，要选出那些资历深、位高权重、知识渊博之人，才不会有失皇室的颜面。同治帝的汉语师傅有：

李鸿藻（1820—1897年），直隶高阳人。咸丰二年（1852年）进士，选庶吉士，授编修，典山西乡试，督河南学政。咸丰十年（1860年），咸丰帝择儒臣为皇子师，大学士彭蕴章推荐李鸿藻，召来京，特诏授大阿哥读书。李鸿藻少年时就聪明过人，读书过目成诵。他17岁中秀才，24岁中举人，之后又中进士，从此开始了他长达40余年的为官生涯。他曾任内阁学士，兵部、礼部、工部、户部、吏部尚书，军机大臣，总理衙门大臣等重要职务，是同治帝最信任的老师和汉族大臣。

翁心存（1791—1862年），江苏常熟人。道光二年（1822年）进士，选庶吉士，授编修，官至体仁阁大学士。翁心存学识渊博，深得帝宠。道光朝，他曾经入直上书房，是绵愉、奕䜣、奕譞的师傅。同治元年（1862年），他入直弘德殿，偕祁俊藻等授同治帝读书。不久，他去世了，赠太保，入祀贤良祠，谥文端。

徐桐（1819—1900年），清末汉军正蓝旗人。道光三十年（1850年）进士，选庶吉士，授编修，官至体仁阁大学士。徐桐固守理学，极端排外，支持义和团，庚子之变时自缢殉国。他参与编著《治平宝鉴》。同治元年（1862年），他在上书房行走，教授讲解《治平宝鉴》。同治四年（1865年），他奉懿旨在弘德殿行走，成为同治帝的老师。

翁同龢（1830—1904年），江苏常熟人。咸丰六年（1856年）一甲一名进士，授修撰。他曾担任刑部、工部、户部尚书，军机大臣兼总理衙门大臣，任同治、光绪两朝帝师。任同治帝师傅期间，他在弘德殿行走，五日一进讲，于帘前说《治平宝鉴》，两宫皇太后嘉之。

那么，同治帝的成绩究竟怎么样呢？翁同龢曾在日记中记录了已经14岁的同治帝的一篇论文，其中有这样的文字："治天下之道，莫大于用人。然人不同，有君子焉，有小人焉。必辨其贤否，而后能择贤而用之，则天下治矣。"翁同龢对同治帝的这段议论非常满意，认为他学业大有长进，可以成为一代明君。

［清］翁同龢《石楼晚照图》

翁同龢，字声甫，号叔平，晚清著名政治家、书法家、收藏家。

西风揽树叶飘零悚没
山容尚带青似避霜
寒少人迹怡闲泠然一
茅亭 长龢翁同龢

[清] 翁同龢 《茅亭映月图》

此图巧妙地以简洁的线条和淡雅的色调，勾勒出月夜中的茅亭。

发难亲叔叔

同治帝的叔叔很多，这里说的是他的六叔恭亲王奕䜣。恭亲王奕䜣，号乐道堂主人，道光帝第六子，咸丰帝同父异母兄弟，生母为静妃博尔济吉特氏，即孝静成皇后。

奕䜣曾经是道光帝的宠儿，是咸丰帝的皇位竞争者。但是他命运不济，咸丰帝即位之后，对他不信任，不重用。这使奕䜣非常郁闷，但也没有任何办法。咸丰十一年（1861年），咸丰帝病逝于热河。奕䜣作为咸丰帝最亲近的弟弟，却不在八位赞襄政务王大臣之列，这让他很伤心，也令天下人意外。

奕䜣并非平庸之辈，就在咸丰帝去世之后，他经过仔细考虑，决定和两宫太后一起谋夺最高权力，终于在这一年发动了震惊中外的辛酉政变，逮杀了八大臣。奕䜣分得一杯羹：授恭亲王奕䜣为议政王，在军机处行走，食亲王双俸。从此，奕䜣和两宫太后一起治理天下。

也正因为这样，春风得意的奕䜣在仕途上经历过很多坎坷：

第一次是奕䜣与慈禧太后交锋。在辛酉政变中，奕䜣无疑立下奇功，也因此掌管了朝中大权：议政王、军机大臣、宗人府宗令、总管内务府大臣、总理衙门大臣等官衔集于一身。奕䜣也因此忘乎所以，在《慈禧外记》中记载："恭王则于用人之权，黜陟之事，不商之于太后，或升或调，皆由己意。凡关于各省之事，亦独断专行。"这样的恭亲王不是慈禧太后需要的，她想要除掉他。于是，蔡寿祺闻风上奏，弹劾奕䜣。虽然有王公大臣的极力保奏，最终，慈禧太后还是处置了奕䜣。同治四年（1865年）四月十四日，奕䜣带着委屈的心情，跪在慈禧太后面前，彻底屈服了。慈禧太后发布上谕："命恭亲王仍

恭亲王奕䜣

爱新觉罗·奕䜣是道光帝第六子，清末政治家，洋务运动主要领导者，清朝十二家铁帽子王之一。

[清] 慈禧太后（传）《锦屏春丽图》

相传此团扇是慈禧太后作画。慈禧太后晚年热爱绘画，然而限于书法水平，每次作完画，她都会请徐郙为画题写志文和款识。她常称赞徐郙的字有福气，非常欣赏他的书法才华。

直军机，毋复议政。"拿掉了奕䜣议政王的头衔，他的权力被大大地削弱了。

第二次是同治十三年（1874年），奕䜣与同治帝交恶。同治十二年（1873年），同治帝亲政以后，为了取悦母后慈禧太后，决定重修圆明园。但是，由于国力维艰，恭亲王奕䜣等人极力反对。同治帝勃然大怒，在同治十三年七月二十九日，连续降旨，贸然决定将奕䜣降为郡王，仍在军机大臣上行走，并夺去其子载澂的贝勒衔。同治帝的这个决定使所有人都大惊失色，包括他的母后慈禧太后。八月初一，两宫太后赶忙为同治帝收拾残局，下旨："懿旨复恭亲王世袭及载澂爵衔。"但是不管怎么样，同治帝和奕䜣之间的关系是难以弥合了。

第三次是光绪十年（1884年）三月十三日，奕䜣又遭到慈禧太后的严厉打击。慈禧太后借口奕䜣"因循委靡"，免去他的一切职务，奕䜣集团全班人马——武英殿大学士宝鋆、吏部尚书李鸿藻、兵部尚书景廉、工部尚书翁同龢等人也被逐出军机处和总理衙门。从此，奕䜣更加消沉，虽有复出，但已毫无斗志。

光绪二十四年（1898年），奕䜣病故，终年66岁，谥号"忠"，配享太庙。

密谋处死安德海

对于安德海，我们并不陌生，但那些认识大多是从影视作品中得到的，未免失之偏颇。安德海（1844—1869年），直隶南皮（河北省南皮县）人，八九岁时净身入宫。也就是说，他大约在咸丰二年（1852年）进宫，比慈禧太后进宫的时间要晚一些。进宫后，他在咸丰帝身边做御前太监。这个时候，慈禧太后的位份还不高，正处在发展阶段，两个人的接触并不多。但是，共同发展的愿望，共同面对的矛盾，把两个人联系到了一起。

经过查阅史料，我们对安德海有这样几点认识：

一是性格阴柔媚主，颇得慈禧太后欢心。安德海聪明伶俐，善于察言观色，这是安德海得宠的原因。所谓深宫险恶，主子们都希望奴才们成为其心腹。安德海非常适应这种环境，很快得到咸丰帝的信赖，成为御前太监。重要的是，咸丰十一年（1861年）七月十七日，咸丰帝一去世，安德海立即转向，成了小皇帝生母的心腹。这当然需要接受考验，不然在当时那种危险的形势之下，慈禧太后怎么可能相信一个小太监呢？幸运的是，安德海及时抓住了这根救命稻草。

二是处事张扬，大胆又荒唐。在辛酉政变中，安德海周旋于北京与承德之间，为慈禧太后、奕䜣夺权立下了汗马功劳，因而得到了慈禧太后的信任。安德海在成为大总管之后，越发张扬，他居然在同治七年（1868年），娶了伶人做老婆，简直荒唐透顶！这是他后来招致祸端的原因之一。

三是违制干政，离间主子。清制：太监不得干政，违制者斩首。安德海仗着慈禧太后的宠幸，却敢于违背祖制。安德海主要是离间主子之间的关系：离间慈安、慈禧两宫太后之间的关系，离间慈禧太后、同治帝之间的关系，离间慈禧太后、恭亲王之间的关系。这种种行为其实很危险，搞不好是要掉脑袋的。

同治帝和安德海之间的矛盾来源于两个方面。一是安德海为大家所不齿，包括慈安太后在内，都对其很厌恶，同治帝受此影响；二是安德海与慈禧太后过从密切，而安德海毕竟是男人身，引起同治帝的不满。于是，影视作品中有同治帝咬牙切齿地喊"杀小安子"的情节。同治帝在寻找机会，时机一旦成熟，必除之而后快。

同治八年（1869年）七月，慈禧太后派安德海出京，赴南方采办龙衣。清宫有规定，太监不得擅自出城。慈禧太后知道这个家法，安德海也知道。但是安德海胆大妄为的性格又展露出来了，他居然荒唐出城，而且很招摇。这件事被同治帝知道后，立即报告了慈安太后，决定处死安德海。

慈安太后对安德海也是恨之入骨，也在等机会。安德海出城后，慈安太后和同治帝选中了山东巡抚丁宝桢，要他处置安德海。《清史列传》记载："宝桢奏闻，即饬属严拿，获之泰安，讯实具奏，得旨就地正法，并随从太监人役等，斩绞如律。"

这段资料说明了这样一个史实：山东巡抚丁宝桢，得知安德海招摇出宫，路过山东境地，便密奏恭亲王，恭亲王奏同治帝，同治帝请慈安太后下懿旨。就这样，安德海在劫难逃。

丁宝桢处死安德海之后，做了一件画蛇添足的事，就是把安德海裸尸暴市，供人观看，实际上他想为慈禧太后正名，消除人们对慈禧太后的误解。但是不管怎么样，丁宝桢果断地除掉了安德海，朝中省却了好多是非。

为何没遗传慈禧太后的韧劲

同治帝作为慈禧太后的儿子，在性格上酷似其母，要强、风流，又不安于现状，尤其是对权力的追逐。娘儿俩有共同之处，总结如下：

一是与恭亲王奕䜣争权。慈禧太后为了独揽大权，与恭亲王发生冲突，奕䜣惨遭罢黜。本来，复出之后的奕䜣已经有些消沉。当同治帝亲政之后暴露出桀骜不驯的性格特点时，奕䜣又忍不住要"管束一下"年轻的皇帝。同治帝要强的性格马上表现出来，居然说出"我把天下让给你来坐好了"这样的话，吓得奕䜣不知所措。

二是与母后慈禧太后争权。慈禧太后为了能垂帘听政，迟迟不安排同治帝大婚，推迟他亲政的时间，这让同治帝深感不安。即使同治帝亲政之后，慈禧太后仍然不甘寂寞。同治帝及其母后之间一直存在着权力之争，同治帝拼命想夺回应有的权力，慈禧太后则想方设法恢复昔日的垂帘听政。母子间对权力的渴望如出一辙，不过同治帝在强势的母后面前，施展不开而已。

三是同治帝具有非常明显的叛逆性格，这一点与慈禧太后很相似。慈禧太后就具有叛逆性格。本来作为女人，应该听从男人的安排，尤其是咸丰帝去世前已经安排八大臣辅政，但是慈禧太后不甘心，做出了极为叛逆的决定——垂帘听政。同治帝也是一样，在娶皇后这件事上，慈禧太后中意凤秀之女，同治帝偏不喜欢；在学习上，慈禧太后"督责过严"，同治帝偏偏喜欢玩，叛逆举动明显。

不仅如此，同治帝作为咸丰帝的儿子，有很多方面又像他的父皇。

一是爱看戏。咸丰帝是个戏迷，不仅爱看戏，还会导演，有的时候自己

[清] 佚名 《平定太平天国战图·克复岳州图》

此图描绘了清廷水师攻克太平军，收复岳州的场景。

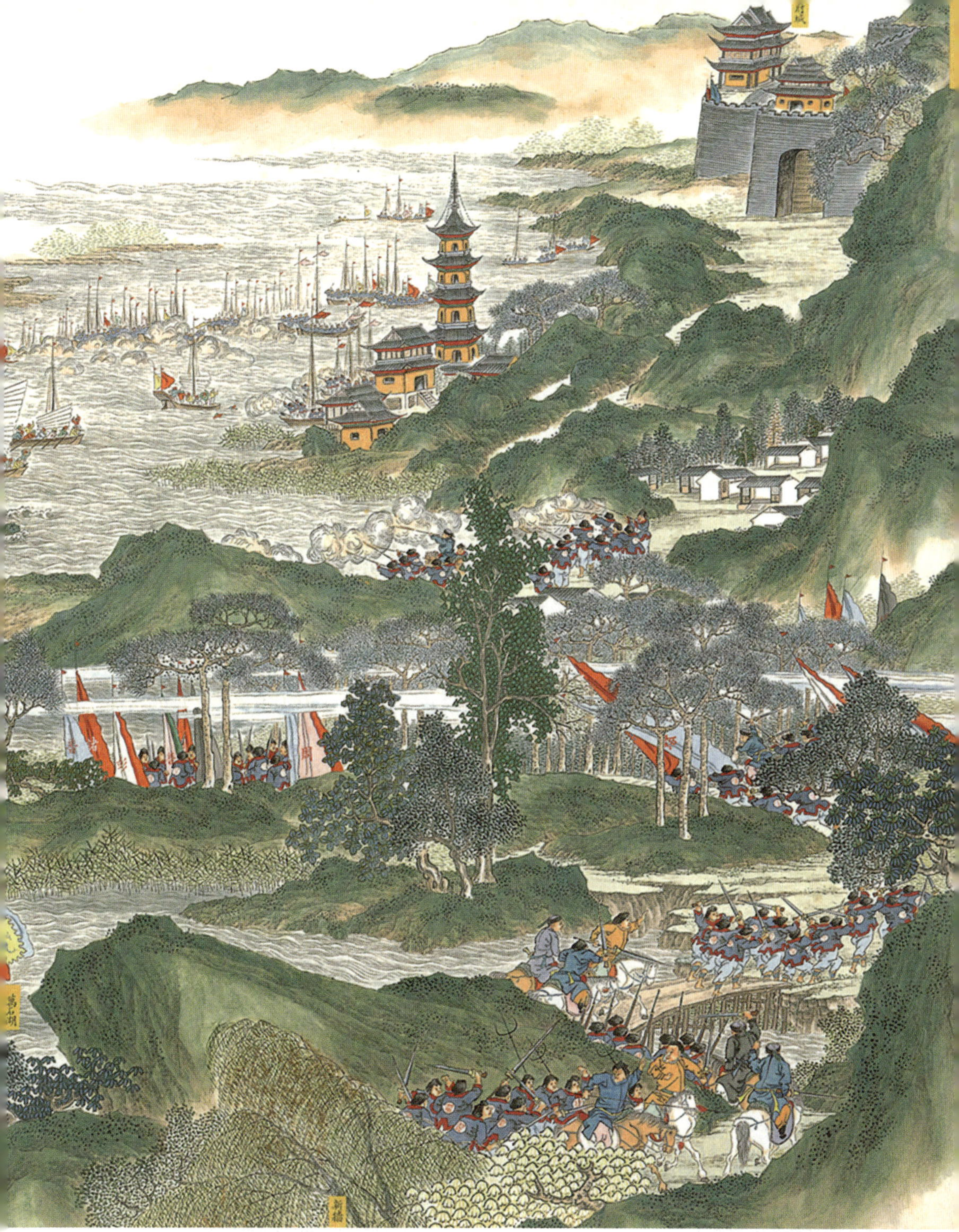

[清] 同治帝 《管城春满图》

同治帝幼年即位，去世时年仅19岁，留下的画作并不是很多，其绘画水平从此幅图可见一斑。画中景物写实，寓意吉祥，但技法稚拙，功力尚浅，可以看出是其即兴之作。

还要粉墨登场,亲自演戏,这在清朝帝王中是少有的。同治帝继承了其父的爱好,经常和小太监们一起研究戏曲,有时还指导编排。同治帝扮演的角色一般是无足轻重的,比如扮演灶君。

二是生性风流。咸丰帝对女人有着特殊的爱好,不管是选秀女,还是抢人家的老婆,或是与寡妇来往,都给后人留下了笑柄。同治帝和他的父皇一样,很风流。同治帝居然不顾帝王之尊,与朝臣同看《秘戏图》,还与小太监嬉戏。他也不顾及宗室的面子,居然和宗室的一些纨绔子弟一起到肮脏的胡同去玩耍。

三是自甘堕落。在咸丰五年(1855年)之后,眼看着太平天国起义和英法联军对清朝的恫吓与军事威胁逐步加剧,内忧外患不断,咸丰帝无能为力,便意志消沉,无心政事,经常听戏,迷恋女人,自称"且乐道人"。同治帝也是这样,在慈禧太后的极力干预下,自己没有实权,什么事情都说了不算,是一个傀儡皇帝,于是他转移了兴趣,开始迷恋听戏和女人,自甘堕落。

总之,同治帝作为咸丰帝和慈禧太后的儿子,继承了父母的性格特征。但是总的来讲,同治帝还是更像咸丰帝,比如不思进取、自甘堕落这一点,是他人生的主旋律,而慈禧太后那种不服输、努力追求、百折不挠的韧劲,同治帝则没有继承。

难以启齿的死因

同治帝的死因是一桩迷案，历来众说纷纭。

同治帝去世的时候，年仅19岁。他究竟死于何因？历史上有多种说法。

一说是死于天花。同治十三年（1874年）十月三十日下午，御医李德立与庄守和诊断："发热头眩，胸满烦闷，身酸腿软，皮肤发出疹形未透，有时气堵作厥。"这正是天花的早期症状。同治帝的老师翁同龢也记录："闻穿蟒袍补褂，圣躬有天花之喜。"慈禧太后还为此奖赏了宠臣荣禄官衔，以为冲喜。

二说是死于慈禧太后的刺激。同治帝和皇后阿鲁特氏谈及皇储问题，慈禧太后侦知，大怒，撕碎同治帝遗诏，并打皇后阿鲁特氏。这深深刺激了病重的同治帝，导致他的病情突然加重，不治身亡。

三说是死于皇后的纵容。据《满清外史》记载："载淳之寝疾也，疾稍愈矣。一日，忽欲往凤秀女宫中，以语阿鲁特氏，阿鲁特氏不可，载淳固求之，至长跪不起，阿鲁特氏不得已，乃钤玺传谕，载淳始欣然往。次晨，遽变症，召御医入视，疾已不可为矣，阿鲁特氏颇自悔。"

四说是死于慈禧太后的霸道抢权。就在同治帝病重期间，慈禧太后在同治帝的病房里召见王公大臣，她不关心儿子的病情，反而十分关心谁来"裁决政事"。她的反复追问使大臣们看清了她的心思，于是大臣们奏请仍由太后垂帘听政。而慈禧太后乘胜追击，要大臣们拟出奏折，奏报给同治帝，要他亲口说出来才名正言顺。同治帝十分生气，病情加重，不久病逝。总之，同治帝在生病的36天中，病情反反复复，也有好转的时候，但最终不治身亡。

上述说法都比较正统，但对于放荡不羁的同治帝来说，关于他的死还有

[清] 佚名 《同治帝游艺怡情图》

此图描绘的是年轻的同治帝身着便服,伏案书写的情景。画中的同治帝14岁左右,尚可见天真可爱的神情。

一种说法,那就是死于梅毒。

同治帝与其父相近,生性风流。其生母慈禧太后只注重抓权,不注重儿子的健康成长。加之有些企图邀宠的人一意引导,同治帝便不顾帝王之尊,频频出入烟花柳巷。据《清朝野史大观》记载:

> 穆宗朝,有翰林侍读王庆祺者,顺天人,生长京师,世家子也。美丰仪,工度曲,擅谄媚之术。初直南书房,帝爱之,至以五品官加二品衔,毓庆宫行走,宠冠同侪,无与伦比。日者,有一内监见帝与王狎坐一榻,共低头阅一小册。太监伪为进茶者,逼视之,则

[清] 同治帝 《秋趣镜心》

此图为同治帝所绘。图中两只蜻蜓与花卉相映成趣,色泽明丽,为同治帝赏玩之作。

《秘戏图》，即丰润县所售之工细者。两人阅之津津有味，旁有人亦不觉。此内监遂出而言于王之同列，同列羞之，相戒不与王齿。或又曰，帝竟与王同卧起，如汉哀董贤故事，是则未为人见，不能决也。

这段文字虽然载于野史，但就在同治帝宾天后9天，慈禧太后处置了王庆祺："王庆祺着即行革职，永不叙用，以肃官方。"这道谕旨载于《光绪朝东华录》，说得意味深长。

由于同治帝不敢去京师的著名妓院，怕在那里撞见嫖妓的王公大臣，便专去那些肮脏的小妓窟。可是同治帝怕什么来什么，就在他冶游八大胡同之时，居然撞见了熟人——吏部尚书毛昶熙。毛昶熙看见皇帝，先是大吃一惊，接着派出了十几个人暗中对皇帝进行保护。这让同治帝既愤怒又难堪。几天后，同治帝见到毛昶熙，大加责备，说他多管闲事。不久，同治帝染上了性病。

御医李德立在脉案中说，到同治十三年（1874年）十一月初二，同治帝出现"腰疼胸堵""由毒滞熏蒸肺胃，阴分不足"的症状，这说明同治帝肾虚，毒火因此而内陷。到十一月十六日，御医诊断："肾虚赤浊，余毒挟湿，袭入筋络，以致腰软重疼……"同治帝这些症状，有专家判断，是天花和梅毒夹杂所致。

在《清朝野史大观》中同样有所记载：

久之毒发，始犹不觉，继而见于面，盎于背，传太医院治之。太医院一见大惊，知为淫毒，而不敢言，反请命慈禧是何病症，慈禧传旨曰："恐天花耳。"遂以治痘药治之，不效。帝躁怒，骂曰："我非患天花，何得以天花治？"太医奏曰："太后命也。"帝乃不言，恨恨而已。将死之前数日，下部溃烂，臭不可闻，至洞见腰肾而死。

但这种记载与清宫档案所记多有抵牾，孰是孰非，恐怕已成千古之谜。

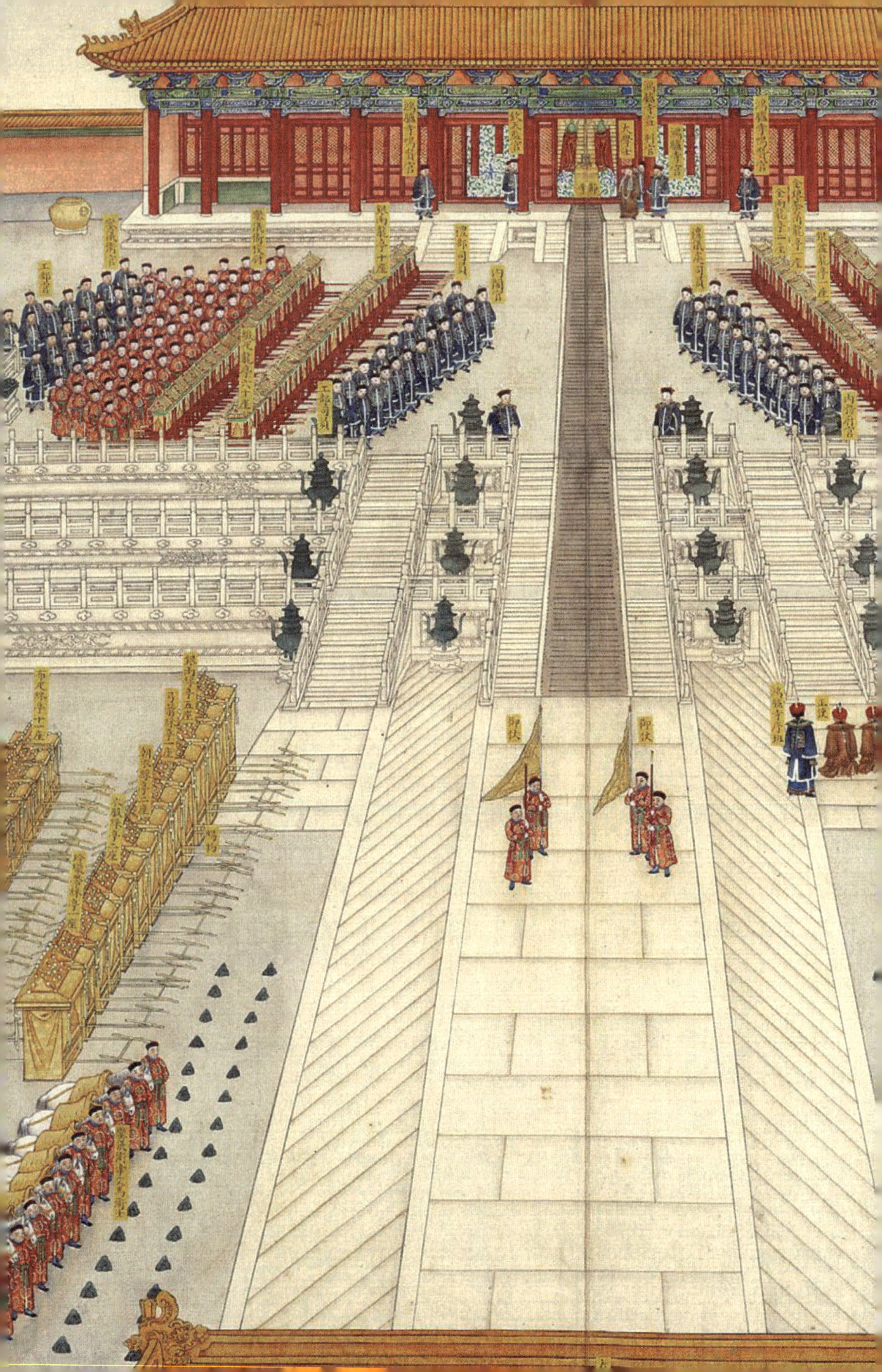

拾壹

光绪帝载湉

慈禧太后的失误

慈禧太后很精明，对于权力是紧紧抓住，毫不放松，从没失手过。就在同治十三年（1874年）十二月初五，亲生儿子同治帝去世之后，慈禧太后开始琢磨，由谁来继位呢？不管怎么样，一定要有利于自己掌权，继续垂帘听政才好。她本着这样的目的，寻找合适的人选。短暂的悲伤过后，她立即找到了合适的人选。这个人就是我们熟悉的光绪帝。这一年他年仅4岁，非常有利于慈禧太后垂帘听政。

那么，慈禧太后为什么要选择这个孩子呢？

一是这个孩子的父亲听话。他的父亲就是慈禧太后的小叔子，醇亲王奕譞。在慈禧太后的眼里，奕譞最听话了。主要是这个人小心谨慎，做事从不张扬。举个例子，慈禧太后赏给他一顶杏黄色的轿子要他坐，其实是在试探他，看他有没有这个胆量。奕譞没坐，把这顶轿子供了起来，慈禧太后这才放心了。再比如，光绪帝继位后，慈禧太后担心奕譞作为光绪帝的父亲，会以太上皇的身份把持朝政。奕譞怎么办呢？他马上写了一个折子，叫《豫杜妄论》，奕譞向慈禧太后做了保证，谁敢蛊惑他或者皇帝，要他干预朝政，那就是乱臣贼子，自己绝对不接受。为了让慈禧太后放心，奕譞宣布自己提前"退休"了，不再"上班"。这样的人，慈禧太后能不放心吗？

二是这个孩子的母亲是自己的妹妹。慈禧太后姐妹两个，妹妹嫁给了醇亲王奕譞。自从姐姐的儿子继承了皇位，姐姐成了炙手可热的皇太后，慈禧太后的妹妹在王府中的地位就很高了。谁敢小瞧这个福晋呢？很自然，慈禧太后的妹妹成了王府中的嫡福晋。虽然奕譞有很多女人，但慈禧太后的妹妹是

〔清〕佚名 《光绪帝朝服像》

图中，光绪帝坐于龙椅之上，神情庄严，目视前方，手握朝珠，衣饰华丽。

最有地位的，所以这个女人生育也最多，她生了5个孩子。但是很可惜，这些孩子大多都夭折了，只有一个活了下来，那就是光绪帝。

尽管如此，慈禧太后还是遇到了麻烦，居然有人敢上书，反对光绪帝继位。谁这么大胆子，敢于对抗慈禧太后呢？这个人就是吏部主事吴可读。吴可读饱读诗书，看出了问题的严重性。有什么问题吗？当然有，光绪帝不能够继位，因为辈分不对。光绪帝和死去的同治帝是平辈，同治帝叫载淳，光绪帝叫载湉，都是"载"字辈。大清家法不是兄终弟及而是子承父业。慈禧太后这么做无非就是为了保住自己皇太后的地位，继续垂帘听政罢了。但是谁也不敢说啊。实际上吴可读也不敢说，他怕慈禧太后一发怒杀了他。于是，吴可读趁着同治帝大葬、入土为安的日子，写了一封绝笔书，也就是遗书，准备上书慈禧太后，请为同治帝立嗣。吴可读是在蓟州的一座破庙里面完成这件事的，完成之后，他饮药自尽。遗书被发现后，报到慈禧太后那里，慈禧太后也知道自己做得不对，而且吴可读已经自杀了，这件事就这样不了了之。

慈禧太后很庆幸，觉得强权就是真理，自己做得不对，谁也不敢反对，反正掌权就是实惠，管其他做什么！可慈禧太后没想到，自己冒天下之大不韪做的这件事，居然存在一个天大的隐患。什么隐患呢？那就是光绪帝的性格有问题。

光绪帝的性格随他的母亲。光绪帝的母亲性格怎样呢？她和姐姐慈禧太后的性格很相似，专横得很。在王府中，她说一不二，而且很固执，谁的话也不听。光绪帝的性格也是如此。这可就糟了，尤其是光绪帝长大之后，不甘心被慈禧太后控制，不想做傀儡帝王，想通过变法，废掉慈禧太后自立。结果，他谋略不足，酿成了悲剧。这件事对慈禧太后打击之大是可想而知的，她后悔自己当初为什么会看上他？

[清] 青玉圆雕光绪御笔之宝

宝玺由整块青玉圆雕而成，交龙钮雕刻精美。印面阳刻"光绪御笔之宝"六字篆书，气势磅礴。

光绪帝的母亲

同治十年（1871年）六月二十八日，载湉出生在醇郡王奕譞的王府，他的生母是奕譞的嫡福晋叶赫那拉·婉贞，也就是慈禧太后的亲妹妹。

婉贞比奕譞小1岁，比姐姐慈禧太后小6岁。按照清宫选秀女的惯例，婉贞也必须进宫备选。让婉贞很失望的是，自己在选秀女的时候，意外落选。在姐姐的努力下，咸丰帝把她赐婚给奕譞做嫡福晋，这使她有机会进入皇家的王公府第，自然也是令她很兴奋的事情。

奕譞共有4位福晋，嫡福晋叶赫那拉·婉贞，侧福晋颜扎氏，侧福晋刘佳氏，侧福晋李佳氏。这4位福晋为他生育了10个子女，其中，子7位，分别是：第一子载瀚，嫡福晋叶赫那拉·婉贞所生；第二子载湉，即光绪帝，嫡福晋叶赫那拉·婉贞所生；第三子未命名，嫡福晋叶赫那拉·婉贞所生；第四子载洸，嫡福晋叶赫那拉·婉贞所生；第五子载沣，侧福晋刘佳氏所生；第六子载洵，侧福晋刘佳氏所生；第七子载涛，侧福晋刘佳氏所生。格格3位，分别是：第一女，嫡福晋叶赫那拉·婉贞所生；第二女，侧福晋刘佳氏所生；第三女，侧福晋李佳氏所生。

由奕譞的这10个孩子我们可以看出：婉贞很得夫宠。她自己就生育了5个孩子——4个儿子，1个女儿。可是，婉贞对养育孩子没有很好的经验。她奉行减食的育儿办法，不给孩子吃足够的食物。据溥仪在《我的前半生》中记述，婉贞给孩子吃一只大虾，还要分成三段。结果是孩子们营养不良，去世了4个。长子载瀚不到两周岁去世，第三个儿子只活了一天半，第四个儿子不到5岁就去世了，第一个女儿活了6岁。唯一存活下来的是她的第二子载湉，

[清] 佚名 《光绪帝读书像》

图中,光绪帝长相清秀,气质儒雅,正坐在书案前学习。

即光绪帝。但是载湉4岁就离开了她，到宫里做皇帝去了。这令她很伤心，也很无奈。

由于身边的孩子一个个去世，婉贞的性格变得很古怪。

一是性格高傲。即使是慈禧太后请她去宫中看戏，她也不看，还敢于顶撞。因为此时同治帝刚刚去世，婉贞遵照祖制，不能看戏。当戏台上演戏的时候，她闭着双眼，坐在慈禧太后的旁边，慈禧太后也没有办法。

二是忌讳很多。在婉贞面前，下人不许说"完了""死"之类的话，她认为那些话不吉祥，要用别的话替代。

三是拜佛。婉贞终生信佛，菩萨心肠。最明显的就是她喜放生，而且从不间断。另外，婉贞夏天不进花园，因为这时蚂蚁很多，她怕踩死这些蚂蚁。

四是对太监很严厉。婉贞对待太监极为严厉，她甚至会鞭打太监。在《我的前半生》中就记载，有一位老太监被她打成了残疾。

作为嫡福晋，婉贞治家极为严格。她要求子女们要行动有规范，给下人做出表率。比如，不许乱笑等。所以，王府上下都很惧怕她。

但是，婉贞心里是孤寂的，尤其是自己最心爱的儿子载湉进宫做了皇帝后，不能经常见面。即使见面，也要先行君臣之礼，才可以行家人之礼。所以，婉贞一直郁郁寡欢，身心健康受到了影响。光绪二十二年（1896年）五月初九，婉贞病逝，享年56岁。这个时期，正是光绪帝亲政的时期，婉贞却重病缠身。光绪帝多次亲往王府，看望自己的亲生母亲。可是无论如何，他也没能挽回母亲的生命。婉贞死后，光绪帝封其为皇帝本生妣，并辍朝11日，深切悼念自己的母亲。

[清] 光绪帝 《光绪御笔扇面册》（部分）

扇面册采用绢质材料，轻盈且富有质感，笔触细腻，字迹清晰、流畅。画面布局精妙，墨色深浅得当，古朴典雅。

百卉飛彩
光緒己丑仲夏中澣
御筆

光绪帝的父亲

光绪帝的父亲奕譞（1840—1891年），是道光帝第七子，咸丰帝同父异母弟，生母为道光帝庄顺皇贵妃乌雅氏。

奕譞是慈禧太后的亲妹夫，这是他最重要的政治身份。

奕譞于11岁时被按例封为醇郡王，那个时候，是其同父异母的哥哥奕詝做皇帝。咸丰年间，奕譞在政治上并不出色，但咸丰帝死后，奕譞积极配合慈禧太后发动辛酉政变，亲自捉拿了顾命八大臣之首肃顺，再加上娶了慈禧太后之妹为嫡福晋，所以慈禧太后开始重用奕譞。同治十一年（1872年），他被晋封为亲王。

同治帝去世，慈禧太后出于垂帘听政的考虑，立奕譞4岁的儿子载湉做皇帝。当慈禧太后宣布由载湉继位时，奕譞极为震惊。据《翁同龢日记》记载："维时醇郡王惊遽敬唯，碰头痛哭，昏迷伏地，掖之不能起。"其他资料也有类似的记载。奕譞为什么会吓成这样呢？因为他深知，儿子进宫做皇帝，吉凶难料，尤其是贪权的慈禧太后，会不会给儿子和自己带来灾难呢？

为此，奕譞更加小心谨慎，他做了两件事。一是辞去一切差事。儿子做皇帝，父亲实在不适合再上朝为官。于是，奕譞上书太后，要求免去自己一切差事。太后准奏，但仍保留其亲王的爵位。二是秘密上书。奕譞在光绪帝继位之初，为了自保，秘密上书慈禧太后《豫杜妄论》，奕譞指出："如有以治平、嘉靖之说进者，务目之为奸邪小人，立加屏斥。果蒙慈命严切，皇帝敢不钦遵，不但臣名节得以保全，而关乎君子小人消长之机者，实为至大且要。"就是说，如果有人胆敢上书光绪帝，为自己本生父谋求名利，则严惩不

醇亲王奕譞及其小儿子

照片摄于1888年。醇亲王奕譞一生共有七子,图中孩子是他最小的儿子。

贷。奕譞以此向太后做了保证,慈禧太后这才放心了。果然,后来河道总督吴大澂上书慈禧太后,慈禧太后便拿出奕譞的密奏进行驳斥。

关于奕譞的小心谨慎,有两个例子。其一是他用这样的话告诫子孙:"财也大,产也大,后来子孙祸也大,若问此理是若何,子孙钱多胆也大,天样大事都不怕,不丧身家不肯罢;财也小,产也小,后来子孙祸也小,若问此理是若何,子孙钱少胆也小,此微产业知自保,俭使俭用也过了。"其二是他

[清] 奕譞 《楷书七言诗》

这幅书法作品字迹苍劲有力，字间架构稳健，运笔流畅且富有节奏感。

从不张扬。据溥仪回忆，慈禧太后赐过奕譞两样东西：一样是黄马褂，可奕譞一次都没穿过；还有一样是紫禁城坐轿，是四人抬杏黄大轿，可奕譞一次没坐过，轿子都没出过府门，被恭敬地供在醇亲王府里。

对于自己的儿子，奕譞还是很惦记的，毕竟父子同心，他很担心载湉在宫里孤寂。于是，光绪二年（1876年），当皇帝在毓庆宫入学后，醇亲王入宫加以照料，只有在这时他才得到了和儿子相处的机会。但毕竟是君臣的关系，每次见面感觉都很奇怪，作为父亲，他不能尽情地关怀年幼的儿子。

奕譞并不长寿。光绪十六年（1890年）十一月，他得病了，而且很严重。光绪帝亲自前往探视。丁亥，醇亲王薨，终年51岁。光绪帝刚刚20岁就失去了父亲，自然十分悲伤。于是他穿素服一年，辍朝11日。奕譞被安葬在妙峰山园寝里面，他的几位福晋陪葬在两边。奕譞的谥号为"贤"，配享太庙。

一生中四个重要的男人

在光绪帝的人生中，有四个男人对他来说太重要了。这四个人决定着他的命运，影响着他的人生。他们是奕譞、翁同龢、袁世凯和李莲英。

奕譞是光绪帝的亲生父亲，在他32岁的时候，载湉出生了。载湉继位前，奕譞因为是慈禧太后的妹夫而得到重用，先后担任都统、御前大臣、领侍卫内大臣等职务，并在弘德殿稽查皇帝、皇子们读书。可是，同治十三年（1874年），同治帝崩逝，儿子载湉做了皇帝，这给奕譞的生活带来了很大的变化：

一是压力空前增大。奕譞作为亲王，本来与皇帝无缘。可是，由于慈禧太后突然宣布由载湉继位，使得奕譞压力陡增，以至于在听到这样的消息之后，昏厥过去，很长一段时间不适应。这种压力从此伴随着他，直到他去世。

二是被迫上书《豫杜妄论》。奕譞本来就虑事周详，小心谨慎，说白了是一个胆小怕事之人。面对强大的慈禧太后，儿子做了皇帝，慈禧太后会怎么看自己呢？为了打消慈禧太后的疑虑，奕譞在光绪元年（1875年）正月初八，上了密奏《豫杜妄论》，表明心迹，消除慈禧太后的后顾之忧。真是难为他了。

三是被迫辞去一切差事。奕譞作为慈禧太后的至亲，本来很受重用，掌握着很重要的权力。可是，由于儿子当了皇帝，奕譞赶忙上奏："惟有哀恳矜全，许乞骸骨，为天地容一虚縻爵位之人，为宣宗成皇帝留一庸钝无才之子。"请求辞去朝廷委任的一切差事，这明显是不得已的。

后来，慈禧太后赏给奕譞一顶杏黄色轿子，他只是供奉在王府，却不敢风光地乘坐。奕譞本来可以大展宏图，有一番作为的，却不得不处处小心谨慎，害怕慈禧太后怀疑他的忠心。

对于光绪帝来讲，父亲永远是父亲，是自己最可信任和依靠的人。入宫后，由于年龄小，只有父王伴读才最开心、最惬意。可是，正当光绪帝大婚在即、亲政在即，慈禧太后居然试探性地要求奕譞回朝任事。奕譞怎么敢呢？父子同朝的尴尬局面要回避，太后的担心和多疑也要顾及，所以干脆不要任职！这样，光绪帝亲政，作为父亲也帮不了什么。光绪十六年（1890年），儿子刚刚亲政不久，奕譞就病逝了。

翁同龢与光绪帝关系极为密切，因为他给光绪帝当了22年的老师。光绪元年十二月初一，两宫皇太后降旨翁同龢在毓庆宫行走，任年仅5岁的光绪帝的老师。

在毓庆宫的日子里，翁同龢呕心沥血，教授引导光绪帝。

照顾起居。光绪帝年仅5岁，懵懂无知，时常大哭大闹。翁同龢像保姆一样哄他，照看他。光绪帝从小体弱多病，胆子小，每逢雨天电闪雷鸣之时就特别害怕，翁同龢总是将光绪帝抱在怀中，安慰他，给他壮胆。因为光绪帝年纪小，经常哭闹，翁同龢便奏慈禧太后，请光绪帝的父亲奕譞前来照看，这使得焦躁不安的小皇帝安静了许多。有时候，光绪帝身边的太监敲诈小皇帝，翁同龢便替光绪帝做主。

教给光绪帝各种知识。翁同龢作为两代帝师，知识渊博。

让传统文化先行。翁同龢熟悉中华传统文化，教授"四书五经"等典籍，对光绪帝进行启蒙教育。

让西方改良文化跟进。翁同龢给光绪帝增设了有关中外史地、洋务运动和早期改良主义方面的课程，使光绪帝开阔了眼界，了解了世界上的先进文化。

结合现实。翁同龢结合当时发生的重大政治、军事、外交事件，积极引导光绪帝思考现实问题。他们议论时政，开诚布公，无所不谈，激发了光绪帝治国图强的欲望。翁同龢把自己的治国思想灌输给光绪帝，得到其认同，成为"帝党"力量的核心思想来源。

道德修养教育。翁同龢注重对光绪帝加强道德修养方面的教育。他第一次给光绪帝进讲时，就讲授了"帝德如天"的道理。在以后长达22年的讲授过程中，翁同龢时常规劝光绪帝在言行举止、待人接物方面既要体现帝王威严，又要体恤下情，不做暴戾之君。

翁同龢的这些教诲，直接影响了光绪帝的帝王人生。可惜，就在翁同龢激励光绪帝，努力使他成为一位有为之君的时候，遭到了以慈禧太后为首的"后党"嫉恨。光绪二十四年（1898年）四月，在光绪帝颁布《明定国是诏》后，慈禧太后逼迫光绪帝下令将翁同龢开缺回籍，翁同龢的政治生涯就此结束。

袁世凯（1859—1916年），字慰亭，汉族，河南项城人，中国近代史上的政治、军事人物，北洋军阀的首领。早年在朝鲜发迹，归国后在天津小站督练新军。光绪二十四年（1898年），袁世凯升任工部右侍郎。光绪帝寄望于袁世凯的新军，于八月初一召见袁世凯，寄予厚望；第二天，光绪帝再次召见

袁世凯

照片摄于1915年。袁世凯的荣辱功过各有评说，有人说他是『独夫民贼』『窃国大盗』，也有人认为他对中国的近代化做出了贡献，是『改革派人物中的第一人』。

袁世凯；八月初三，谭嗣同密访袁世凯。然而袁世凯出卖了光绪帝，出卖了维新变法。八月初六，光绪帝因为袁世凯的出卖被囚禁，变法失败。

李莲英（1848—1911年），出生在顺天府大城县，今河北大城县臧屯乡李贾村，祖籍山东齐河，太监。根据其墓志铭记载，他生于道光二十八年（1848年），9岁时由郑亲王府送进皇宫当差。同治八年（1869年），安德海被杀后，22岁的李莲英得到慈禧太后的信任，升任大总管，至二品顶戴。从光绪帝入宫到去世的34年间，李莲英始终陪伴在慈禧太后的身边。李莲英为人机警，处世圆滑。光绪十四年（1888年），他随醇亲王视察海军；光绪二十六年（1900年），八国联军入侵北京，他随光绪帝、慈禧太后逃至西安。在慈禧太后与光绪帝复杂多变的关系中，李莲英往来其间。对于光绪帝，李莲英一面应付，一面又尽量照顾。以李莲英的为人，两人绝对不是仇敌。清代著名维新派人士王照曾讲述过这样一个故事：慈禧太后率光绪帝出逃后返京，走到保定住下。太后睡觉的地方被褥铺陈华美，李莲英住得稍差一点，但也很不错。李莲英侍候慈禧太后睡下后到光绪帝的住处探望，见光绪帝在灯前枯坐，没有值班太监。李莲英一问才知皇帝竟然铺的盖的都没有，时值隆冬，根本无法睡觉。李莲英当即跪下抱着光绪帝的腿痛哭道："奴才们罪该万死！"并把自己的被褥抱来让光绪帝用。光绪帝后来回忆西逃的苦楚时曾说："若无李谙达，我活不到今天。"由此可见，李莲英对光绪帝是尽量照顾的。

大意失荆州

人们常说一句话，叫"大意失荆州"。什么意思呢？三国时期，名将关羽由于傲慢轻敌、粗心大意而失去荆州三郡，即南郡、武陵、零陵三郡。那么，光绪帝作为一代君王，一生都没有掌握实权，是大意造成的吗？我认为是。

对慈禧太后大意。开始，慈禧太后和光绪帝母子关系非常好。那当然，是慈禧太后自己选的帝王，能不喜欢吗？慈禧太后就说过，外面都说我们母子不和，怎么会呢？我把4岁的他抱进宫，精心照料。慈禧太后说的这些话是真的，无论从哪个角度，慈禧太后这么做都合情合理，她没有必要虚构。可后来这对母子之间的关系发生了根本性的变化，是光绪帝太大意了，他没有很好地利用这种关系，相反，他产生了逆反心理，排斥慈禧太后安排的事情，比如婚姻，慈禧太后能不恼怒吗？

对维新派大意。光绪帝仰仗的维新派，就是康有为、梁启超、谭嗣同等人，还有老师翁同龢。这些人都是没有兵权的书生，他们既没有经济实力，也没有地方势力，更没有军事力量做后盾。依仗这些人，怎么可能成功？枪杆子里才出政权啊。太相信维新派，才酿成后面不可收拾的局面。

对后宫很大意。光绪帝的后宫有一后二妃，皇后叶赫那拉氏是慈禧太后的侄女，是慈禧太后用来控制光绪帝的。可光绪帝太大意了，他认为喜欢不喜欢是自己的事情，别人无权干涉，就像当年顺治帝一样，他要自由恋爱。可光绪帝忽略了一个事实，顺治帝母子也好，慈禧太后和同治帝母子也罢，再怎么着都是亲生母子，而他和慈禧太后不是。所以，大意的光绪帝一意孤行，自己的女人跑到慈禧太后那里去告密，什么事都瞒不住，与自己离心离

[清] 梁启超 《楷书诗轴》

梁启超的书法属于学者型。他在文、史、哲方面的成就太高,再加上他作为政治家的显赫名声掩盖了其书法家的声望。梁启超是戊戌变法的重要推动者和领导者。他积极倡导变法,与康有为等人共同发起"公车上书",要求清政府实行改革,并参与了光绪帝变法诏书的起草工作。

德，他又怎么可能摆脱得了慈禧太后的掌控。

对自己太大意了。戊戌变法失败，光绪帝的处境很艰难。其实，慈禧太后对光绪帝早就很失望了，变法失败后，废掉这个傀儡皇帝是早晚的事。可光绪帝对此认识并不充分，他觉得以自己和慈禧太后的血缘关系，不至于此。此后，发生了两件大事。一是册立大阿哥溥儁。溥儁是端郡王爱新觉罗·载漪次子，母亲为慈禧太后的弟弟叶赫那拉·桂祥之女。戊戌变法失败后，以慈禧太后为首的顽固派想废黜光绪帝，于是在光绪二十六年（1900年）十二月二十四日召集王公大臣开会，决定立溥儁为"大阿哥"（皇储），预定庚子年元旦光绪帝举行让位礼，改元"保庆"。此举遭到国内外各派势力的强烈反对，慈禧太后被迫停止废立计划。光绪二十七年（1901年），慈禧太后等回銮。途中，载漪纵容义和团，获罪祖宗，其子溥儁因父获罪不宜做皇储，被废除"大阿哥"名号。二是自己被人下毒致死。光绪三十四年（1908年）十月二十一日，光绪帝去世。近年来通过对其遗物进行科学检测，证实他是砒霜中毒身亡。光绪帝真是太大意了。

光绪帝这么大意，也难怪变法失败，自己被人害死。

[清] 杨鹏秋 《康有为像》

康有为是晚清重要的政治家、思想家、教育家，资产阶级改良主义的代表人物，戊戌变法的号召者和领导者，被视为变法的精神领袖。康有为提出了具体的变法方法，描述了变法前景，还积极上书光绪帝，强调变法的紧迫性和重要性。

光绪帝的性格

光绪帝的性格是多变的。按理说，一个人的性格特征是固定的，但是光绪帝从入宫到入学，从亲政到政变被囚禁，地位几经变化，他的性格也就变化无常。

一、幼帝时期。光绪帝4岁入宫，6岁入学，开始了学习生涯。这段时间，光绪帝主要是学习功课，政务由姨妈慈禧太后打理。光绪帝表现出的性格特征是：

（一）大哭大闹。开始入学时，光绪帝不适应，也不想学，大哭大闹，搞得慈禧太后和师傅束手无策，没有办法，还是请来了光绪帝的父亲奕譞，这才安静了许多。

（二）胆子小。这是先天的，加之4岁入宫，深宫冷寂，没有父母的陪伴，孤苦伶仃，无依无靠，他的胆子就更小了，经常是听到打雷的声音就会浑身颤抖。

（三）读书认真。光绪帝好学，读书很认真。他会大声诵读，而且博览群书，对此，慈禧太后很满意，夸他："实在好学，坐、立、卧皆诵书及诗。"

（四）有爱民之心。少年光绪帝就有爱民之心。15岁时，他这样写道："为人上者，必先有爱民之心，而后有忧民之意。爱之深，故忧之切。"

（五）爱动感情。光绪帝的感情很丰富，但是他不轻易表现出来。他的师傅翁同龢有一次因事要回老家，光绪帝非常舍不得，总不让走。翁同龢走后，光绪帝便无心读书，神不守舍。直到师傅回来以后，光绪帝动情道："吾思汝久矣！"

二、亲政期间。光绪帝的大婚被贪权的慈禧太后一推再推,因为一旦大婚,就意味着成年,成年自然就要真的亲政了。所以,直到光绪十五年(1889年),光绪帝19岁的时候,才举行大婚典礼。亲政期间,光绪帝的性格特征是:

(一)懦弱。这种性格特征,可能与他的身体素质有关系。光绪帝身体素质较差,瘦弱的身体使人们觉得他很懦弱。比如,在选立皇后这件终身大事上,光绪帝喜欢的其实是德馨的两个漂亮女儿,但是由于慈禧太后的干预,他不得不选立自己不太喜欢的静芬做皇后。这一点,光绪帝绝对不如同治帝,同治帝就敢于忤逆慈禧太后,选立慈禧太后不太喜欢的阿鲁特氏为皇后。

[清] 光绪帝御袍

御袍用五彩丝线和金线绣成。御袍上饰有九条金龙,寓意皇帝为真龙天子,五彩祥云预示着圣君在位。

[清] 光绪帝 《光绪御笔指纸扇面册图》

光绪帝以其独特的指画技法，在扇面上留下了精美的图画。画面布局合理，线条流畅，墨色浓淡相宜。在技法上，光绪帝巧妙地运用了写意、没骨等手法，使画面既生动形象，又不失高雅的艺术底蕴。

（二）无奈。这是针对霸道的慈禧太后而言的。慈禧太后为了控制光绪帝，竟然要求皇帝叫自己"亲爸爸"，这就在心理上对光绪帝形成一个震慑。光绪帝每天都要违心地跪在地上向慈禧太后请安。当慈禧太后严厉惩治自己心爱的珍妃时，光绪帝也无可奈何，没有保护她的能力。

（三）叛逆。光绪帝具有叛逆的性格。比如，他主张变法，实际上是对顽固的"后党"的叛逆，是对传统的叛逆。再比如，他讨厌皇后静芬，喜欢慈禧太后不中意的珍妃，正是他叛逆性格的表现。光绪帝叛逆的性格是继承了他的姨妈慈禧太后和母亲婉贞的。

（四）乾纲独断。光绪帝亲政之后，虽然有慈禧太后的操纵，他仍想方设法变革现有制度。光绪帝力图自决大事，比如在中日甲午战争期间，光绪帝"一力主战"，多次惩治贻误战机的李鸿章，表现出他乾纲独断的决心。再比如在戊戌变法期间，光绪帝频繁进行人事调整，大胆颁布《明定国是诏》，宣布推行新政。

三、囚禁生涯。光绪二十四年（1898年），戊戌政变发生，28岁的光绪帝被囚禁瀛台，一直到光绪三十四年（1908年）去世，其间整整10年的囚禁生涯，他的性格发生了怎样的变化呢？

（一）沮丧。这无疑是由处境造成的。尽管经过自己的努力，意在变法图强，怎奈保守势力太强大，自己实在无能为力，有时连生命安全都很难保证，所以光绪帝表现出沮丧的情绪。尤其是在光绪二十五年（1899年），慈禧太后与荣禄谋立端王载漪之子溥儁为大阿哥，意在废帝另立。光绪帝从此日夜战战兢兢，没有安全感。

（二）愤懑。由于在戊戌变法中袁世凯出卖了光绪帝，光绪帝充满了愤懑的情绪。他甚至把袁世凯画成图，贴在墙上，用力刺杀，诅咒他，谩骂他，来排解心中的愤懑之情。

总之，光绪帝的性格是随着其地位、处境的变化而变化的。

三次做被告

戊戌政变后，以慈禧太后为代表的"后党"立即聚集起来，开始对光绪帝的变法政策进行清算。在此期间，发生了慈禧太后三次审讯光绪帝的闹剧。

第一次是在光绪二十四年（1898年）八月初六，政变当天。据史料记载，前一天，光绪帝还在宫内接见日本首相伊藤博文，可这时慈禧太后就在幕后监视，光绪帝已经失去了自由。据萧一山《清代通史》记载，"因是日有召见伊藤博文事，后在幕后监视，故未即发作"。随后，光绪帝便被控制起来。慈禧太后召集奕劻等顽固守旧的王公大臣，对光绪帝开始了第一次审讯。据苏继祖《清廷戊戌朝变记》记载，当时，慈禧太后俨然太上皇一样，高坐于朝堂，光绪帝则跪在地上，并设置了竹杖。然后慈禧太后大发雷霆，历数光绪帝的"罪状"。光绪帝能怎么办呢？据萧一山《清代通史》记载，"帝战栗俯伏，惟有涕泣"。第一次审讯结束。

第二次是在八月初七，政变第二天。对光绪帝的审讯紧锣密鼓。这次审讯是逼迫光绪帝表态，承认康有为等人为乱臣贼子，并下旨捉拿。这真的是如刀割心，康有为等人是自己一手提拔起来的维新志士，让自己否定他们，再亲自下旨捉拿，光绪帝如何能做到！但是面对强大的慈禧太后集团，光绪帝没有别的选择。据资料《驿舍探幽录》记载，"呈与皇上，皇上转

呈太后阅毕，仍递交皇上。皇上持此旨目视军机诸臣子，踌躇久之，始发下”。从这段描述中，我们看到慈禧太后的霸道，光绪帝的无奈。

第三次是在八月初八，政变第三天。这一次是慈禧太后要求光绪帝认罪。她找了很多证据，包括从光绪帝住处搜查到的资料。慈禧太后要让光绪帝心服口服，逐条指认。光绪帝仍然是以沉默对抗，他能说什么呢？总之是欲加之罪。自己变法图强，为的是国家和民族的复兴，为的是清朝的强大，何罪之有！但是他也只有沉默，一切话都是多余的。

慈禧太后认为，光绪帝不说话，就是认罪了。既然犯了这么大的罪行，也只有自己出山了，这才是她的真正目的。于是，慈禧太后做出了最终“裁判”：

一、太后重新垂帘训政。慈禧太后以光绪帝的名义，下发太后训政谕旨：“慈禧端佑康颐昭豫庄诚寿恭钦献崇熙皇太后两次垂帘听政，办理朝政，宏济时艰，无不尽美尽善。因念宗社为重，再三吁恳慈恩训政。仰蒙俯如所请，此乃天下臣民之福。由今日始在便殿办事。本月初八日，朕率诸王、大臣在勤政殿行礼，一切应行礼仪，著各该衙门敬谨预备。”慈禧太后就这样，重新把持了朝政。

二、囚禁光绪帝。慈禧太后对光绪帝采取了措施。她命人大造舆论：“以帝疾作，宣示中外。”就是说，对外宣称光绪帝得了很严重的疾病，不能再处理政务了。于是，光绪帝被押往瀛台，完全与世隔绝，真正是“欲飞无羽翼，欲渡无舟楫”。直到光绪三十四年（1908 年）去世，光绪帝在这里度过了长达 10 年的囚禁生涯。

清詩不敢私囊篋
杏村仁兄雅属

［清］梁启超《楷书七言联》

这幅作品笔力遒劲，字形端庄而不失灵动。墨色浓淡相宜，线条流畅有力，展现了深厚的书法功底。其内容蕴含深意，寓意深远。

缘何死于慈禧太后去世前一天

光绪三十四年（1908年）十月二十一日，38岁的光绪帝在中南海瀛台涵元殿离开了人世。第二天下午，他的母后及政敌、操纵晚清政权达半个世纪之久的慈禧太后，死在中南海仪鸾殿内，终年74岁。

光绪帝死了，而且死在了慈禧太后去世的前一天，这么巧，有人认为光绪帝之死很蹊跷。曾经是清宫御医的屈桂庭说，在光绪帝临死的前三天，他最后一次进宫为皇上看病，发现光绪帝本已逐渐好转的病情却突然恶化，皇上在床上乱滚，大叫肚子疼。没过几天，光绪帝便死了。于是，关于光绪帝之死有多种说法。

一说是被慈禧太后害死的。这种说法最为广泛，因为慈禧太后扼杀了戊戌变法，杀害了光绪帝的宠妃珍妃，两个人之间的仇恨很深，慈禧太后惧怕自己死后，光绪帝翻旧案，所以眼看自己不行了，赶紧杀害了光绪帝。恽毓鼎的《崇陵传信录》、徐珂的《清稗类钞》、濮兰德的《慈禧外纪》、德龄的《瀛台泣血记》、许指严的《十叶野闻》都有类似的记载。慈禧太后一直监控着光绪帝的身体状况，包括就医。比如，在《十叶野闻》中，记载了陈太医给光绪帝看病时的情形："太后乃代述病状，皇帝时时颔首，或说一二字以证实之。殿廷之上，惟闻太后语音。"光绪帝连述说自己病情的权利都没有，还能活命吗？

二说是被袁世凯害死的。溥仪在《我的前半生》一书中谈到，袁世凯在戊戌变法时辜负了光绪帝的信任，在关键时刻出卖了皇上。袁世凯担心一旦慈禧太后死去，光绪帝绝不会轻饶了他，所以就借进药的机会，暗中下毒，将光绪帝毒死。

三说是被李莲英害死的。毫无疑问，李莲英是奉了慈禧太后之命。由于光绪帝亲政后，与以慈禧太后为首的"后党"之间的矛盾日益激化，难以调和，作为慈禧太后的心腹，李莲英也备受光绪帝的厌恶，万一慈禧太后去世，光绪帝定会加罪于他。所以李莲英和慈禧太后密谋，赶紧除掉光绪帝。李莲英借进药之机，毒死了光绪帝。

四说是自然死亡。在《德宗实录》《光绪朝东华录》《清史稿》等史籍里，均记载光绪帝是正常死亡。从光绪帝的脉案中也确实觉得他已经病入膏肓，光绪帝在无奈中屡次责怪御医。光绪三十四年（1908年）五月二十六日，光绪帝说："屡易方药，仍属加重。"七月十七日，他责备御医无能："服药非但无功，而且转增，实系药与病两不相合，所以误事。"八月初七，他更斥责御医："每次看脉，忽忽顷刻之间，岂能将病详细推敲？不过敷衍了事而已。素号名医，何能如此草率！"如此等等。这样，到十月二十一日子刻，光绪帝进入弥留之际，脉案记载："皇上脉息如丝欲绝，肢冷气焰，二目上翻，神识已迷，牙关紧闭。午刻，目直视，唇反鼻扇，阳散阴涸。酉刻，龙驭上宾。"

上述种种说法莫衷一是，光绪帝之死至今还是一个待解之谜。

[清]《绣线慈禧印松鹤图轴》

图轴以牙白色缎地为背景，绣有海中小岛、流云、海水，以及苍松、仙鹤，绣工精致细腻。图上还绣有光绪帝御笔和"慈禧皇太后之宝"印章，展现了清代晚期刺绣艺术的高超水平。

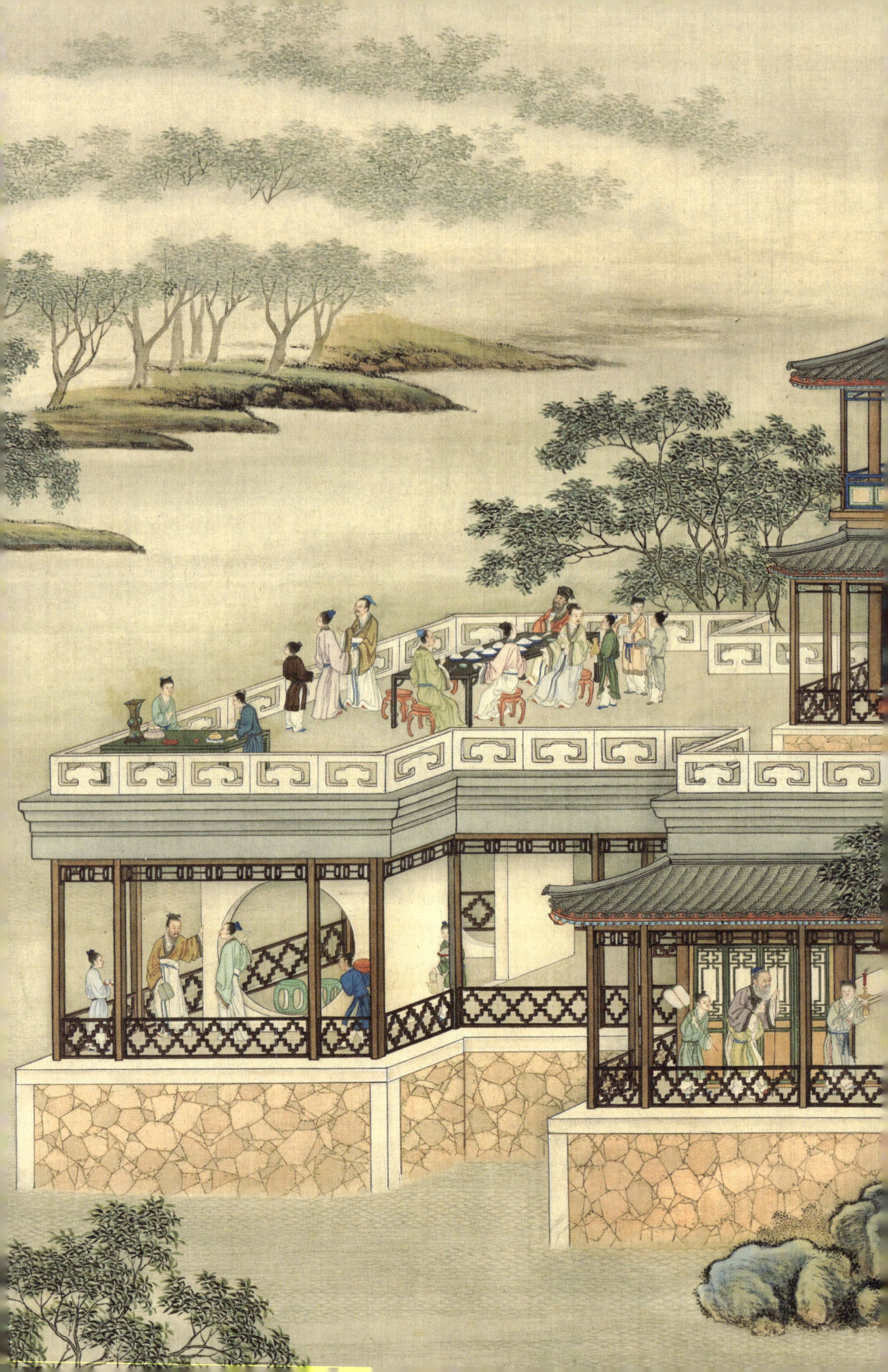

拾贰

宣统帝溥仪

慈禧太后最后的错误

光绪三十四年（1908年）十月二十一日，光绪帝走完了他的生命历程，年仅38岁。他一死，大权在握的慈禧太后也已经病入膏肓了。这个时候，虽然她体力难支，却并没有糊涂。她已经安排好了接班人，决定由年仅3岁的溥仪继位。慈禧太后此言一出，朝野上下一片哗然。为什么慈禧太后会看上溥仪？

溥仪能够继位，和慈禧太后有两层关系。一是和慈禧太后的妹妹有关系。溥仪的奶奶实际上不是慈禧太后的妹妹，因为慈禧太后的妹妹所生的孩子，除了光绪帝成活了，其余的全都死了。溥仪的奶奶是奕譞的侧福晋刘佳氏。尽管如此，溥仪的嫡祖母仍然是慈禧太后的妹妹，溥仪仍然和慈禧太后有一定的亲缘关系。二是溥仪的母亲和慈禧太后有关系。溥仪的母亲瓜尔佳氏，名字叫幼兰（1884—1921年），满洲正白旗人，大学士、军机大臣荣禄之女，慈禧太后的养女，载沣的嫡福晋，因此也被称为醇亲王妃。

精明的慈禧太后没有料到，自己在生命的最后时刻，拥立这个小孩子继承皇位是一个大错误。无论对溥仪本人，还是对大清朝，她都犯了大错误。

首先，不应该再立幼君。慈禧太后也不想想，整个清朝，幼年继位的几个帝王实际上都面临过巨大的政治风险。顺治帝6岁继位，出现了多尔衮专政，帝位岌岌可危；康熙帝8岁继位，出现过鳌拜专政，若不是康熙帝极具韬略，后果将不堪设想；同治帝6岁继位，慈禧太后与顾命大臣争权；光绪帝4岁继位，母子之间抵牾不断，直到光绪帝去世。让小孩子继位，存在太大的风险。

宣统帝溥仪

溥仪3岁继位，6岁被迫退位。1967年10月17日，他因病在北京逝世，享年61岁。

其次，慈禧太后既然自知将不久于人世，就更不应该再立幼君。大家想一想，之前的几个小孩子继位，宫里都有亲近的掌舵人：顺治帝，有母后孝庄太后掌舵；康熙帝，有精力充沛的奶奶孝庄太皇太后掌舵；同治帝和光绪帝，有精明的慈禧太后掌舵。那么这次，3岁的溥仪继位，会由谁来掌舵呢？

慈禧太后还真做了安排，她在遗嘱中写道："大事秉承隆裕太后，平时则由载沣做监国摄政。"说得倒是挺好，但细细一想，慈禧太后犯了不可饶恕的错误。一是慈禧太后高估了隆裕太后的能力。这个女人可不比慈禧太后，她是心有余而力不足，就是才智不够，没有能力垂帘听政。光绪帝在世的时候，她连家庭关系都处理不好，夫妻反目，怎么有能力处理国家大事呢？二是慈禧太后高估了溥仪父亲载沣的能力。这个王爷对政治根本不感兴趣，所以当放下权力，回家过普通人日子的时候，他比谁都高兴。

溥仪继位，无论从哪个角度分析，慈禧太后都犯了不可饶恕的错误。处在风雨飘摇中的清朝离灭亡也不远了。

溥仪的亲生父亲

光绪三十二年（1906年）正月十四日，清朝最后一位皇帝，也是中国封建社会最后一位帝王爱新觉罗·溥仪，出生在北京醇亲王府，父亲是第二代醇亲王载沣。

载沣（1883—1951年），是醇亲王奕譞的第五子，其生母为奕譞侧福晋刘佳氏——五品典卫德庆之女。刘佳氏虽然地位不高，但很得宠，为奕譞生育了3子1女：第五子载沣，第六子载洵，第七子载涛，第二女。这四个孩子，除了第二女3岁殇，其余均成人立业，活跃在晚清政坛之上，这是刘佳氏最值得自豪的地方。

最关键的是醇王府又出了一位皇帝，是载沣之子。载沣有4子7女：长子溥仪，瓜尔佳氏生；次子溥杰，瓜尔佳氏生；三子溥倛，邓佳氏生；四子溥任，邓佳氏生；长女韫媖，瓜尔佳氏生；次女韫龢，瓜尔佳氏生；三女韫颖，瓜尔佳氏生；四女韫娴，邓佳氏生；五女韫馨，邓佳氏生；六女韫娱，邓佳氏生；七女韫欢，邓佳氏生。

载沣于光绪十六年（1890年）十一月，奕譞病逝后，随即袭封醇亲王。载沣的政治生涯是从光绪二十七年（1901年）五月，被授头等专使，出使德国开始的。出使期间，载沣遇到了一个大难题，那就是被要求在觐见德国皇帝时行跪拜礼。19岁的载沣在这个问题上考虑得很成熟，坚决不下跪。德国人也认为他"慎重外交，不辱君命"。这次出使德国，为载沣赢得了较好的声誉。

载沣的婚姻很曲折。本来，载沣的婚事是按照中国传统做法，由其生母

载沣

载沣是末代皇帝溥仪生父，是晚清监国摄政王，袭爵醇亲王。载沣曾遭汪精卫谋杀，但未成功。辛亥革命后，他卸去监国摄政王之职，退出政治舞台。载沣是清王朝最后三年的实际统治者。

[清] 载沣 《醇亲王廿二日戌刻函》

这是载沣在某年的廿二日戌时所写的一封函件。这封函件可能涉及当时的政治、军事、宫廷事务或其他重要事宜。

刘佳氏做主。刘佳氏为他订好了亲事，并且已经放了大定，只待选择吉日迎娶过门了。可是宫里传来慈禧太后的懿旨，将比他小一岁的荣禄之女瓜尔佳氏指婚给他。刘佳氏很生气，载沣也很不满意。但是慈命难违，只有遵从，还要到太后面前去叩头谢恩。光绪二十八年（1902年）秋，20岁的载沣，遵照慈禧太后的旨意，和瓜尔佳氏完婚。

光绪三十四年（1908年）十月二十一日，光绪帝去世，慈禧太后在临终之际拥立3岁的溥仪为帝，载沣成为监国摄政王。第二天，慈禧太后去世，载沣成为清朝实际的统治者。

载沣在26岁成为监国摄政王，支撑起摇摇欲坠的清王朝，实在是力不从心。他常常处事武断，比如罢黜袁世凯，以袁世凯有"足疾"为由，解除袁世凯的一切官职，让他回籍养病，更加剧了清王朝统治阶级内部的分化。3年后，载沣不得不以皇帝的名义下诏罪己，解散皇族内阁。同时，清廷任命袁世凯为内阁总理大臣，全权组阁。载沣被迫以醇亲王的名义退归藩邸，结束了他的政治生涯，从此退出历史舞台。

载沣对儿子溥仪是很爱护的。光绪三十四年（1908年）十一月初九，在溥仪的登基大典上，寒冷和恐惧使得溥仪大哭大叫。溥仪在《我的前半生》中这样写道："我被他们折腾了半天，加上那天天气奇冷，因此当他们把我抬到太和殿，放到又高又大的宝座上的时候，早超过了我的耐性限度。我父亲单膝侧身跪在宝座下面，双手扶我，叫我别乱动，我却挣扎着哭喊：'我不挨这儿！我要回家！我不挨这儿！我要回家！'父亲急得满头是汗。文武百官的三跪九叩，没完没了，我的哭声越来越响。我父亲只好哄我说：'别哭别哭，快完了，快完了！'"在这里，我们看到一个憨厚、真诚、有爱心的好父亲的形象。

载沣退居后，对政治并不热心，但对儿子溥仪的行踪还是很关心的。他反对溥仪复辟，所以他没有参与张勋复辟的闹剧；他更反对溥仪投靠日本人，做伪满洲国的皇帝，认为那样做凶多吉少，所以他去东北仅月余便返回了北平。

载沣为人谦和稳重，喜欢新鲜事物。他深居简出，没有特别强烈的政治欲望，希望过普通人的生活。1951年初，载沣感染风寒，病故于北京，享年69岁。

三位爸爸

溥仪有三位爸爸，其中亲生爸爸是醇亲王载沣，另外两位是同治帝载淳和光绪帝载湉。

对于亲生父亲载沣，溥仪刚入宫的时候，还是很依赖的，不然在继位大典上，怎么会让载沣抱着他呢。可慢慢地，溥仪和亲生父亲渐行渐远。大概是由于溥仪的缘故吧，他以皇帝自居，亲生父亲自然会远离他。直到1924年，溥仪出宫，不得不到醇王府去，他们父子才再度见面。可是，不管怎么说，溥仪和亲生父亲的关系并不是很亲密。

溥仪的另两位皇帝爸爸是怎么来的呢？

同治十三年（1874年），同治帝去世。同治帝没有皇子，由谁来继承皇位？按照大清家法，应该在宗室中过继一位"溥"字辈的人，成为同治帝的继子，然后继承帝位。可慈禧太后不干，因为一旦"溥"字辈的人做了皇帝，同治帝遗孀阿鲁特氏就成了皇太后，自己就成了太皇太后，那样就不便再垂帘听政了。这对嗜权如命的慈禧太后来说根本没办法接受。慈禧太后经过精心挑选，选中亲妹妹所生的载湉做了皇帝，这就破坏了大清子承父业的家法，改成了兄终弟及。从此，同治帝就没有后嗣接续了。

光绪五年（1879年）三月二十六日，同治帝奉安大典结束，随行的官员回到了京城，但有一个人悄悄溜了出来，这个人就是吏部主事吴可读。吴可读来到蓟州马伸桥三义庙住了下来。在夜间，吴可读写了两个文件：一个是给慈禧太后的奏折，一个是给家里的遗书。在奏折中，吴可读力劝太后为同治帝立嗣，将来光绪帝一旦有了皇子，这些皇子也是同治帝的后代。写完奏

折,吴可读又在墙上写下一首绝命诗:

> 回头六十八年中,
> 往事空谈爱与忠。
> 抔土已成黄帝鼎,
> 前星预祝紫微宫。
> 相逢老辈寥寥甚,
> 到处先生好好同。
> 欲识孤臣恋恩所,
> 惠陵风雨蓟门东。

然后,吴可读便仰药自尽。慈禧太后看到吴可读的奏折后,下旨:"其继大统者,为穆宗毅皇帝嗣子。"她基本上采纳了吴可读的建议。很可惜,光绪帝在位34年,活了38岁,也没有一儿半女。吴可读白搭了一条性命。直到光绪帝去世,同治帝和光绪帝都没有后代。

光绪三十四年(1908年),就在光绪帝去世之际,慈禧太后择立载沣之子溥仪为皇帝,她颁下懿旨:"摄政王载沣之子溥仪著入承大统为嗣皇帝,承继毅皇帝为嗣,并兼承大行皇帝祧。"慈禧太后这道懿旨真是一箭双雕,溥仪做了皇帝,他既是同治帝的子嗣,又兼祧光绪帝。所以,溥仪有了两位皇帝爸爸。

载沣、溥仪和溥杰

这是醇亲王载沣与其子——幼时的溥仪、溥杰的合影。

溥仪的亲生母亲

溥仪的亲生母亲叫幼兰（1884—1921年），瓜尔佳氏，满洲正白旗人，大学士、军机大臣荣禄之女，慈禧太后的养女。

幼兰能成为载沣的嫡福晋，纯粹是因为慈禧太后的决定。慈禧太后为了回报荣禄的忠诚，便把荣禄的女儿收为养女，并为她的前途做了周到的安排。当时，载沣已经由母亲刘佳氏做主定了亲。可是慈禧太后将幼兰指婚给载沣后，载沣母子不得不退掉原来的婚事，还违心地向太后叩头谢恩。

幼兰结婚后，很得载沣的宠爱，因而生育了5个孩子：长子溥仪，次子溥杰，长女韫媖，次女韫龢，三女韫颖。

溥仪3岁进宫，离开了自己的亲生母亲。毫无疑问，幼兰很想念自己的儿子，可是由于溥仪特殊的身份，幼兰很难看到他。由于从小就没有亲生母亲照顾，溥仪对母亲的印象很模糊，因而对她的感情也不是很深厚。

可是后来，宫里发生了一件事情，

幼兰

幼兰在溥仪年幼时就与他分离，和他很少有机会见面。1921年，溥仪与端康皇贵太妃发生激烈冲突，幼兰被端康皇贵太妃召入宫中训斥，从宫里回去后就吞鸦片自尽了。

却把溥仪母子联系在了一起。

据溥仪自己回忆，有一天，端康皇贵太妃（瑾妃）下了一道命令，把太医院的御医范一梅开除了。在这件事情上，溥仪和端康皇贵太妃发生了激烈冲突。溥仪当面质问端康皇贵太妃，问她凭什么开除范一梅。溥仪的这个举动深深地刺激了端康皇贵太妃。接着，溥仪竟然当着端康皇贵太妃的面粗暴地指责她"专擅"。这就严重了，双方僵持不下。

端康皇贵太妃为了压服溥仪，盛怒之下，把他的祖母刘佳氏和生母瓜尔佳氏叫到宫里来，并迁怒于她们，严厉地斥责了她们。经过一番"斗争"，溥仪还是屈服了。他为了息事宁人，不得不向端康皇贵太妃认错。

由于幼兰出生在将相之家，从小家庭条件优越，难免会有大小姐脾气。她从来没受过这种窝囊气，从宫里回去之后，便吞食鸦片自杀了，死时年仅38岁。

[清] 白地描金红云龙盘

盘子整体以红彩描金为装饰，盘心和边沿处均绘制了云龙赶珠纹，盘外壁则保持光素无纹饰的简洁风格。溥仪受到英国人庄士敦的影响，开始追求欧化生活，宫中由此也开始使用西式餐具。白地描金红云龙盘正是这一时期宫中所藏的西式餐具之一，见证了时代的变迁。

溥仪的母亲们

由于溥仪是从王府进宫做皇帝的,便有了三位父亲:亲生父亲载沣,两位皇爸爸同治帝载淳和光绪帝载湉。这三位父亲的夫人们也就是溥仪的母亲,于是他有七位母亲。

这七位母亲分别是同治帝的瑜妃、珣妃、瑨妃,光绪帝的隆裕皇后、瑾妃,亲生母亲幼兰和庶母邓佳氏。

隆裕太后在世的时候,由于她皇太后的身份,便成了溥仪正牌的母后。可是由于不是亲生的,母子二人感情淡漠。隆裕太后对这个小皇帝并不勤加照顾,因为当时国事纷繁,隆裕太后很心烦,没有更多的心情照顾他,照顾溥仪的任务便都落在太监的身上。可是那帮太监只是应付,导致溥仪饮食失常,常常暴饮暴食,落下胃病。1913年,隆裕太后病重,临终前,身边只有溥仪和世续。隆裕太后伤感地说:"孤儿寡母,千古伤心。"很明显,隆裕太后把溥仪当成自己的亲生儿子,才说出了"孤儿寡母"这样的话。接着,隆裕太后伤心地看着年仅8岁的溥仪说:"汝生帝王家,一事未喻,而国亡,而母死,茫然不知。吾别汝之期至矣,沟渎道途,听汝自为而已。"隆裕太后就这样很不放心地离开了溥仪。

同治帝的三位后妃,数瑜妃最漂亮,最有才华,琴棋书画无所不精,可惜嫁到帝王之家,做了多年的寡妇。由于这个儿媳妇长相俊美,又侍奉有礼,慈禧太后也很喜欢她。溥仪进宫的时候,慈禧太后命将溥仪交给隆裕皇后抚养,瑜妃便到慈禧太后面前哭诉,争溥仪的抚养权。由于慈禧太后比较喜欢瑜妃,就答应了她的要求,瑜妃于是和隆裕皇后一起负责溥仪的生活起居。

[清] 佚名 《隆裕太后像》

隆裕太后性格懦弱，无实际权力。在辛亥革命后，她顺应时势，颁布退位诏书，结束了清朝的统治。

可是慈禧太后去世后，发生了一件令瑜妃意想不到的事情：隆裕皇后命令同治帝三妃和光绪帝瑾妃（时晋称"兼祧皇考瑾贵妃"）在她面前必须自称奴才。别人不说话，而瑜妃心生不满，她要找个机会理论。慈禧太后奉安陵寝的时候，同治帝三妃和光绪帝瑾妃都参加了。大典之后，同治帝三妃不肯回去。载沣派载振前往迎接，瑜妃（时晋称"皇考瑜皇贵妃"）据理力争，要求晋封为太妃，不称奴才。载沣没有办法，只好答应了她的要求。

瑜妃为了笼络溥仪，便和醇亲王府的人暗相往来。她特别恩准溥仪的祖母和母亲来宫里会亲，并赏赐她们礼品。瑜妃处处效仿慈禧太后，派头十足，她派太监去溥仪处监视，引起溥仪的反感。

光绪帝瑾妃也不示弱，她不但允许溥仪的祖母和母亲进宫会亲，还和溥仪的亲生母亲幼兰密谋，争取各方力量为溥仪复辟做准备，并横加干涉溥仪的日常生活。溥仪对瑾妃也很反感，甚至发生过争吵。

溥仪虽然有七位母亲，可是由于她们的立场不同，为了各自的利益互相倾轧，溥仪根本享受不到应有的母爱。

溥仪的外祖父

溥仪的外祖父荣禄（1836—1903年），字仲华，瓜尔佳氏，满洲正白旗人，出身于世代军官家庭。

荣禄虽然出身于贵族之家，却以低级官阶荫生起步，一步步走到权倾朝野的位置上，实在是走过了一条不凡之路。荣禄的仕途生涯有过几次大转折：

第一次是得慈禧太后赏识，又忤逆了慈禧太后。同治初期，荣禄起步艰难，只是一个直隶候补道，后来得到醇亲王和军机大臣文祥的赏识，才有机会获得大的升迁机会，改工部侍郎，调户部，兼总管内务府大臣。同治帝崩逝，光绪帝即位，荣禄迁左都御史，擢工部尚书。急于升迁的荣禄忤逆了慈禧太后，《清史稿》记载："慈禧皇太后尝欲自选宫监，荣禄奏非祖制，忤旨。会学士宝廷奏言满大臣兼差多，乃解尚书及内务府差。又以被劾纳贿，降二级。"荣禄的仕途遭遇了挫折。

第二次是保卫慈禧太后有功，权倾朝野。光绪二十四年（1898年），戊戌变法如火如荼，维新派触动了保守派的利益，双方剑拔弩张。溥仪在《我的前半生》中说："先是荣禄定计要在太后和光绪在天津检阅新军时实行政变。光绪知道了这个消息，秘密通知维新派设法营救。"变法运动被袁世凯出卖，荣禄立即报告给慈禧太后，政变发生。光绪帝被囚禁，慈禧太后得以再度掌权。荣禄得到慈禧太后的进一步信任，甚至连废立皇帝这样的国祚大事，慈禧太后也要和荣禄商议后，才可以确定下来。《清史稿》里这样记载："得太后信仗眷顾之隆，一时无比，事无巨细，常待一言决焉。"

第三次是斡旋于慈禧太后与洋人之间，维护慈禧太后的最大利益。光绪

荣禄

清代重臣，得慈禧太后信任，官至文华殿大学士、军机大臣。在晚清政治事件中扮演复杂角色，历史评价存争议。其女被慈禧太后收为养女，为末代皇帝溥仪的生母。

二十六年（1900年），八国联军惊扰京师，京师大乱。慈禧太后带光绪帝逃往西安，荣禄在北京艰难地和列强谈判。最终，荣禄坚持列强绝不追究慈禧太后的责任，保住了慈禧太后的统治地位，慈禧太后对其更加依赖。《清史稿》记载："宠礼有加，赏黄马褂、双眼花翎、紫貂，随扈还京，加太子太保，转文华殿大学士。"更为重要的是，慈禧太后把荣禄之女指婚给了醇亲王载沣。这个时候的荣禄已经是一人之下万人之上的清廷大佬了。

很可惜的是，荣禄没有见过溥仪这个外孙。光绪二十九年三月十四日（1903年4月11日），荣禄去世，慈禧太后给他的谥号为"文忠"，并晋一等男爵。再过3年，1906年，溥仪才出生在醇亲王府。

没有葬于皇陵的皇帝

按理，皇帝登基即应选择万年吉地，清代的皇帝在建陵这件事情上大抵如此。溥仪3岁登基，由他的父亲载沣摄政，国事纷繁，尤其是辛亥革命发生，清朝覆灭，更没有人来为小皇帝操持建陵的事情。

1915年，溥仪已经10岁了，民国政府对小朝廷的态度还算恭敬。溥仪依旧住在紫禁城中，以皇帝自称。这样，清朝的遗老们便依旧制，要为溥仪选择万年吉地。但他们在民国政府的优待条件中，根本找不到为逊帝建陵的相关依据。查阅《清室优待条件》，关于陵寝方面只有两条：

第四款：大清皇帝辞位之后，其宗庙陵寝，永远奉祀，由中华民国酌设卫兵，妥慎保护。

第五款：德宗崇陵未完工程，如制妥修，其奉典礼，仍如旧制。所有实用经费，并由中华民国支出。

从这两项条款可以看出，关于逊清皇室的陵寝，民国政府只负责：一是保护已有陵寝，二是建完光绪帝陵寝。

可是，溥仪的建陵工程还是如期开始了。按照清朝昭穆制度，父子不葬在同一陵区。溥仪的父辈是同治帝和光绪帝，可是由于种种原因，同治帝和光绪帝一个葬在东陵，一个葬在西陵。溥仪要在哪里建陵呢？最终他选择了在西陵建陵。小朝廷派出了懂风水的李青来西陵选址。李青努力寻找，最终看中了狐仙楼。李青写出了《堪舆说贴》，上交总管内务府大臣世续，世续交给溥仪裁定。最终，狐仙楼被确定为万年吉地，人们在那里立桩做标记，并点了穴位。但是小朝廷的经济来源是民国政府给的经费，而民国政府无法全部兑现，所以小朝廷面临窘迫的经济形势，越来越严峻的政治危机，根本无法开工建设。后来，溥仪被冯玉祥驱逐出紫禁城，辗转流离，生计都没有保障，建陵的事情便被彻底搁置了。

中华人民共和国成立后，溥仪成为一名普通公民，重新成立了家庭，过着平凡人的生活。1967年10月17日，溥仪因尿毒症在北京病逝，享年61岁。他的遗体在北京火化，骨灰被寄存在北京八宝山人民骨灰堂。1980年，国家为溥仪举行了追悼会，并把溥仪的骨灰转移到八宝山革命公墓。1995年，溥仪夫人李淑贤将溥仪的骨灰移葬到位于河北易县清西陵附近的华龙皇家陵园内，骨灰被安放在早已准备好的墓穴里，上面封砌立碑。至此，溥仪终于入土为安。

溥仪

溥仪坐在靠椅上，似乎正在思索。

溥仪

此照拍摄于1930年，是溥仪的军装照。照片中溥仪神情严肃，他经历了风云变幻的时代。

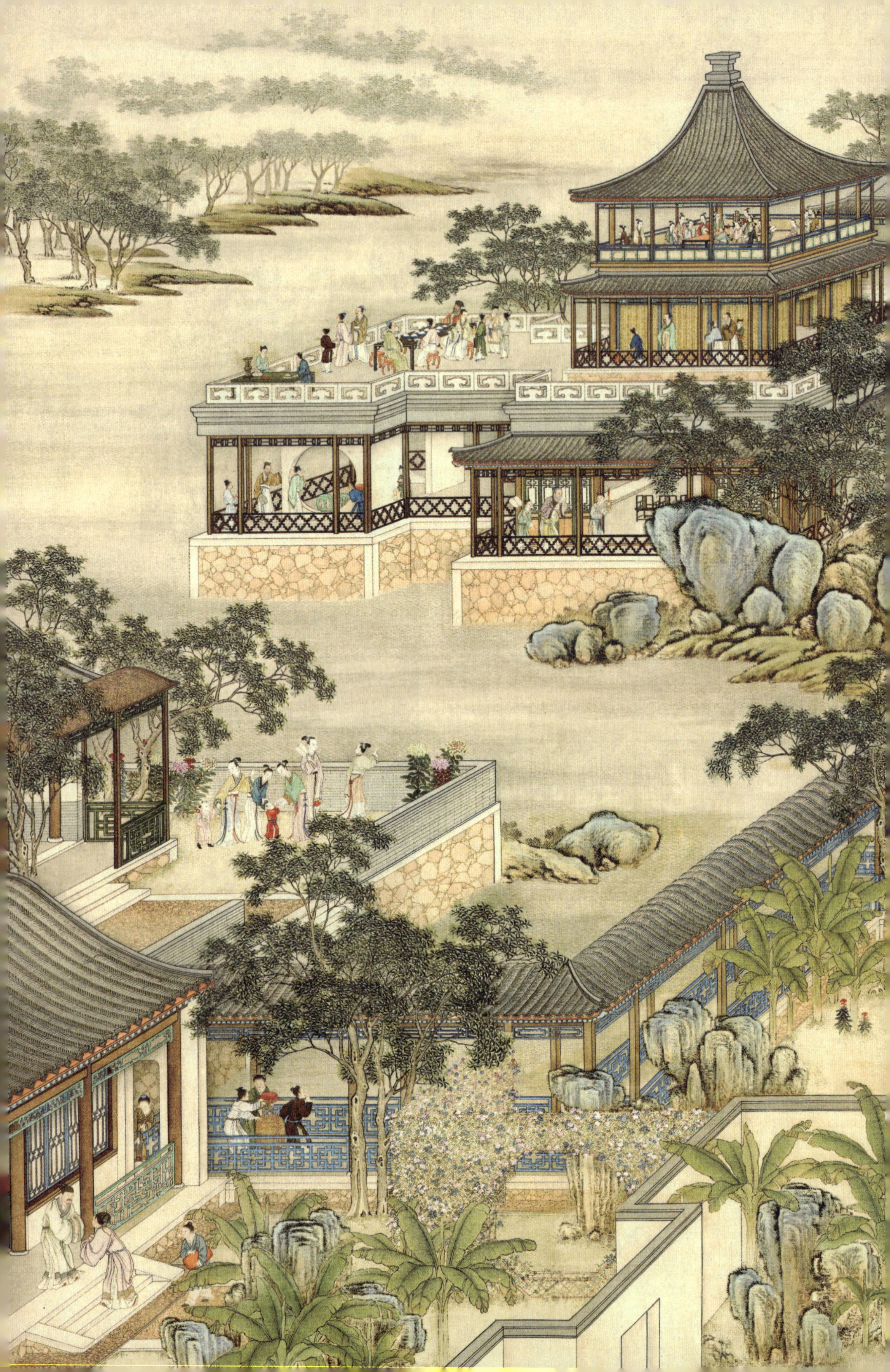